马克思主义
研究文库

马克思政治经济学批判视域下的
正义伦理研究

罗贵榕　著

SPM 南方出版传媒 广东人民出版社
·广州·

图书在版编目（CIP）数据

马克思政治经济学批判视域下的正义伦理研究 / 罗贵榕著．—广州：广东人民出版社，2021.12

（马克思主义研究文库）

ISBN 978-7-218-14952-3

Ⅰ．①马…　Ⅱ．①罗…　Ⅲ．①马克思主义政治经济学—研究　Ⅳ．①F0-0

中国版本图书馆 CIP 数据核字（2021）第 033483 号

MAKESI ZHENGZHI JINGJIXUE PIPAN SHIYU XIA DE ZHENGYI LUNLI YANJIU

马克思政治经济学批判视域下的正义伦理研究

罗贵榕　著

版权所有　翻印必究

出 版 人：肖风华

出版统筹：卢雪华
责任编辑：曾玉寒
装帧设计：书窗设计工作室
责任技编：吴彦斌　周星奎

出版发行：广东人民出版社
地　　址：广州市海珠区新港西路 204 号 2 号楼（邮政编码：510300）
电　　话：（020）85716809（总编室）
传　　真：（020）85716872
网　　址：http://www.gdpph.com
印　　刷：广州市豪威彩色印务有限公司
开　　本：787mm×1092mm　1/16
印　　张：22　　字　　数：330千
版　　次：2021年12月第1版
印　　次：2021年12月第1次印刷
定　　价：75.00元

如发现印装质量问题，影响阅读，请与出版社（020-85716849）联系调换。
售书热线：020-85716826

马克思主义研究文库

编委会

总　序

马克思主义深刻揭示了自然界、人类社会、人类思维发展的普遍规律，是科学的理论、人民的理论、实践的理论，为人类社会发展进步指明了方向。这一理论，犹如壮丽的日出，照亮了人类探索历史规律和寻求自身解放的道路。在人类思想史上，还没有哪一种理论像马克思主义那样对人类文明进步产生了如此广泛而巨大的影响。无论时代如何变迁，马克思主义依然显示出科学思想的伟力，依然占据着真理和道义的制高点，人类社会仍然生活在马克思所阐明的发展规律之中。

一个民族要走在时代前列，就一刻不能没有理论思维，一刻不能没有思想指引。当今世界正经历百年未有之大变局，我国正处于实现中华民族伟大复兴的关键时期。中华民族要实现伟大复兴，同样一刻也不能没有理论思维和思想指引。马克思主义是我们认识世界、把握规律、追求真理、改造世界的强大思想武器，是党和人民事业不断发展的参天大树之根本，是党和人民不断奋进的万里长河之源泉，是我们党和国家必须始终遵循的指导思想。新时代，我们仍然要学习和实践马克思主义，坚持马克思主义在意识形态领域指导地位的根本制度，确保中华民族伟大复兴的巨轮始终沿着正确航向破浪前行。

理论的生命力在于不断创新。我们党的历史，就是一部不断推进马克思主义中国化的历史，就是一部不断推进理论创新、进行理论创造的历史，推动马克思主义不断发展是中国共产党人的神圣职责。为深入推进马克思主义理论研究、马克思主义经典著作研究、马克思主义中国化研究，特别是当代中国马克思主义、21世纪马克思主义研究，不断赋予马克思主义新的生机和活力，推动马克思主义不断焕发出强大的生命力、创造力、感召力，放射出更加灿烂的真理光芒，引导人们不断深化对共产党执政规律、社会主义建设规律、人类社会发展规律的认识，不断增强"四个意识"、坚定"四个自信"、做到"两个维护"，中共广东省委宣传部理论处组织编写了"马克思主义研究文库"丛书。该套丛书作为一个开放性的文库，将定期集中推出一批有分量、有价值、有影响的马克思主义研究学术著作，通过系列研究成果的出版，解答理论之思，回答实践之问，推进我省马克思主义研究，促进哲学社会科学繁荣发展。

"只要进一步发挥我们的唯物主义论点，并且把它应用于现时代，一个强大的、一切时代中最强大的革命远景就会立即展现在我们面前。"在全面建设社会主义现代化国家新征程中，我们要继续高扬马克思主义伟大旗帜，推动马克思、恩格斯设想的人类社会美好前景不断在广东大地、中国大地生动展现出来。

目 录

导　论

　　马克思的思想及理论中，是否存在正义伦理主题？对这个问题，从社会秩序的建构和政治经济学视角切入并展开研究，也许能够获得比较全面而深刻的理解。

　　正义是伦理问题？还是政治哲学问题？或者是政治经济学的问题？20世纪六七十年代，欧美学界出现政治哲学的复兴，其中最引人注目的是罗尔斯《正义论》的发表，引发正义问题世界性的关注与讨论，正义成为政治哲学的主要议题。与此同时，伦理学开始复兴，德性伦理学引人注目。21世纪以来，政治哲学在中国也开始成为显学，德性伦理学也成为热门。正义同时成为中国政治哲学与伦理学的主要议题。在政治经济学领域，关于正义问题主要集中在分配正义与劳动正义问题上，但总体而言，政治经济学领域的研究比较式微。为什么政治经济学领域在正义主题上处于失语状态？

　　政治经济学是伴随资本主义生产方式而生的学科。古典政治经济学曾辉煌一时，但马克思对古典政治经济学的批判极为彻底，以至终结了古典政治经济学。马克思开创了现代政治经济学，然而，他的结论是，必须改变旧的生产关系，才能建构新世界。这个结论颠覆了资本主义制度的存在基础。当代西方学者无法推翻、改变或修正马克思的结论，只好转向政治哲学或伦理学，试图在保持现存制度的前提下，对生产关系进行调整。他们试图回应马克思，罗尔斯甚至把私有财产权从基本权利中排除了，从而为国家调控社会财富、照顾弱势群体的合理性与可能性开道，以实现一个正义的社会。但是，在经济条件不平等的前提下，实现政治上的平等与自由又如何可能呢？新自由主义的回答无法周全，其对马克思批判的回应仍然存在重大局限。以公有制为基础的社会主义学界，在政治经济学与正义的问题上本应有发言权，但实际上却没有足够分量的成果。西方马克思主义者曾响应罗尔斯，加盟正义问题的研究，他们主要围绕着马克思的正义思想及正义理论展开了持久的论争，虽然在关于马克思存在正义思想或正义理论这一议题上大致达成共识，但在马克思正义思想或正义理论的具体内涵上存在争议，在发展马克思正义理论方面尚无多少可借鉴的成果。

正义问题是以市场经济为基本经济体制的现代社会发展进程中必须面对的最重要的问题之一。20世纪90年代，随着中国社会商品经济日益发达，市场经济体制逐渐成形，生产关系与社会关系发生重大改变，正义问题开始成为中国社会的现实问题，马克思的正义思想开始成为国内学界的关注点。进入21世纪，中国社会贫富分化加剧，政治、经济、文化及社会生活领域的失序现象日益严重，矛盾与冲突增多，在此背景下，正义问题成为学界的重要研究领域，关于马克思正义思想的研究同步升温。虽然中国正义问题研究兴起的原因与欧美学界的原因一致，即都源于社会矛盾激化，但中国正义问题研究还有其独特的历史前提，即以公有制为国民经济基础，并面临计划经济向市场经济转型这样独特的历史背景，因此，中国的正义问题更应当从政治经济学领域展开研究。关于马克思正义思想的研究也应当以政治经济学领域的研究为参照或基础。目前，国内学界关于马克思的分配正义与劳动正义的研究有所收获，但从政治经济学领域对马克思的正义思想、正义理念进行整体性研究尚比较缺乏。

马克思的正义伦理指称什么？它是社会秩序的正义准则吗？它与政治经济学有何关系？

伦理学是关于人与人关系的学问，根据它的研究对象，可分为私人伦理学与社会伦理学，前者主要研究个体如何达到至善，后者则研究社会如何实现良好的或至善的秩序。何怀宏认为，作为主要被理解为社会体系的伦理学，其主旨集中于行为规范，它主要或优先关注使那些较严重的不幸不致发生。[1] 这个理解与罗尔斯的学说不无密切关系。或者可以认为，社

---

[1] 参见何怀宏：《伦理学是什么？》，北京大学出版社2011年版，第45页。

会关系与社会秩序问题其实是现代伦理学的重大主题。参照西季威克的定义，可以更好地说明将社会秩序的安排纳入伦理学并无不妥。西季威克认为，伦理学只能部分地与政治学相区分，即伦理学部分地与政治学相重叠。广义上的伦理学至少包含着政治学的一个部分——即考虑国家的终极目的或善，以及确定政治制度的善或恶的一般标准或尺度。他说，无论从伦理方面还是从政治方面去探讨两者之间的界限，都可以明显地看到将这两者分开的困难。一方面，个体的人几乎总是某种政治共同体或有治理的共同体中的成员，他们最明显的快乐和痛苦全部或部分地源自他们与其他人的关系。一个政治家的终极目标应当是促进他的同胞，作为个体在现在或将来的福祉。①社会关系与社会秩序的合理化问题是伦理学与政治学的共同议题，同时也是政治经济学的议题。

政治经济学因其特有的经济范畴、经济规律而自成体系，但假如据此认为它像数学物理学那样是完全与人无关的科学，那就大错特错了。政治经济学恰是一门关乎人的利益、人的未来的科学。亚当·斯密《国富论》的本意即在促进国民财富的增长与合理分配，马克思的政治经济学理论旨在发现规律，掌握规律，并最终为无产阶级的解放指明道路，为实现新世界新秩序而奋斗。因此，如何建构合理的正当的社会关系与社会秩序，就是社会伦理学、政治学与政治经济学的共同主题。或者说，恰是"正义"使社会伦理学、政治学与政治经济学在终极价值上达成通融。

马克思的正义伦理即指符合马克思正义原则的社会关系与社会秩序的实现。如前所述，选定在马克思的政治经济学理论中探寻马克思的正义伦理，乃缘于政治经济学领域是马克思正义问题的核心地带兼争议焦点。马克思的目标是消灭一切阶级，消除阶级对立，实现无产阶级的解放，从而

---

① 参见［英］亨利·西季威克著，熊敏译：《伦理学史纲》，江苏人民出版社 2008 年版，第 12—13 页。

实现全人类的解放，这个全人类的解放状态，马克思确定为"自由人的联合体"。从马克思的学说及其毕生的活动中，都可以看到他内心强烈的价值倾向。虽然马克思在他的著作中反对求诸抽象的权利、观念来改造世界，而强调科学的规律与手段，但他心中的新世界——"自由人的联合体"必然是有序的，而且是符合他的价值倾向的有序社会。这即是符合马克思正义原则的有序社会。梳理马克思的正义伦理思想，还原马克思关于正义的本真样态，这将推进关于马克思正义思想的研究，也有助于观照现实，反思社会主义革命实践。

第一章

政治经济学与正义伦理内在关系的宏观考察

　　政治经济学作为伴随资本主义生产方式的产生和发展而形成与发展的学科，它与正义伦理有着极密切的关系。当它坚持正义为其价值尺度时，它总是政治、经济与社会领域不可忽略的声音，而当它放逐正义之后，它对于现实的批判及未来的观察都缺乏战略制高点。古典政治经济学的没落与此不无关系。马克思终结了古典政治经济学，开创了马克思主义政治经济学，但他没有张扬正义的旗帜，反而因他对资产阶级正义的强烈批判，使马克思之后的马克思主义政治经济学缺乏充分的价值关怀，规律的刚性色彩过于浓厚。当正义被遮蔽，人也就被规律淹没，人的自由自觉也将无从依附。因而，有必要从最宏观的角度考察政治经济学与正义伦理的内在关联。

第一节　古典政治经济学与正义伦理关系探微

政治经济学概念的提出本与正义相关。"政治经济学"概念最早由法国重商主义的代表蒙克莱田提出。源于希腊语的经济（Economy）一词表示家政管理。在传统社会，经济活动的范围比较狭窄，主要是围绕着庄园的生产与管理而产生的简单的经济活动，以及因此产生的简单的商品经济形式。随着资本主义生产方式的发展，社会活动日益复杂化、精细化、专业化，并对国家、民族的生存与发展产生着越来越重要的影响，从宏观上研究经济活动势在必行。蒙克莱田是法国人，在法语中，政治（politique）表示国家对生活和公共事务的调节与管理，蒙克莱田在其1615年出版的《献给国王和王后的政治经济学》中提出"政治经济学"一词，即表示他所论述的经济问题已远远超出家庭或庄园的范围，他是从整个国家、社会的角度来考察经济活动。此后，众多经济学家沿袭了这个概念，使政治经济学最终成为一门新学科。政治经济学概念的提出及应用，表明其宗旨在于对社会的经济活动、公共的经济事务的管理与协调，而"管理"与"协调"即隐含着正义的要求，即这种管理与协调活动涉及多数社会成员或所有社会成员的利益，它不但要求符合理性原则，还应当符合正义原则，只有同时满足理性原则与正义原则的要求，相关的管理与协调活动才能具备充分的正当性。现代经济与政治活动强调治理、善治，无疑地，正义是其核心要素。

17世纪以后，西欧国家资本主义生产方式逐渐占据主要地位，产业资本逐渐取代商业资本的地位。重商主义阻碍了社会经济的进一步发展，因为它要求国家对商业活动给予各种特权，要求推行各种垄断政策，要求通过关税制度来保护商业特权。在批判重商主义学说的过程中产生了古典政治经济学。根据马克思的判定，古典政治经济学在英国从威廉·配第开始，经由亚当·斯密、大卫·李嘉图发展完成，在法国则从布阿吉尔贝尔开始，到西斯蒙第结束。即古典政治经济学产生和发展于17世纪中叶到19世纪20年代，相当于资本主义工场手工业发展时期到产业革命时期。通过对古典政治经济学重要人物的梳理，可观察古典政治经济学学说与正义伦理之间的关联。鉴于古典政治经济学中影响最大的实为英国政治经济学的几位大家，故本文主要考察威廉·配第、亚当·斯密、大卫·李嘉图、约翰·穆勒一脉学说中的正义主题。同时由于最后一章对亚当·斯密与马克思的正义伦理展开比较，故在此对斯密的思想不加以详细论述。

一、基于正义伦理维度对威廉·配第学说的审视

威廉·配第（1623—1687）是英国古典政治经济学创始人，他虽然尚未建立起完整的理论体系，但已开始触及剩余价值、劳动价值等核心的政治经济学范畴，并通过对工资、利润、利息及分工、赋税等重要范畴的分析，使各范畴之间建立起内在联系，为英国古典政治经济学奠定了基础。17世纪的英国，资本主义迅速发展，但由于荷兰与法国的威胁，以及内外战争的影响，英国政府困难重重，出现生产衰退、地租下降、金银短缺、大量失业者等严重问题，重商主义学说几近破产。配第的学说旨在理顺经济关系，重振英国经济。《赋税论》向当时英国统治阶级献策，力图说明如何征收赋税才是合理的；《赋税论献给英明人士货币论》《政治算术》《货币略论》等是威廉·配第的主要著作，据此，可以管窥威廉·配第关于公平、公正秩序的思想。

第一，强调人民的意愿，强调公共经费的合理性与公平性。在《赋税

论》中，配第列举了必要的公共经费项目，并分析了各种公共经费加重的原因及人民对不合理租税的界定。他概括并分析了人民不愿意缴纳经费的原因：其一，怀疑征课过多。即人民认为元首的索取，超过他的需要。因为货币在臣民手中能通过贸易而增值，而贮藏在国王的金库之中不单没有发挥作用，而且容易被私人攫取或浪费。其二，怀疑征收的税款被贪污或浪费，征课不公平等。配第指出，最使人感到不满的，就是对他的课税多于对其邻人的课税；当人们想到征收来的货币被花费于宴乐、排场、粉刷凯旋门等上面的时候，就会深感不满。人民常常抱怨君主把从人民那里征课来的钱给予他所宠爱的人。虽然配第对浪费、赏赐等事项进行了辩护，但他同时指出，由于人民出于对不合理不公平的抱怨，将增加不必要的征收经费，并导致君主对人民采取严厉手段，而这些严厉的、压迫性的手段又进一步导致原有的不满情绪益加严重。其三，认为赋税的征收额度不宜太高。配第认为，过高的赋税对全体人民将产生不利的后果及影响，因为征税过多，将减少货币供应量，以致不能应对推动国内商业的需要，从而导致就业岗位与人数的减少。

第二，赋税应当用于公共开支，应当削减不必要的公共经费，并增加公共福利事业。配第指出，"人民对于政府和国防所需的经费，以及为维护君主和国家的荣誉所需要的经费，都愿意承担他们所应负担的份额"①，这即指明赋税的合法性应经由人民同意并用之于人民，即用于公共事业。配第同时指出，应大力削减不必要的公共经费。他首先谴责军费的不当增加，他认为进攻性的对外战争往往是在公共利益的漂亮名义下发动的，但实际上它是由形形色色、不可告人的私人恶感所引起的。对此，除了应努力扑灭战火，还要追问什么人、为了什么目的发动战争，并对战争的发动者严加责难。配第接着指出，应削减行政及司法方面的经费，如废除不必

---

① 王亚南主编：《资产阶级古典政治经济学选辑》，商务印书馆 1979 年版，第 31 页。

要的、多余的以及过时的官职，把官职的待遇减低到与执行职务所需要的劳动、能力及信任相适应的程度，削减那些为社会服务极少而报酬极高的牧师、律师、医生、批发商及零售商的人数。与此同时，配第要求增加公共事业及福利的开支：一是贫民救济，包括对无生存能力的老人、儿童、残疾人的收容照顾，以及资助治疗传染病等不易获得救济的医院；二是修路筑桥、开矿炼钢、清洁绿化等公共事业。

第三，反对财富过于集中及其导致的奢侈生活方式。配第指出，国家的财富集中于少数人之手，同时又没有办法可以保证所有人民不至沦为乞丐、盗贼或者受雇为士兵，这是引起内乱的原因；并且，一方面允许某些人穷奢极侈，另一方面又任凭其他许多人饥饿致死，这也是内乱发生的原因。虽然配第是站在统治者的角度，为君王的江山考虑，但他提出的观点却是符合正义伦理要求的。

第四，强调维护国家信义。国家信义即公共信义。配第指出，国家有时提高或贬低本国货币的价值以此增加货币的数量并使它比原来值得更多一些，即想用货币买到更多的商品或劳动，所有这些做法实际上就是国家侵吞它所欠人民的债款，这其实是对人民很坏而且不公平的课税方法。它最终破坏了公共的信义，并成为国家趋于衰弱的象征。

威廉·配第的著作比较强调人民的意愿，要求根据合理性原则及维护人民利益的原则来治理国家，但必须指出的是，配第所言之"人民"主要是市民，即拥有一定私有财产的市民。当时的工人主要是指农场工人，配第似乎并没有将之纳入"人民"的范围。如在论及工人的工资时，配第提出："法律应当使工人得到仅仅是最必要的生活资料。因为如果给工人双倍的生活资料，那么，工人做的工作，将只有原来工作的一半。这对社会来说，就损失了同量劳动所创造的产品。"[1] 这反映了配第及其所代表的

---

① 王亚南主编：《资产阶级古典政治经济学选辑》，商务印书馆1979年版，第52页。

新兴阶层的立场及局限性。配第的这个观念，经由马尔萨斯及李嘉图的发展，成为工人阶级的枷锁。

纵观配第的著作，并没有多少对贫穷百姓的同情怜悯之心。他作为新兴资产阶级的代表，主要目的是维护现存统治秩序。配第提出的许多正确观念与措施，如对宗教纠纷的分析、对社会福利事业的支持、对课税方式的改进、对刑罚的人性化建议，等等，均是为了改善及巩固统治阶级的利益。配第认为，土地为财富之母，而劳动则为财富之父和能动要素。"种种赋税无论经过多少转折，最后总要落在土地和劳动的收入上"[1]，而公共事业的开展及国家的强盛，也最终要着落在土地和劳动上，故一切的措施与改进，其目的都在于增加劳动和公共财富上。虽然威廉·配第只关心新兴资产阶级的利益，但却在结果上改善了底层民众的生存状态。他的思想与观念契合了时代特征，反映了时代要求，尤其是反映了市民阶层的利益与要求，故也就遵从了正义伦理的历史要求。

二、基于正义伦理维度对大卫·李嘉图学说的审视

李嘉图（1772—1823）是英国古典政治经济学的完成者，所著《政治经济学及赋税原理》被誉为"英国古典政治经济学的巅峰之作"。李嘉图一向被认定为资产阶级利益的坚决维护者，其学说被指对无产阶级的命运表现得无比冷酷，马克思曾因此斥责李嘉图居然发表如此令人毛骨悚然的荒唐言论[2]。另一方面，欧文等人则从李嘉图的思想中发展出空想社会主义的理论，李嘉图也因此被美国庸俗经济学家亨利·查理士·凯里冠以"共产主义之父"的头衔。故李嘉图作为伟大的经济学家，不应当被简单地界

---

① 姚开健：《经济学说史》，中国人民大学出版社 2003 年版，第 52 页。

② 参见《马克思恩格斯全集》（第 26 卷，第二分册），人民出版社 1973 年版，第 638 页。

定为某个阶级的代言人，而应当分析其思想最真切的意蕴及其影响。本文立足于公平、正义的角度来分析李嘉图的学说及其影响。

其一，关于劳动价值论与工资法则的悖论。亚当·斯密首先提出劳动是衡量一切商品交换价值的真实尺度，但他关于劳动与价值内生关系的思想并不彻底。李嘉图则始终坚持劳动价值论，他试图区分价值与交换价值，并注意到劳动时间决定商品价值。李嘉图认为，稀少性和劳动是两类商品的交换价值源泉，他全力研究了价值量与劳动量的关系。"一件商品的价值，或所能换得的他种商品的数量，乃定于生产所必要的相对劳动量，非定于劳动报酬的多寡。"[①] 李嘉图对劳动的形态进行考察，如对简单劳动、复杂劳动、直接劳动、间接劳动、必要劳动等进行了比较准确的区分。李嘉图已经认识到，商品价值包括工人直接劳动（活劳动）创造的新价值和由间接劳动（物化劳动）所体现的旧价值，同时，李嘉图指出，只有工人新加入的活劳动才创造新价值，机器等生产资料本身不创造新价值，并以此批判萨伊关于资本、土地也创造价值的观点。但是，李嘉图的劳动价值论，保留着斯密价值论的一个根本缺陷，即不研究价值的本质，只研究价值量的决定作用。[②] 由于完全忽略了价值是一种社会关系，以及没能将价值与生产价格正确区分，李嘉图体系出现两个困难：一是无法说明资本和劳动的交换如何与等价交换的价值规律相符合；二是无法说明等量资本如何产生平均利润。马克思特别重视他所创立的劳动二重性学说，认为这是"对事实的全部理解的基础"。劳动价值论同样是李嘉图体系的基石，但由于他和斯密一样不能区分劳动与劳动力，也就无法进一步提出劳动二重性学说及发现剩余价值的秘密。

[①] ［英］大卫·李嘉图著，郭大力、王亚南译：《政治经济学及赋税原理》，译林出版社2011年版，第1页。

[②] 参见韩媛媛：《大卫·李嘉图——古典政治经济学集大成者》，人民邮电出版社2009年版，第48页。

　　李嘉图学说中最具争议的问题是其劳动价值论与工资理论之间的互悖性。正如郭大力指出的：“亚当·斯密和李嘉图明明承认了一切价值的来源是劳动，却又承认所创造的价值的一部分，应在地租、利润名义下归于地主和资本家，而剩给劳动者的部分，反只足维持劳动者最必要的生活。”① 李嘉图的逻辑如下：首先，李嘉图把劳动的价格区分为自然价格与市场价格，指出：“劳动的自然价格，是维持劳动者自身及其族类所必要的价格。……取决于劳动者维持一身维系一家所必要的食品必需品习惯享乐品的价格。”② 因而，食品必需品的价格直接影响着劳动的自然价格。其次，既然劳动直接与食品必需品挂钩，李嘉图当然注意到工资变动对劳动阶层的影响，“劳动市场价格超过自然价格，劳动者景况，繁荣而幸福。……劳动市场价格低在自然价格下，劳动者的景况，最难堪”③。虽然工资的变动直接决定着劳动者的生存状态，但李嘉图并不认为应该通过法律或政策手段对工资进行调节。再次，李嘉图坚持认为，工资应在公平自由的市场竞争中决定，不可加以法律限制。这是因为，他认为支配工资的法则是自由竞争法则，李嘉图秉承亚当·斯密的观点，坚持认为自由竞争法则是支配社会上最大多数人幸福的法则，因为公平自由的竞争最终能增加资本的积累，“资本增加了，对劳动的需要，亦必增加；待做的事业增加了，对劳动者的需要，亦必增加”④。最后，李嘉图对于劳动阶层的判断总体上是比较悲观的。“与亚当·斯密不同的是，后者认为国民财富的增

　　① ［英］大卫·李嘉图著，郭大力、王亚南译：《政治经济学及赋税原理》，译林出版社2011年版，译序第10页。
　　② ［英］大卫·李嘉图著，郭大力、王亚南译：《政治经济学及赋税原理》，译林出版社2011年版，第41页。
　　③ ［英］大卫·李嘉图著，郭大力、王亚南译：《政治经济学及赋税原理》，译林出版社2011年版，第42页。
　　④ ［英］大卫·李嘉图著，郭大力、王亚南译：《政治经济学及赋税原理》，译林出版社2011年版，第42页。

长将促进工资的增长，李嘉图从相对工资角度考察工资的发展趋势，却认为随着社会发展，工资会有下降的趋势，其原因在于，资本增长率赶不上工人人数的增加，货币工资的增加赶不上生活必需品价格的上涨。"①

马克思的剩余价值学说在内容上与此有相似之处，马克思同样认为一切价值的来源是劳动，劳动者只获得了仅够维持生活的费用，剩余价值尽归资产阶级。郭大力指出李嘉图与马克思学说的不同贡献，"李嘉图的工资法则，确实是最冷酷的一个结论，但又是资本主义社会中最真确的一个结论……马克思亦承认这个法则在资本主义社会内的真确。在他的《资本论》中，他常提及这个理论，他的剩余价值学说，亦未始不以此为根据。但李嘉图的工资铁则，是钳制劳动者的铁枷，马克思的剩余价值说，却是解放劳动者的福音"②。郭大力将二者的分歧归结为伦理观与研究态度的不同，并且强调了研究态度的差异，即李嘉图是说明的态度，而马克思则为批判的态度。郭大力是一语中的。

其二，关于废止济贫法的争论。正是基于人口增长高于资本增长的判断，李嘉图展开对济贫法的批评。他认为济贫法非但没有改善贫民状况，反而可能使富者趋于贫困。"救贫法，本为贫民而制定，但其制定，适足加重贫民痛苦。……救贫法的作用，使富强变为贫弱，使劳动的努力仅仅为了生计……使人类心灵，为满足肉欲而不绝忙碌，最后，使一切阶级陷于贫困。"③李嘉图其实认真考察并思考了如何减少贫困这个重大社会问题。他指出，当人口增加过速时，只有两种救济方法，一为减少人口，一为加速资本蓄积。如果是贫穷国家，肥沃土地尚有许多未开垦，采用资本

---

① 姚开建主编：《经济学说史》，中国人民大学出版社 2006 年版，第 149 页。

② ［英］大卫·李嘉图著，郭大力、王亚南译：《政治经济学及赋税原理》，译林出版社 2011 年版，译序第 11 页。

③ ［英］大卫·李嘉图著，郭大力、王亚南译：《政治经济学及赋税原理》，译林出版社 2011 年版，第 45 页。

蓄积的方法是上策，一切阶级的生活都可因此得到改善。但如果是富裕国家，肥沃土地均已开垦，则资本蓄积的方法不易也不宜实行。那么，要保证贫民的长久安乐福利，应当采取如下措施：逐渐缩小救贫法的范围；开导人民，使知自立价值，教导贫民，使能自给；告诉他们，谨慎远虑，即限制他们人数的增加，减少他们不谨慎的早婚。经此，社会方能逐渐达到比较健全的状况。李嘉图着力指出："救济救贫法的方法，倘非以根本撤废为终极目标，类皆不值一顾，指出安然达到这个目标的方法，即是拥护人道，配称为贫民之友。"① 可见，李嘉图坦承人道主义是值得追求的，真正的人道是最终消灭贫穷。但是，由于李嘉图深受马尔萨斯人口理论的影响，把贫困完全归结为人口的过度繁殖，未看到导致贫困的其他原因，诸如天灾人祸、先天残疾、疾病、年老体衰等不可抗拒的原因，完全废止济贫法的理论因此显得非常冷酷。

其三，公平与正义的错位。在亚当·斯密所处的时代，最重要的问题是如何发展工业的问题，他认为工业的发展必然有利于整个社会，有利于提高增进社会的总体幸福。但进入19世纪之后，分配问题却成为人类社会的中心问题，当然也就成为政治经济学的中心问题。李嘉图的过人之处，就在于确立了符合资产阶级利益的分配原则。李嘉图继承亚当·斯密的划分，认为全部社会总产品在地租、工资和利润的名义下，分归地主、工人和资本家三个阶级所有。在围绕着当时谷物法的废存产生的争议中，是否应当照顾某一个特殊阶级的利益成为争论的焦点。李嘉图的收入分配理论由地租理论、工资理论及利润理论构成，他着重研究了两个问题：一是地租、工资和利润在量上如何规定，即各种收入的大小是由什么因素决定的；二是地租、工资和利润在数量上的比例关系。李嘉图的结论是，地租、工资与利润存在对立关系，工资、利润将呈下降趋势，而地租则呈上

---

① ［英］大卫·李嘉图著，郭大力、王亚南译：《政治经济学及赋税原理》，译林出版社2011年版，第49—50页。

涨趋势。因而，地主阶级不事生产，其利益却首先得到保障，工人的工资必须保持某种限度，故利润作为支付地租及工资之后的余额，是最容易受到损害的部分。[①] 无疑，李嘉图的学说是为着工业资产阶级的利益而呐喊。

但是，李嘉图从不断言他只为某个阶级或阶层的利益服务，在建构他的分配理论及体系时，他依据的是公平原则。这集中反映在他的赋税原理中。李嘉图指出，赋税最终由资本和收入支付，而合理的征收原则是使赋税落在收入或剩余价值上而不是直接着落在资本上，否则将妨害资本主义的经济增长。李嘉图强调亚当·斯密的赋税四原则：公平、确定、便利、经济四个方面要求。其中，公平是最重要的原则，其余三个原则从本质上而言是公平原则的衍生。他反复指出："一切赋税，都有一方面的弊害。非影响利润或他种收入来源，即将影响支出。设负担平均，不抑制再生产，那加在什么方面，毋庸过问。……一切收入既然都须纳税，社会上一切阶级，当然没有谁能够避免赋税。他们须各自按资捐纳。"[②] "仅征收社会上某特殊阶级的收入，却嫌不很公平。对于国家的负担，各个人都应按照各自的资力而平均分配。"[③] 李嘉图确实反复论证、强调了赋税原理的公平性，但他的著述中，几乎不提及正义原则。亚当·斯密却将正义原则视为最重要的原则，将正义伦理视为最基本的规范。为什么李嘉图的思想，尤其是赋税原理，来源于亚当·斯密，并继承及推动了斯密的自由主义经济原理，但在经济伦理中，却只认可公平，而将正义主题抛弃呢？或者说，为什么只认可公平背后的合理性，而抛弃公平背后应有的正义维度的道德性、价值性呢？

[①] 参见韩媛媛：《大卫·李嘉图——古典政治经济学集大成者》，人民邮电出版社2009年版，第57—60页。

[②] ［英］大卫·李嘉图著，郭大力、王亚南译：《政治经济学及赋税原理》，译林出版社2011年版，第88页。

[③] ［英］大卫·李嘉图著，郭大力、王亚南译：《政治经济学及赋税原理》，译林出版社2011年版，第110页。

纵观亚当·斯密与李嘉图的学说，在伦理观上有重大差异。斯密"以自然规律为依据的道德哲学，使他不赞成人们之间的关系缺少人情味"[①]，他的学说中透露着对底层民众的深切同情心，而李嘉图在个人生活中虽然对底层民众表现出乐善好施的禀性，但他的学说除了理性，并没有太多情感，甚至于冷酷。二者的差异，不仅源于学者本人的个性特征，更重要的是，反映了时代的某些特点或要求。李嘉图所处的时期，资本的加速积累是资本主义发展的根本要求。李嘉图只是说明并论证了这个趋势。但是，什么样的状态才是合理的经济秩序与生活秩序？李嘉图并没有思考这个问题。而这永远是一个根本性的伦理问题及社会问题。后文考察了功利主义与古典政治经济学的内在关系，进而分析了古典政治经济学与正义伦理的关联。在此基础上，才能更真切地说明李嘉图的理论动因，以及说明政治经济学的历史任务。

三、约翰·穆勒政治经济学理论蕴含的正义伦理

约翰·斯图亚特·穆勒（1806—1873）是 19 世纪中叶英国最著名的经济学家和哲学家，也是功利主义的集大成者。他对功利主义进行了发展，并力图使功利主义的原则更有效地指引政治经济学。他关注分配问题，认可基于功利原则对国民经济的适度干预，从而使他的学说充满着浓厚的正义伦理色彩。

约翰·穆勒修正了边沁功利论中功利结果大于道德规范或道德规律的思想，他认为，功利主义道德不只是表现为趋乐避苦，还表现为为别人利益而做的自我牺牲。约翰·穆勒坚持认为公共幸福是衡量一切行为的最根本的原则与标准，他强调，幸福不仅仅指个人的幸福，而且包括他人的幸福，是一种社会意义上的幸福，即整体的幸福，更重要的是，穆勒要求实

---

① ［英］琼·罗宾逊、约翰·伊特韦尔著，陈彪如译：《现代经济学导论》，商务印书馆 2002 年版，第 16 页。

行幸福标准时，在自己的幸福与他人的幸福之间应做到严格的公平。穆勒由此提出"最大多数人的最大幸福"原则，并将这个最高的道德原则贯彻到经济生活中。"约翰·穆勒在他的代表作《政治经济学原理》中，力图把经济学从李嘉图以后的英国经济学家的教条精神中拯救出来，在经济理论分析中注入大量的对人类福利的关注和容忍的精神，并对他先前所服膺的边沁功利主义和以它为社会哲学基础的李嘉图经济学作了修正。"①

约翰·穆勒抨击仅仅为了积累而积累财富的思想，他认为在已经实现富裕的国家里，应继续关心实际问题——即财富和机会平等问题。他说："如果人民大众从人口或任何其他东西的增长中得不到丝毫好处的话，则这种增长也就没有什么重要意义。"②穆勒呼吁进行社会改良以实现更大的经济公平："一个有利于实现扩大平等目标的手段是再分配，不是收入的再分配，而是财富的再分配。"③约翰·穆勒在政治经济学领域中最重要的贡献是对财富的生产和分配进行了区分。约翰·穆勒确立了财富的生产是经济法则（自然法则），财富的分配是社会法则（人为法则）的"著名的两分法"。④他认为，生产规律是永恒的自然规律，是不以社会制度改变而改变的，"财富生产的法则和条件具有自然真理的性质。它们是不以人的意志为转移的。不论人类生产什么，都必须按照外界物品构成和人类身心

---

① 王初根、潘程兆、高瑞鹏：《论约翰·斯图亚特·穆勒的经济伦理思想》，载《江西社会科学》2004 年第 8 期，第 70 页。

② ［英］约翰·穆勒著，胡企林等译：《政治经济学原理及其在社会哲学上的若干应用》（下卷），商务印书馆 1991 年版，第 324 页。

③ ［美］小罗伯特·B. 埃克伦德、罗伯特·F. 赫伯特著：《经济理论和方法史》，中国人民大学出版社 2004 年版，第 155 页。

④ 此处的两分法是基于财富的生产与分配而言。从资本主义生产方式总过程角度考察，詹姆斯·穆勒在经济学说史上第一次提出了把政治经济学划分为生产、分配、交换和消费四个部分的四分法。以后的资产阶级经济学者实际上接受了詹姆斯·穆勒的四分法。马克思吸收了詹姆斯·穆勒四分法的某些合理因素。（参见颜鹏飞：《论詹姆斯·穆勒的政治经济学四分法》，载《武汉大学学报》1986 年第 4 期，第 16、20 页。）

结构固有性质所决定的方式和条件来生产"①。而分配规律完全不同，财富分配完全是人类制度问题。因为个人或集体，都可以按自己的意愿来处理财富。"财富的分配要取决于社会的法律和习惯。决定这种分配的规则是依照社会统治阶级的意见和感情而形成的。这在不同的年代和国家是很不相同的。并且，如果人们愿意，差别还可以更大一些。"②马克思曾批评穆勒把生产与分配之间的联系割裂了，"把分配当作与生产并列的独立自主的领域"③。马克思认为分配是生产的产物，分配的结构完全取决于生产的结构，而穆勒把生产与分配视为两个并列的领域，仅仅是"对概念作辩证的平衡，而不是解释现实的关系"④，这并不能从根本上解决问题。但无论如何，穆勒的修正还是有现实意义的。

穆勒建构的是权利为基础的经济正义观，他从快乐论和个人利益原则出发，既不同意个人权利理论基础上的自然权利说，也不同意社会契约的个人权利起源论，而是强调以功利原则为基础的个人权利，认为衡量制度好坏的标志，是能否获得最大的福利和保证利益的和谐，以功利为基础的个人权利的实现和保障是经济正义的第一要义。⑤穆勒试图回答，在经济活动中，人们出自个人的经济动机的行为何以可能纳入道德的轨道，使个人的利益追求同反映公共利益的普遍的道德规则相协调。穆勒一心想证明，经济的动机是可以而且应该由普遍的道德规则来规范的。⑥出于对整体利益维护的需

①［英］约翰·穆勒著，胡企林等译：《政治经济学原理及其在社会哲学上的若干应用》（上卷），商务印书馆 1991 年版，第 226 页。

②［英］约翰·穆勒著，胡企林等译：《政治经济学原理及其在社会哲学上的若干应用》（上卷），商务印书馆 1991 年版，第 227 页。

③《马克思恩格斯全集》（第 30 卷），人民出版社 1995 年版，第 31 页。

④《马克思恩格斯全集》（第 30 卷），人民出版社 1995 年版，第 31 页。

⑤参见何建华：《论穆勒的经济正义思想》，载《上海师范大学学报》（哲学社会科学版）2005 年第 5 期，第 21 页。

⑥参见何建华：《论穆勒的经济正义思想》，载《上海师范大学学报》（哲学社会科学版）2005 年第 5 期，第 24 页。

要，穆勒赞成适度的国家干预。鉴于市场制度存在的缺陷，以及当时社会财富分配中出现的种种不公正现象，穆勒认为财富的分配不能完全交给市场支配，"在某一时期或某一国家的特殊情况下，那些真正关系到全体利益的事情，只要私人不愿意做（而并非不能高效率地做），就应该而且也必须由政府来做"①。穆勒一方面认为自由放任原则应该进行某种程度的限制，另一方面，穆勒坚持政府适度干预的依据是公益原则。

穆勒与李嘉图一样，坚持理性主义，强调理性是一切学说的根基，反对抽象的道德教条。如他在关于1848年法国革命的文章中写道："没有理性的人才奢谈抽象的公正。事实上，少数人生来注定享乐，而却要受命运的煎熬。"②穆勒学说的最大特点是折中、调和。他认为最良好的社会状态应当是这样的："大多数劳动者工资较高，生活富裕；人们除了自己挣得和积累的财富外，不拥有其他巨额财富。"③对此，马克思归结为，"1848年大陆的革命也在英国产生了反应。那些还要求有科学地位、不愿单纯充当统治阶级的诡辩家和献媚者的人，力图使资本的政治经济学同这时已不容忽视的无产阶级的要求调和起来。于是，以约翰·斯图亚特·穆勒为最著名代表的平淡无味的混合主义产生了。这宣告了'资产阶级'经济学的破产"④。在此，马克思的观点有双重含义：一是宣告为资本代表的政治经济学因无法满足无产阶级的要求，已然破产；二是认为穆勒的调和无法从根本上解决问题。实际上，穆勒的调和并非平淡无味，它在合理的、正义的社会秩序建构上还是取得了某些进步，虽然只是有限的进步。

---

① ［英］约翰·穆勒著，胡企林等译：《政治经济学原理及其在社会哲学上的若干应用》（下卷），商务印书馆1991年版，第570页。

② 转引自［美］丹尼尔·R.福斯菲尔德著，杨培雷等译：《现代经济思想的渊源与演进》，上海财经大学出版社2003年版，第82页。

③ ［英］约翰·穆勒著，胡企林等译：《政治经济学原理及其在社会哲学上的若干应用》（下卷），商务印书馆1991年版，第321页。

④ ［德］卡尔·马克思：《资本论》（第一卷），人民出版社2004年版，第17页。

第二节 功利主义与正义

古典政治经济学与功利主义渊源深厚，深入了解功利主义与正义伦理的内在关系，将有助于观察政治经济学与正义伦理尺度的精微关系。

功利主义对于近现代西方国家产生了重要影响，它的理论通俗易懂，它提出的"最大多数人的最大幸福"指标得到历史与实践的认可，但功利主义也是备受批判的学说。对它的责备主要基于如下的理由：功利主义在追求最大幸福时往往以牺牲少数人的利益为代价，即以牺牲人的合法权利为代价，从而消解了正义的根本基础，并最终损害了正义伦理。功利主义究竟是损害了正义，还是推动了正义秩序的发展？这需要追溯至古希腊时代。

一、柏拉图对古代功利观的批判及其对正义伦理的界定

有学者撰文指出，柏拉图的正义观是对功利主义的批判。该文认为，柏拉图在《理想国》对话中概括了当时流行的功利主义正义观：

第一，趋利避害是正义的起源和本质。……这就是立约和立法的开端，践约守法即为正义。这就是正义的起源，其在实质上是一种折中的状态，介于最好和最坏之间。最好就是干坏事而不受惩罚，最坏就是受到伤害而无能力报复。第二，实施正义并非心甘情愿，而是由于没有力量行不义之事。人们之所以接受和赞

成正义，并不是将其当作一种真正的善，而是由于没有力量行不义之事，而真正有能力作恶的人绝对不会与别人订立什么契约。第三，不义者比正义者生活得好。诸神和凡人给不正义者安排的生活要比正义者的生活好得多。既然如此，我们没有理由要正义而不要不正义。如果我们选择了不正义，并戴上一副道貌岸然的正义的假面具，那么，我们无论生前死后，对人或对神，都会左右逢源，无往而不利。

将正义的本质规定为利益，把正义的起源归于人们为趋利避害所订立的契约。这正是功利主义的根本特征。功利主义以利益作为道德判断的标准，认为人的行为并无对错之分，行为所产生的利益决定了行为是否具有道德上的正当性。[①]

作者指出，从趋利避害的角度探讨正义的起源与本质，比较符合柏拉图的观点，正义实质上是一种介于最好和最坏之间的折中的状态，接近于揭示正义的本质。但柏拉图仍然批判了这种正义观，指出它使人为了利益而追求不正义，错置作为美德和智慧的正义，随之而来的就是分裂、仇恨和争斗，最终将破坏不正义者的幸福。[②]

该文对柏拉图的正义理论进行了卓有成效的探讨，本文已借鉴其有益成果，但在柏拉图是否批判功利主义的问题上稍有异议。第一，柏拉图所处时代的功利观是否可称之为功利主义？如果可以，它与现代功利主义的关系是什么？第二，作者强调，"功利主义以个人利益为判断行为是否正义的标准"，这是功利主义的观点，但却不是全部的观点。第三，作者认为，功利主义认为人的行为并无对错之分，这实际上可归结为道德相对主

---

① 参见王晓朝、陈越骅：《柏拉图对功利主义正义观的批判及其现代理论回响》，载《河北学刊》2011 年第 4 期，第 32 页。

② 参见王晓朝、陈越骅：《柏拉图对功利主义正义观的批判及其现代理论回响》，载《河北学刊》2011 年第 4 期，第 31、34 页。

义的观点，但难以一语归之为功利主义的观点。以边沁、约翰·穆勒为代表的现代功利主义，并不认为仅仅是个人的利益才是道德判断的标准或正义的标准，他们也不认可道德相对主义，因为他们提出了"最大多数人的最大幸福"的最高道德标准。

柏拉图是西方较早系统研究正义的思想家。柏拉图试图通过研究人的本质讨论德性与幸福，在德性与幸福的论域下，柏拉图研究了正义。"他在讨论正义时用了两个希腊词来表示我们所说的'正义'，它们在《定义集》（On the Definitions）中都被列为词条。'dikaiosune（justice）正义，灵魂与其自身的一致，灵魂构成部分之间的相互尊重与关切；按其应得对每个人进行分配的状况；财产所有者按照对他显得正当的方式来挑选的状态；守法的生活方式的潜在状态；社会平等；服从法律的状态。''epieikeia（fairness）公正，放弃个人的权利和利益；适度达成约定；理性灵魂在什么是可敬的、什么是可鄙的方面达成良好的约束。'柏拉图的这篇著作虽被认定为伪作，但与柏拉图的其他对话相对照，这里所提供的两条定义基本上反映了柏拉图对正义或公正的本质认识。细读这些定义，可以看出，柏拉图已经认识到正义是属性、状态与关系，而不是实体。"①把正义定义为属性、状态或关系，是非常深刻的，它揭示了正义的本质：正义不是实体，而是伦理。

柏拉图在《理想国》中表述的正义包含两方面的内容：正义就是善；正义就是给予每个人应得之物。②柏拉图的观点沿袭了苏格拉底。"应得"作为正义的核心理念，受到比较普遍的认可。但要真正了解柏拉图的正义观，必须充分了解他的德性观。柏拉图在两个层次上讨论正义：城邦的正

---

① 王晓朝、陈越骅：《柏拉图对功利主义正义观的批判及其现代理论回响》，载《河北学刊》2011年第4期，第34—35页。

② 参见［美］列奥·施特劳斯著，彭刚译：《自然权利与历史》，生活·读书·新知三联书店2003年版，第148页。

义与灵魂的正义。即柏拉图对社会正义与个体正义进行了区分。"柏拉图
将正义作为灵魂的特性，两种理性灵魂导致两种正义。"① 就是说，实践理
性导致城邦的正义，而理论理性导致灵魂的正义。但在柏拉图的双重论述
中，真正的主题是灵魂中的正义。柏拉图说："美德是一个整体，并以正
义、自制、虔诚为其组成部分。"② 可见，正义是诸美德中的部分，并且柏
拉图认为正义是首要的美德。

柏拉图关于正义的本质、正义的定义、正义的起源等理论受到学界比较
多的关注，但是，柏拉图关于幸福与正义关系的思想却比较受冷落。"在建
造我们的城邦的时候，我们的目的不是为了使得某一个阶层特别的幸福，而
是使得整个城邦最大可能地幸福。我们认为，我们会在这样的城邦中最容易
地发现正义，在与其相反的城邦中发现不正义。"③ "我们的目的是……使得
整个城邦幸福。"④ 柏拉图虽然确定了，真正的善和幸福最应当属于哲学家，
但是他仍然坚持这个立场：构建新城邦的目的不是为了城邦中部分人的幸
福，而是为了整体的幸福。他说，在理想城邦中，"使得城邦中的某个阶层
尤其幸福，这不是法律所考虑的，它所谋划的是通过劝说或者强制的方式，
使得公民彼此和谐一致，彼此分享每个阶层能够给予公众的利益，使得幸福

---

① ［美］余纪元著，朱清华译：《亚里士多德论幸福：在柏拉图的〈国家篇〉之后》，载《世
界哲学》2003 年第 3 期，第 100 页。

② 《柏拉图全集》（第一卷），王晓朝译，人民出版社 2002 年版，第 450 页。

③ Plato, Complete Works, edited, with Introduction and Notes, by John M.Cooper, Cambridge:
Hackett Publishing Company, 1997, p.1053.（转引自朱清华：《再论柏拉图的正义与幸福》，载《江
苏社会科学》2012 年第 1 期，第 25 页。本段中的三处译文，有多种版本，内容相似，以朱清华
教授所译最精练，故采用之。）

④ Plato, Complete Works, edited, with Introduction and Notes, by John M.Cooper, Cambridge:
Hackett Publishing Company, 1997, p.1137.（转引自朱清华：《再论柏拉图的正义与幸福》，载《江
苏社会科学》2012 年第 1 期，第 25 页。）

普及整个城邦"①。柏拉图在幸福的总纲下，提出了衡量城邦正义，即社会正义的价值尺度。这个尺度与现代功利主义似乎不谋而合，因而，笼统地断言柏拉图批判功利主义似乎比较勉强。当然，必须指出的是，古希腊的城邦只是少数拥有公民权的公民的城邦。以现代功利主义的标准，柏拉图关于正义与整体幸福的思想真正揭示了社会正义的本质。

二、功利主义与正义关系略考

功利主义是 18 世纪末英国出现的道德哲学，创始人是边沁。边沁认为，社会利益应当被理解为组成社会的所有单个成员的利益的总和，如果一种行为其增多社会幸福的趋向大于其减少社会幸福的趋向，那就是符合功利原则的。符合功利原则的行为，就是道德上应当或正当的行为。同时，边沁认为，功利原则是用来证明一切其他事物的东西，而它本身是无须加以证明的。

麦金太尔认可这个说法：功利原则并不是在所有情况下判断特定行为的标准，毋宁说，它常常是判断原则的标准。在逻辑意义上有截然不同的两种规则：一是概括性规则，这类规则从逻辑上讲是在所规定或禁止的行为之后；二是实践规则，这类规则界定行为种类并且从逻辑上说先于这些行为。功利主义原则即是属于实践规则。麦金太尔认为，正义是一个实践体系，在整体上可以用功利主义来论证其合理性，但是，由于正义原则与最大幸福原则在实践运用中可能会发生冲突，因此权衡正义的价值之时，并不完全取决于对功利原则的遵奉。②

---

① *Plato, Complete Works*, edited, with Introduction and Notes, by John M.Cooper, Cambridge：Hackett Publishing Company, 1997, p.1137.（转引自朱清华：《再论柏拉图的正义与幸福》，载《江苏社会科学》2012 年第 1 期，第 25 页。）

② 参见［美］阿拉斯代尔·麦金太尔著，龚群译：《伦理学简史》，商务印书馆 2010 年版，第 314—315 页。

功利主义是否最终消解了正义？约翰·穆勒试图通过功利原则中内含公正这一视角解决问题。穆勒认为，最大多数人的最大幸福是最高原则，而公正作为功利的次一级原则，统一于功利，也服从于功利。于是，公正和功利也就不存在本质的冲突与矛盾了。穆勒这种手段与目的合一的思路无疑是让功利主义突破困境的合理路径。但穆勒并没有给出足够的证据说明功利主义可以使得普遍公正成为一种社会事实。这就仍然只是说明了功利原则对公正的兼容，却不足以说服人们来相信功利原则对公正的确切保证，即没有说明在功利原则下公正得到了何种程度的呈现。①

有学者指出，功利主义如果从实证的角度分析，可得到如下结果：基于功利原则的考虑将带来比公正论更多的普遍公正。

> 功利主义完全可以给自身一个主动的角度，而不仅仅是被动地回答反对者的诘难。功利主义可以从另一个实效性与实证性的角度来提出关于"公正"的反诘：也许，功利主义无可避免地要在行动中忽视或者侵犯普遍公正，或者说，事实上也确有诸多事例说明功利主义侵犯了普遍公正。然而，又有哪一种理论可以将普遍公正不偏不倚地、完全有效地执行到底呢？有没有一种理论，能够提供足够的证据，证明它比功利主义更明白无误地达到了更多或更优的公正呢？如果可以通过实证的分析方法，来证明功利主义不仅从一开始就将公正置于幸福考虑之中，而且可以带来至少比公正论等更优的公正，那么，功利主义也就为自身给出了一个事实性的辩护理由。

> 功利主义一直面临着公正的诘难，但在追求最大幸福的过程中，功利主义不仅没有消解公正，而且是迄今为止最有可能带来

---

① 参见孙尚诚：《基于最大幸福的最优公正——功利主义的一个边际分析》，载《道德与文明》2011年第4期，第143页。

最优公正的规范性理论。①

把功利主义誉为"迄今为止最有可能带来最优公正的规范性理论"这个结论未免有拔高之嫌。但功利主义确是尽力协调利益与道德、权利与幸福、个体利益与群体利益的矛盾关系。故马克思称赞功利论一开始就带有公益论的性质，以及从经济基础的正确视角来探讨伦理关系，"功利论至少有一个优点，即表明了社会的一切现存关系和经济基础之间的联系"②。功利主义认可世俗的幸福其实是建立在最现实的、最不神圣的物质利益之上，与此同时，功利主义坚持建立在个体幸福之上的多数人的幸福是根本尺度，把公正视为达到幸福的手段，把公正合并于功利原则之内，它因此成为那个时代的精神，并对古典政治经济学的发展产生了重大影响。

熊彼特曾经发问："为什么在经济学关于十九世纪思想的图画中，功利主义显得那样的大，比它作为一种哲学或是作为时代精神的一个要素所应具有的重要性大得多？"③这是因为"功利主义作为一种道德教义的吸引力至少在某种程度上与自由市场这看不见的手并驾齐驱。正是古典经济学与功利主义的共生。……自由市场和自由主义逐渐被视为一种有价值的社会理想，同时又是一种有价值的方法论。这看不见的手似乎费了好大的劲来调整对个人自由的道德要求与功利主义者追求最大多数人的最大幸福的特定道德要求之间的关系"④。无疑，功利主义与自由主义经济理论的结合，使其成为极具吸引力的学说。

---

① 孙尚诚：《基于最大幸福的最优公正——功利主义的一个边际分析》，载《道德与文明》2011年第4期，第142、143页。

②《马克思恩格斯全集》（第3卷），人民出版社1960年版，第484页。

③ ［美］约瑟夫·熊彼特著，杨敬年译：《经济分析史》（第2卷），商务印书馆2001年版，第51页。

④ ［美］理查德·布隆克：《质疑自由市场经济》，江苏人民出版社2000年版，第261页。

第三节 从政治经济学的兴衰追寻正义伦理之历史价值

一、古典政治经济学的兴衰与正义伦理关系评析

英国古典政治经济学本质上是为资本主义生产方式辩护及论证的学说，它推动着资本主义生产方式的发展，带来了物质世界的繁荣。英国古典政治经济学最鲜明的特征当属倡导经济自由主义，而且，以亚当·斯密和李嘉图为代表的经济自由主义思想对当时资本主义经济的发展产生了巨大影响。"自由主义的插曲到处都有，但在英国看来最为壮丽，这是同一种——就我们所能判断的而言——空前的经济发展，即铁路时代初期和中期的全部成就相联的。很容易把那些令人惊叹的一系列的不可否认的成功归之于经济自由主义的政策。"①熊彼特只看到了经济自由举措带来的积极作用，没有看到自由主义另一个本质特征，即强调公平公正的秩序所带来的积极作用。自由与公平公正其实是自由主义的双重内核。仍以英国一脉学说为例，从威廉·配第、亚当·斯密、李嘉图到约翰·穆勒，古典政治经济学表达了强烈的公平或正义的理念。威廉·配第站在平等的启蒙立场上及新兴资产阶级立场上，强调人民的意愿，要求建立公平、公正的经济秩序与生活秩序。亚当·斯密则基于启蒙的立场，强调进步、文明的社会状态，其理想是实现自由自然的社会状态，且这种自由与自然状态应

---

① ［美］约瑟夫·熊彼特著，杨敬年译：《经济分析史》（第2卷），商务印书馆2001年版，第31页。

当建立在正义伦理基础上。亚当·斯密的学说表现出深厚的道德感，他非常注重正义秩序的建构。李嘉图似乎对有着道德内蕴的正义理念不太感兴趣，他只关心公平问题，并通过赋税学说长篇大论地讨论什么才是公平、公正的经济秩序与社会秩序。而约翰·穆勒比较明确地提出分配正义问题，他希望通过主观努力来推动合理秩序的实现，本文认为这其实就是某种正义伦理的实现。

古典政治经济学的正义伦理或公正伦理有两大哲学根基：一是平等观念的普遍建立。资本主义生产方式的发展及启蒙运动的涤荡，使传统社会的等级观念解体，平等、天赋人权等现代观念意识普遍建立。这使劳动价值观、剩余劳动等政治经济学的基础范畴得以成立，使公共性得以确立，从而使公平正义等核心理念得以建立。二是功利主义的盛行。马克思和恩格斯指出，功利论是资产阶级古典政治经济学"心照不宣的前提"，"政治经济学是这种功利论的真正科学"。[①] 亚当·斯密虽然没有明确使用功利主义的原则，但他的理论却与功利主义"最大多数人的最大幸福"尺度不谋而合。而李嘉图与约翰·穆勒则基于功利主义的原则对经济生活提出公正或正义的伦理要求。需要指出的是，功利主义将公平公正作为次一级目标放到幸福这一终极目标之下，而古典政治经济学却把公平合理的秩序（正义伦理）视为最终目标，"最大多数人的最大幸福"则为其理论地基。

政治经济学的核心问题是什么？当代著名经济学家琼·罗宾逊在论述经济哲学问题时指出，财富从哪里来、商品价格问题、社会正义问题、有效需求问题，这些问题是自 17 世纪以来每一个经济思想流派都集中注意的问题。[②] 这些问题的核心问题是人类福祉问题。除了马克思主义政治经济学，几乎没有哪个经济学流派宣称只为某个阶级服务，一方面，这表现

①《马克思恩格斯全集》（第 3 卷），人民出版社 1960 年版，第 479 页。

② 参见［英］琼·罗宾逊、约翰·伊特韦尔著，陈彪如译：《现代经济学导论》，商务印书馆 2002 年版，第 4 页。

了某种程度的虚伪性与欺骗性，另一方面，这也是某种程度的真实意愿。因为资本主义生产方式的发展，打破了传统社会相互孤立、相互独立的生存状况，人类建立起全球性的广泛联系，人们意识到共同生存的必要性与必然性。经济学家们当然也意识到这种必然性。阶级之间虽然存在相互矛盾、对立的关系，但这同时也就意味着存在共生关系，即共存亡关系。基于此种现实，基于经济科学背后的实践理性，几乎所有的经济学流派都宣称立足于科学，立足于人类的福祉，立足于追求合理的秩序而著书立说。马克思同样宣告，其最终目的是解放全人类。

"最大多数人的最大幸福"理所当然地成为古典政治经济学的价值尺度。关于幸福的价值指标与作为科学的经济学之间的关系，琼·罗宾逊有深刻的论述，她指出，幸福与和谐，作为形而上学，似乎只是一个概念，它拿不出自然秩序的证据来，但"它也决不是空洞的，它表示某种精神状态、某种政治同情或道德价值，它可以把人们的意见结晶成为具有重大实际影响的形式"[①]。功利主义就是这种对社会生产与社会生活实践产生重大影响的观念结晶。琼·罗宾逊进一步指明财富增长与道德哲学的关系，她说：

> 现实经济是在民族国家范围内发展起来的。哲学是同爱国主义联系在一起的。从一开始，国民财富的研究就是对于我的国家的财富和怎么样使它增加的研究。经济体系各个组成部分的成就，是依据它们对国民财富的增长作出什么贡献来评价的。理论涉及对政策的支持；哲学之卷入争论，主要是证明政策所依据的社会观点是正确的。甚至到今天，经济学包括三个方面或者起着三种作用：极力要理解经济是如何运转的；提出改进的建议并证明衡量改革的标准是正当的；断定什么是可取的，这个标准必定

---

① ［英］琼·罗宾逊、约翰·伊特韦尔著，陈彪如译：《现代经济学导论》，商务印书馆2002年版，第5页。

涉及道德和政治判断。经济学决不可能是一门完全"纯粹"的科学，而不掺杂人的价值标准。对经济问题进行观察的道德和政治观点，往往同所提出的问题甚至同所使用的分析方法那么不可分割地纠缠在一起。①

琼·罗宾逊的观点实际上有四层含义：经济学并非纯粹的科学，其背后隐含着某种立场与价值观，政治经济学更是如此；政治经济学理论是在划分阶级的社会里建立起来的，其口号表示了对某一特定阶级的同情；政治经济学理论是在增进国家财富的掩护下鼓吹有利于某一阶级的政策；政治经济学同爱国主义混合在一起，所以，一般幸福的口号往往暗含有国家利益的主张。

最大多数人的最大幸福确实是一个值得追求的目标，但无论如何，这个口号背后的立场与这个口号所带来的实际结果，也值得仔细辨别。李嘉图的学说是典型。李嘉图站在工业资产阶级的立场上，坚信资本主义生产方式最有利于生产发展及财富增长，坚信资本主义制度的前途无比光明。同时，他秉承亚当·斯密的经济自由主义思想，相信资本主义的自由竞争具有自动调节的功能，可避免危机的发生。政治经济学的任务是帮助扫除一切障碍，加速资本的积累，以实现扩大再生产，从而最终实现最大多数人的最大幸福。在此前提下，李嘉图关于劳动价值学说与分配理论的悖论出现也就顺理成章。一方面，李嘉图坚持工人阶级是最重要的阶级，是工人的劳动创造了新价值。另一方面，他又认为工人阶级并不应享受高工资，否则将导致两个恶果：一是人口过度繁殖，使工人的相对工资减少，生存质量降低；二是妨碍资本的积累，而资本蓄积的减少，将从根本上影响工人的就业与工资水平的提高。因此，李嘉图全部学说的要义可归结

① ［英］琼·罗宾逊、约翰·伊特韦尔著，陈彪如译：《现代经济学导论》，商务印书馆2002年版，第5页。

为：加速积累，加速扩张，加速资本主义的发展。对此，马克思曾毫不客气地批评："在李嘉图看来，人是微不足道的，而产品则是一切。"①

但是，李嘉图的功利主义原则还是暗示了生产的最终目的是通过国民财富的增长来实现所有阶级的幸福。故郭大力责备李嘉图要求"安分守己的劳动者，应满足于自身生命与种族的维持，不应希望增进自身的幸福"②，确责之过苛。虽然李嘉图认可所有人都有追求幸福的权利，但他的学说仍然呈现"只见物不见人，只有公平没有正义"的特征。他把生产与积累放到最重要的地位，人的地位、人的价值毕竟被轻视了。他只注重公平、平等，几乎全然不提及正义，即只坚持合理性原则，忽视道德性原则，或曰，理性的评判尺度为第一性，伦理与价值的尺度被置于第二性。亚当·斯密始终坚持正义伦理的原则，其时，资本主义社会总体上呈现其所标榜的文明、进步特性，而到了李嘉图所处的时代，正义被放逐出经济领域，经济发展成为唯一标尺，虽然实现了经济领域的繁荣，但冷酷也日益成为资本主义的本色，与之相伴，矛盾、危机、冲突与革命也就不可避免了，创造一个新世界也就成为新的历史使命。虽然约翰·穆勒意识到这个危机，他努力纠正分配不公问题，他的学说也切实地发挥了一些现实影响，但影响毕竟有限。其后的政治经济学理论也都未能有效地解决这一核心问题，随着凯恩斯主义等新的经济理论兴起，政治经济学在西方学界已穷途末路。然而，人类的中心问题——分配问题依然存在，至20世纪末，约翰·罗尔斯试图在伦理学领域回应分配正义问题。

但是，人口、资源、资本、财富的内在关系，人类福祉的根本问题，又岂是仅仅局限于伦理学就能回答的问题？如何回归古典政治经济学的根本问题，如何在政治经济学的宏观视野中建构正义伦理，当是时代课题。

① ［德］卡尔·马克思：《1844年经济学哲学手稿》，人民出版社2004年版，第32页。
② ［英］大卫·李嘉图著，郭大力、王亚南译：《政治经济学及赋税原理》，译林出版社2011年版，译序第8页。

二、马克思主义政治经济学的历史命运与正义伦理关系评析

19 世纪和 20 世纪的无产阶级革命，以及马克思的强烈批判，使经济学家们不得不承认："马克思的观念令我们沉思。任何社会都不能剥夺一个群体享受社会利益的权利，否则，这个社会就不能存在下去。"[①] 于是，1870 年之后的欧洲历史开始出现许多重要的变化，如国家福利政策使工业社会最不利的一面逐渐消除；工人阶级逐渐获得了选举权，出现代表工人阶级利益的政党，工会的力量开始增强，劳动者的地位及政治机会、经济机会都逐渐增加。这些进步被归之于马克思主义的一个道德观念："社会要保持健康，社会经济体必须保证社会所有成员的尊严和提供广泛的机会。"[②]

虽然学者们认为马克思的学说给予了资本主义生产方式最有效的道德与伦理批判，并为重塑现代型的伦理秩序做出了重大贡献，但有意思的是，马克思本人却不太认可伦理批判的意义。因为马克思一方面痛恨资本主义意识形态的欺骗性，把正义话语归诸资产阶级的骗人把戏，另一方面，马克思坚持政治经济学的科学性与规律性，坚持从历史发展规律的角度来说明资本主义的发展及其命运，故马克思的政治经济学理论中难以寻找正义的踪影，即马克思并不以正义作为批判资本主义生产方式的标尺。从表面上看，似乎正义与马克思的政治经济学理论完全没有关联，甚至有学者解读为马克思"拒斥"正义标准。马克思学说的科学性与彻底性，使其成为无产阶级改变命运的最有效的武器，但是，武断地认为马克思拒斥正义，这很容易导致马克思的政治经济学在实践中变成唯科学性、唯规律

---

①［美］丹尼尔·R.福斯菲尔德著，杨培雷等译：《现代经济思想的渊源与演进》，上海财经大学出版社 2003 年版，第 102 页。

②［美］丹尼尔·R.福斯菲尔德著，杨培雷等译：《现代经济思想的渊源与演进》，上海财经大学出版社 2003 年版，第 102 页。

的理论，正义的价值尺度被遮蔽，人被科学与规律的伟大齿轮吞噬，人的需求、人的生存及人的发展均被生产力标准屏蔽，而发展生产力成为唯一要务。更糟糕的是，生产关系失去了正义的伦理维度之后，生产关系的更新与调整，也就失去了最根本性的价值尺度。

正义伦理的遮蔽，使马克思主义政治经济学在中国社会实践中一度陷入边缘化与庸俗化境地。学者李省龙指出："在中国，马克思主义政治经济学在法律上被确认为整个国家和全社会的指导思想，这是一个客观的宪法意义上的事实；与此同时，马克思主义政治经济学又在事实上被高度边缘化，这也是一个客观的存在意义上的事实。"[1] 政治经济学在中国的革命实践与社会建设中曾发挥着关键作用，它成为革命动员的重要理论依据，并在社会主义建设及改革中都发挥着理论指南的作用。但是，伴随着市场经济的建立，生产关系及社会关系的重新调整，政治经济学开始面临困境，一是对于具体的经济与管理实践难以提出具有可操作性的及指导性的意见与方案，二是源于苏联模式的理论体系难以满足社会变革的需要，尤其是对生产关系的宏观调整无法进行前瞻性指导。固守着原定的理论框架，政治经济学开始远离社会需求，逐渐失去了对迅速发展和变化着的经济生活与社会生活的影响，从而在事实上被边缘化了。由于马克思主义政治经济学本身担负着意识形态的导向功能，人们采取了对马克思主义政治经济学再诠释的方式，为具体的改革策略进行辩护，"其结果必然使政治经济学日益成为具体政策的理论附庸而趋向庸俗化的发展"[2]。边缘化与庸俗化导致政治经济学在理论与实践中的双重失落。

西方经济学理论开始轮流登场，为中国新的经济秩序出谋划策。但随

---

① 李省龙：《论马克思主义政治经济学在我国的演变及其发展取向》，载《当代经济研究》2006年第9期，第63页。

② 李省龙：《论马克思主义政治经济学在我国的演变及其发展取向》，载《当代经济研究》2006年第9期，第63页。

着中国经济的快速发展，各种问题与矛盾开始出现和堆积，最严重的就是贪腐现象愈演愈烈，贫富两极分化日益严重。面对如此普遍而严重的经济—社会问题，西方经济学理论陷入集体失语境地，马克思主义政治经济学重新焕发其理论生命。"政治经济学基于其精神本质而在理论本身、在利益代表性、在分析技术以及在道德伦理等诸方面所具有的优越性。这意味着马克思主义政治经济学不仅更适于对上述社会问题进行分析和解释，而且从利益、思路到方式都更能满足解决上述社会问题的需要。基于这种适应性的优势，政治经济学开始重新获得了某种程度的话语权，并在客观上为重返主流地位的'回归进程'提供了某种历史性的机遇。"[1] 马克思主义政治经济学要回归主流地位，就需要在可操作性、技术性方面有更大的发展与突破，然而，当前最重要的工作，是发挥马克思主义政治经济学在理论根基、利益倾向性及道德伦理上的优势，为建构在社会主义市场经济基础之上的合理的、正义的经济秩序与社会秩序提供理论指导。

如何立足于马克思主义政治经济学视野，建构当代中国的正义伦理，正是马克思主义理论发展与创新的历史重任。

---

[1] 李省龙：《论马克思主义政治经济学在我国的演变及其发展取向》，载《当代经济研究》2006 年第 9 期，第 64 页。

第二章

马克思正义伦理的基本理论分析

　　马克思正义思想生成于何种理论背景，建立于何种理论地基之上？这是研究马克思正义伦理的前提性问题。必须先行梳理马克思全新的科学理论体系的发展与变化过程，才能更深刻地理解关于马克思是否存在正义理论及存在何种正义理论的长期争论，以及马克思正义思想的重大理论意义和现实意义。

第一节　马克思的理论转向与正义伦理总关切点的确立

马克思思想体系存在着发生、发展与变化的过程，故呈现明显的阶段性特征。不同阶段之间的马克思思想与理论的内在关系如何界定？这个问题争议极大。阿尔都塞的断裂论颇有影响。阿尔都塞认为，马克思的著作中存在着"认识论的断裂"，他把马克思的思想分成两大阶段，断裂前为意识形态阶段，断裂后为科学阶段，而意识形态与科学恰好对立。阿尔都塞还指出，断裂即意味着决裂与否定，即成熟时期的马克思对自身早期思想的否定。这一观点与马克思是否存在正义思想的争议存在呼应之处。国内学界更多地采用"转向"的观点。断裂与转向有什么区别？这需要分析马克思的实践转向历程，据此，才能确立马克思正义伦理的总关切点及回答相关的基本问题。

一、断裂还是转向？——马克思理论体系的演变问题

阿尔都塞认为，马克思的著作中确确实实有一个"认识论的断裂"，其标志是《德意志意识形态》。在《德意志意识形态》之前，马克思主要继承或接受了德国古典哲学的思想，主要有康德与费希特的理性自由主义，费尔巴哈的人本主义及黑格尔的辩证法。在 1842 年之前为《莱茵报》撰稿时期，马克思借助于康德与费希特的自由与理性概念发表意见。而

1842 年至 1845 年，马克思接受了费尔巴哈的人本主义，即把人的本质作为理论基础。《黑格尔法哲学批判》及其导言、《论犹太人问题》《1844 年经济学哲学手稿》等著作中，马克思展开了对黑格尔的批判，然而这种批判，"就其理论原则而言，无非是费尔巴哈对黑格尔多次进行的杰出批判的重复、说明、发挥和引申"①。它是借助于费尔巴哈的人本学对黑格尔哲学的思辨与抽象进行的批判，是从抽象和思辨的思维方式转变到具体和物质思维方式的必经之路。但是，马克思在创立唯物辩证法之前，他仍然借助于黑格尔的概念与范畴及其辩证法来解决问题。不过，在《德意志意识形态》中，出现了一系列在马克思早先的著作中找不到的基本理论与概念，如生产方式、生产力、生产关系、阶级斗争等等，这些新概念具有崭新的意义及职能，它们构成了独特而崭新的理论体系，并成功地演变成为一门新的科学，一门具有革命性意义的科学。而新的科学诞生之后，必须"要抛弃它的史前期的全部或部分，并称之为谬误"②。阿尔都塞于是把马克思的思想分裂为前后相连的却又对立的两个部分，即马克思青年时期的思想属于意识形态，是非科学的，而成熟时期的思想才能被认定为科学的、正确的。虽然阿尔都塞后来对科学与意识形态相对立的结论有所修正，但他仍然坚持"断裂"的存在及正视这种断裂的重要意义。

必须了解阿尔都塞保卫马克思的缘起，才能理解阿尔都塞的理论。二战之后，以苏联为核心构成了一个强大的社会主义阵营，但斯大林的强权主义引发人们对社会主义的怀疑，同时教条主义充斥了理论界，政治意识形态成为最强大的控制力量。"我们立即投入到党所领导的大规模的政治斗争和意识形态斗争中去。……我们的哲学家不研究任何哲学，并把一切哲学都当作政治。"③当意识形态被等同于政治斗争，狂热之后的反思不免

---

① ［法］路易·阿尔都塞著，顾良译：《保卫马克思》，商务印书馆 1984 年版，第 18 页。
② ［法］路易·阿尔都塞著，顾良译：《保卫马克思》，商务印书馆 1984 年版，第 225 页。
③ ［法］路易·阿尔都塞著，顾良译：《保卫马克思》，商务印书馆 1984 年版，第 2 页。

要坚决地抛弃意识形态。正如马克思在《德意志意识形态》中把意识形态指认为幻觉与谬误一样。[①]尤其是在法国，革命传统压倒了理论传统，共产党员们都在忙于宣传鼓动而不是读书学习，故理论素养非常欠缺，阿尔都塞称之为"法兰西贫困"。因此，国际工人运动的历史及法国工人运动的特征，都使阿尔都塞偏爱"科学"范畴而排斥"意识形态"范畴。此其一。马克思主义内部科学主义理论思潮的出现，"是对西方马克思主义哲学人本主义主导本质的理论反拨"[②]。20世纪30—40年代，在对战争灾难的理性反思及西方新人本主义兴起之后，人本学的马克思主义理论也开始兴起，并在50—60年代达到巅峰状态，而且，二战之后马克思主义人道主义化的倾向开始在整个国际共产主义内部及西方左派思想界泛化。科学的马克思主义认为，"正是这种把马克思主义哲学软化为抽象的人性、总体性和异化之类的非科学规定，从而使马克思主义本身丧失了强有力的战斗性……马克思主义哲学面临重大的危机，必须起来'保卫马克思'，以维护马克思主义哲学的科学本质"[③]。阿尔都塞首先举起了科学主义的大旗，反对人本学的马克思主义。因为人本学的马克思主义的哲学基础是抽象的具有伦理色彩的意识形态，它求助于人的本质、异化等概念，从先验的抽象的非历史性的个人出发，建构了一整套的非实证的主观思辨话语体系。在此基础上，阿尔都塞反对打着人道主义旗号的马克思。他认为马克思被错误地装扮成一个人道主义者，这削弱了理性的力量。[④]此其二。20世纪

---

① 马克思的"意识形态"概念有着多重歧义。阿尔都塞认为，在《德意志意识形态》中它有两层含义，一方面是哲学范畴，表征幻觉与谬误，另一方面又是科学概念，从属于上层建筑领域的一部分。（参见［法］路易·阿尔都塞著，顾良译：《保卫马克思》，商务印书馆1984年版，第230页。）

② 张一兵：《阿尔都塞与〈保卫马克思〉》，载《马克思主义研究》2002年第5期，第79页。

③ 张一兵：《阿尔都塞与〈保卫马克思〉》，载《马克思主义研究》2002年第5期，第79页。

④ 阿尔都塞并没有否定马克思与人道主义的关系。他认为，人道主义的本质是意识形态；马克思一方面否认人道主义是理论，另一方面又承认人道主义作为意识形态的必要，即马克思仅仅承认，人道主义作为一种意识形态，有其存在的必要性。

80 年代中国也曾出现人道主义的马克思主义思潮，并因此产生诸多争议，这些争议实际上可以视为科学主义与人本主义两种倾向的斗争。如何评价这两种不同的理论走向及其相互的对立？一般认为，在特定的历史语境中，这两种不同的理论趋势各有其合理性，相互之间的对立与斗争也是那个特定历史环境、政治环境的反映。但在今天，立足于比较自由而开放的历史境地与理论语境中，科学主义的马克思主义与人本主义（包括人道主义）的马克思主义思潮之间是否存在某种兼容性呢？强调人的本质或人道主义是否会软化马克思主义的理论力量？如果不再把马克思主义视为战斗的武器，而视为批判性的武器或指导性理论，是否正义、自由等价值导向将增进马克思主义的理论力量？实际上，这是马克思主义理论体系中科学性与价值性能否相融的问题。

从马克思主义哲学革命——实践转向的视角考察，也许可以很好地解释以上问题。

马克思主义理论体系的变革，始于哲学的变革。恩格斯提出："全部哲学，特别是近代哲学的重大的基本问题，是思维和存在的关系问题。"①在古代与中世纪，灵魂与外部世界的关系成为哲学的发源地，故旧哲学主要关心的问题是：什么是本原？是精神还是自然界？这属于传统本体论的问题。西方哲学也就是以本体论为核心，以柏拉图奠定基础的本体论哲学为历史传统的理论。黑格尔的哲学使传统的本体论发展到最完备最极致状态，从而导致"理性霸权"与"概念宰制"的局面。如何走出宿命论的独断，回到现实的生活世界，是哲学家们必须解决的问题。只有马克思完成了这项任务，实现了哲学的历史性变革。这是通过实践转向而完成的。

高清海指出，传统本体论哲学能够存在并支配人们的思想两千余年，缘于"人性"的根基。人是具有双重本性、双重生命的存在。人有"物种"

①《马克思恩格斯选集》（第4卷），人民出版社1995年版，第223页。

规定的"自然本性"和"本能生命",在这一基础上,人又通过目的性的生命活动生成和创造了人所特有的"自为本性"和"人格生命"。自为本性就意味着,人的生活是人自己创造的,人的生存环境、生活世界也是通过人的活动及人的参与而建造出来的。从这一意义说,人作为人,总要超越现存,从有形进入无形,从有限去追求永恒。这就是人的"形而上本性"。本体论属于"纯粹理性主义"的理论形态。古希腊哲学家一开始就把哲学这种最高"智慧"定位于追求感官对象背后"存在"的认知性理论。即感官对象背后那个看不见的、具有不变性的存在,才是"本真"的存在,这个存在属于超感性实体,它只能由"思想"去把握。人的经验、人的能动性的缺场是本体论的根本性矛盾,为了解决这个问题,近代西方哲学开始了"认识论转向"。如笛卡尔的"我思故我在"命题表明的,理解"存在"的前提,应当先弄清我们能够"认识"什么。这一转向的深层原因还涉及"人"的定位问题,只有把认识提到首位,"人"才可能由从属地位上升到主体地位。近代哲学具有反"独断论"、反"宿命论"、对自由的追求等普遍思想倾向,然而这一切,仍然是在传统本体论的圈子里面展开的活动。[①]

　　18 世纪末到 19 世纪初的德国古典哲学,把这种"认识论转向"进一步发展为对"思维和存在的关系问题"的逻辑学反思,即以概念辩证运动的形式去描述思维和存在在规律层面上的统一。康德,首先提出并着重探讨了思维和存在、主体和客体的关系问题,他承认有某种不依赖于人的意识而独立的"自在之物"存在,但又认为"自在之物"本身在原则上是无法认识的。费希特继承和发展了康德的主观唯心主义,批判了康德的"自在之物"。他反对康德把思维和存在割裂开来,主张思维创造存在,在唯心主义基础上建立二者的统一。他还把主体与客体统一起来,认为主体

　　[①] 参见高清海:《马克思对"本体思维方式"的历史性变革》,载《现代哲学》2002 年第 2 期,第 2—3 页。

（自我）与客体（非我）之间的关系是主体产生客体，最后又在"绝对自我"中实现主客体的统一。谢林用"同一哲学"否定了康德的二元论，也反对费希特"自我"产生"非我"的学说。在他看来，要真正解决"自我"与"非我"的关系问题，就必须有一个超乎二者之上的更高的原则，它既不能是主体，也不能是客体，更不能同时是这两者，而只能是"绝对的同一性"。在这种同一性里，"自我"和"非我"、主体和客体、思维和存在都融合为一，没有任何差别。谢林提出的"绝对同一性"，实际上是一个精神实体，即自我意识，他试图用一个更高的精神实体作为世界的本原。黑格尔清除了康德的二元论和费希特的主观唯心主义，克服了谢林"同一哲学"的非理性主义，在客观唯心主义基础上解决思维和存在的同一性问题。他认为，"绝对精神"或"绝对理念"是宇宙的永恒的本原，自然界和人类社会都是从精神派生出来的。绝对理念在自我发展中外化为自然界，又通过进一步的发展而克服了外化，在人类的精神生活中回到自身，最后在精神发展的最高阶段——绝对精神中认识了自身。黑格尔的哲学宣告传统本体论已达到尽头，没有再发展的余地，只能被坚决扬弃。

如何走出传统哲学？高清海认为，马克思所做的，是从传统哲学的思想要害入手，从根本上否定传统本体论借以立论的那种"绝对化"的基本思想原则和思维方式。即马克思要解决的不是哲学中的某种具体观点和理论形态问题，而是哲学的思维方式和哲学观问题。哲学思维方式的转变，意味着哲学理论的根本性质，包括哲学的对象、内容、功能都发生了变化。[①] 这个转变就是"实践论的转向"。

在被恩格斯称之为"包含着新世界观的天才萌芽的第一个文件"的《关于费尔巴哈的提纲》中，马克思以实践为中心对费尔巴哈为代表的旧唯物

---

① 参见高清海：《马克思对"本体思维方式"的历史性变革》，载《现代哲学》2002年第2期，第4页。

主义进行了彻底清算和批判，同时简明扼要地阐述了自己的哲学思想。马克思指出，费尔巴哈没有把人的活动本身理解为对象性的活动，故没有真正地认识与思想客体不同的感性客体；他仅仅把理论活动视为真正的人的活动，因而无从了解实践批判的意义。旧的唯物主义与唯心主义都没有认识到人类实践活动的现实意义，"从前的一切唯物主义（包括费尔巴哈的唯物主义）的主要缺点是：对对象、现实、感性，只是从客体的或者直观的形式去理解，而不是把它们当作感性的人的活动，当作实践去理解，不是从主体方面去理解。因此，和唯物主义相反，能动的方面却被唯心主义抽象地发展了，当然，唯心主义是不知道现实的、感性的活动本身的"①。因而，实践才是认识的基础和标准。世界是否可知，人的思维是否具有客观真理性，也只能由实践来证明。"人应该在实践中证明自己思维的真理性，即自己思维的现实性和力量，自己思维的此岸性。"② 人的力量体现于实践。人的本质也不再是宗教的抽象的本质，而是一切社会关系的总和，即人的本质具有现实性，并生成和展现于社会实践活动当中。《关于费尔巴哈的提纲》表征着马克思开始建立全新的思维方式与思维视野：否定了绝对化的哲学传统，使新哲学及以新哲学为基础的新的理论活动植根于现实的"人"及"人的世界"。这里需要强调，如果以科学的尺度来评判马克思主义理论，那么，马克思主义的科学体系是属人的体系。

马克思与恩格斯合著的《德意志意识形态》标志着转向的完成。它基本上完成了对黑格尔唯心主义哲学和费尔巴哈人本主义哲学的批判，清算了以往的主流哲学思想，第一次系统地阐述了历史唯物主义。同时，创立了科学的实践观点，实现了哲学史上最伟大的变革。《德意志意识形态》首先确立了唯物史观的前提是现实的个人。"马克思、恩格斯创立唯物史

---

① 《马克思恩格斯选集》（第 1 卷），人民出版社 1995 年版，第 54 页。

② 《马克思恩格斯选集》（第 1 卷），人民出版社 1995 年版，第 55 页。

观，最大的难题是如何确立历史的坐标，即如何确立历史观赖以成立的真正历史基石。"① 既然马克思、恩格斯决心把德国哲学从天国降落到人间，那么，出发点就是现实生活中的人，也就是从事实际活动的个人，"我们开始要谈的前提不是任意提出的，不是教条，而是一些只有在想象中才能撇开的现实前提。这是一些现实的个人，是他们的活动和他们的物质生活条件，包括他们已有的和由他们自己的活动创造出来的物质生活条件。因此，这些前提可以用纯粹经验的方法来确认"②。这个现实的个人首先是从事生产实践活动的人，他们在某种既定的历史条件与生活生产条件下生存，实现着自己的需要也服从着某种社会性的需要，因而，这个现实的个人是观察复杂交错的经济关系、社会关系与政治关系的原点。"以一定的方式进行生产活动的一定的个人，发生一定的社会关系和政治关系。经验的观察在任何情况下都应当根据经验来揭示社会结构和政治结构同生产的联系，而不应当带有任何神秘和思辨的色彩。社会结构和国家总是从一定的个人的生活过程中产生的。但是，这里所说的个人不是他们自己或别人想象中的那种个人，而是现实中的个人，也就是说，这些个人是从事活动的，进行物质生产的，因而是在一定的物质的、不受他们任意支配的界限、前提和条件下活动着的。"③ 在既定历史条件下生存的个人，其根本性实践活动是物质生产活动，而生产实践是社会性实践活动，以此为基点，交织于实践活动之中的经济、政治与社会关系得以建立和演化，而所有这些复杂关系衍生的复杂结构，如经济结构、政治结构、社会结构等也得以建立，更重要的是，以此为基点而建立的理论体系，不但使充分的合理性与科学性得以成立，而且使价值性成为其天然的特征。高清海指出："从

---

① 侯惠勤：《〈德意志意识形态〉的理论贡献及其当代价值》，载《高校理论战线》2006年第3期，第17页。

② 《马克思恩格斯选集》（第1卷），人民出版社1995年版，第66—67页。

③ 《马克思恩格斯选集》（第1卷），人民出版社1995年版，第71—72页。

实践的观点去看待人的活动、看待社会现象、看待人的生活世界、看待一切哲学问题，就意味着从人与物、理性与物质在以人为主导的内在统一和相互作用关系中去看待一切事物和一切问题。这是马克思所发现和确立的一种全新的哲学视角和视野，我们说的哲学变革主要就体现在这里。"① 从人与物、理性与物质在以人为主导的内在统一和相互作用关系中去面对世界，这才是"实践转向"的真谛。以此为基点、为方法，即坚持从现实出发，坚持以人民群众（无产阶级）的根本利益为目标，则可认同马克思理论体系的科学性与价值性的内在统一。

综上所述，学界倾向于把马克思的著作及其思想变化界定为"实践转向"而非"断裂"。断裂意味着对前期思想的全面否定或彻底否定。阿尔都塞选择"断裂"之说，出于其时的独特历史背景，他需要用断裂来彰显马克思理论体系的科学特征。"转向"则更多地包含着某种继承关系，即马克思的思想如果分为不同阶段，但前后阶段之间并非存在不可跨越的鸿沟。比如，马克思对于物质利益与正义的问题的关注就存在着连续性或持续性。1842 年马克思在《关于林木盗窃法的辩论》中就开始探讨物质利益与国家和法的关系。他公开捍卫贫苦群众的利益，抨击普鲁士的国家和法律制度。"我们为穷人要求习惯法，而且要求的不是地方性的习惯法，而是一切国家的穷人的习惯法。我们还要进一步说明，这种习惯法按其本质来说只能是这些最底层的一无所有的基本群众的法。"② 马克思并不关注作为个体德性的正义，而只关心作为社会纽带的正义。马克思已经觉察到社会的贫富对立及阶级对立，认识到物质利益的驱动力。并认为，正是维护私人利益、私有财产的自私逻辑，使整个国家制度沦为林木所有者的工具。马克思在此文中的观点、立场与思想倾向，同《资本论》中马克思对

---

① 高清海：《马克思对"本体思维方式"的历史性变革》，载《现代哲学》2002 年第 2 期，第 5 页。

② 《马克思恩格斯全集》（第 1 卷），人民出版社 1995 年版，第 248 页。

资产阶级的剥削和对建立在私有制基础上的国家法权体系的批判、对无产阶级利益的捍卫，以及马克思提出的两极分化理论与无产阶级革命理论等整个理论体系所表现出来的观点、立场与思想倾向，应当说，是一致的。这两份文本的区别在于，前者仍然是在德意志王国的意识形态（观点体系）中展开的反思与批判，而后者却是在唯物史观与辩证唯物主义的科学方法体系中展开的批判。纵观马克思的思想历程，马克思并没有否定他早年的思想倾向与根本立场，他只是抛弃了旧的思维方式与旧的概念体系，建立起全新的概念体系来完成批判与重建的历史任务。实践范畴统合了马克思解释世界、提出价值主张并付诸行动以改造世界的要求，体现了科学性与价值性的统一。因此，通过马克思的"实践转向"，可以充分地认识到正义伦理是推动马克思的思想与理论体系发展的内在价值冲动，同时，建立于实践基点上的正义伦理也呈现出科学性与价值性相统一的基本特征。

二、马克思正义伦理思想的基本特质

建立在实践论基础上的马克思的理论体系的鲜明特征是科学性与价值性的统一，同样，建立在实践论基础上的马克思的正义伦理思想的鲜明特征也是科学性与价值性的统一。在社会主义的革命与实践中，科学性与价值性常常被割裂，或者是强调科学性而否定马克思主义理论的价值性，从而使革命与建设工作偏离正义的或人道主义的原则；或者是强调价值性而忽视科学性，从而使许多良好的目标与愿望流为空谈甚至呈现虚假性。正如马克思的正义伦理思想，如果过度地强调它的道德性或"最高善"的纯粹伦理目标，忽视其科学性，则将导致马克思的正义伦理流于肤浅或主观性。立足于实践论，坚持历史唯物主义与辩证唯物主义的原则与方法，才能更好地认可与坚持马克思正义伦理思想的科学性与价值性相统一的基本特质。

　　《德意志意识形态》确立了唯物史观的核心是生产力与生产关系的矛盾，并揭示了生产力与生产关系的辩证关系。马克思、恩格斯认为，物质生产是一切历史的基本条件，它决定着人类社会的其他关系与活动，而且，生产力的发展决定、制约着生产关系的发展与变化。但是，生产力并不能直接决定全部社会关系的变化，而只是从根本性上决定人类社会的基本社会关系或社会结构。物质的社会关系及由其所决定的其他社会关系一起共同构成社会关系的总和，即构成某种社会关系类型或社会形态。马克思、恩格斯用三个"由此可见"来总结生产与交往的关系："社会关系的含义在这里是指许多人的共同活动，至于这种活动在什么条件下、用什么方式和为了什么目的而进行，则是无关紧要的。由此可见，一定的生产方式或一定的工业阶段始终是与一定的共同活动方式或一定的社会阶段联系着的，而这种共同活动方式本身就是'生产力'；由此可见，人们所达到的生产力的总和决定着社会状况，因而，始终必须把'人类的历史'同工业和交换的历史联系起来研究和探讨。……由此可见，一开始就表明了人们之间是有物质联系的。这种联系是由需要和生产方式决定的，它和人本身有同样长久的历史；这种联系不断采取新的形式，因而就表现为'历史'，它不需要有专门把人们联合起来的任何政治的或宗教的呓语。"①

　　马克思、恩格斯关于生产力与生产关系的科学原理的发现，对于马克思正义伦理的演变具有重要的意义。"生产力和交往形式矛盾运动规律的发现，使得当时最为令人困惑的两个历史之谜得到了合理的解答：一是私有制和国家的起源问题，另一个是人的本质和异化问题。从第一个问题看，当时由于缺乏关于人类早期社会的资料，人们对于原始社会的状况几乎还一无所知，因而把私有制和国家视为人类历史一开始就存在的观点非常流行。而赞成或反对私有制的思潮的交锋点则只能集中在人性问题上，

---

① 《马克思恩格斯选集》（第 1 卷），人民出版社 1995 年版，第 80—81 页。

双方都力图从人性中寻找对自己有利的根据，这就使得批判和改造资本主义的现实要求被搁置在抽象的人性争论上。生产力和交往形式的矛盾运动第一次给了我们观测历史运动的正确视角。……从第二个问题看，马克思、恩格斯不再抽象地谈论人的本质和异化问题，而是把这一问题置于现实的基础上。……这样，人的本质及其异化的抽象人性论问题，便被转化为人的生存条件的历史变化问题。要认识和克服人的异化问题，必须诉诸改造世界的历史活动，不是用人性及其异化去说明历史，而是用历史去说明人性及其历史变化。"[①] 这里需要补充说明的是第三个重要意义：生产力决定生产关系的原理为人类社会解决分配问题提供了根本性的解决思路。在资本主义早期，分配问题已经成为影响社会发展的重要问题，然而，亚当·斯密和李嘉图所代表的自由主义经济学坚持发展生产与自由竞争才是解决之道，他们认为生产力的进步与市场竞争将自动消灭贫困问题与贫富分化问题。而约翰·穆勒及后起的罗尔斯都致力于在维护既定的生产关系的前提下来缓解贫困问题，这并不能从根源上找到贫困的源头，也不能彻底地解决贫困问题。马克思指出了分配问题的根源在于生产关系的结构，从而回答了为什么分配问题成为人类的中心问题，而且是难以通过生产力自身的发展来解决的问题。

可见，唯物史观的建立，为马克思的正义伦理奠定了科学的基础，完成了马克思正义伦理从抽象人性论到科学的伦理实践论的转向。马克思在《关于林木盗窃法的辩论》中已经关注正义问题，但只是在资本主义法权体系内的关注与解答。随着哲学革命的完成，马克思对正义问题的研究与解答方式也发生了转变。一方面，资本主义意识形态的正义概念因其虚假性与虚伪性，成了马克思着力批判的对象；另一方面，生产关系决定于生

[①] 侯惠勤：《〈德意志意识形态〉的理论贡献及其当代价值》，载《高校理论战线》2006年第3期，第20页。

产力、上层建筑决定于经济基础的原理使正义伦理的调整成为马克思主义实践中的次级问题，即正义主题被视为意识形态或上层建筑的内容，是次生性的实践任务，而发展生产力或通过无产阶级革命重建经济基础被视为首要任务。这也就是说，马克思始终关注着以分配为中心问题的正义伦理的建构，但他不再使用资本主义意识形态的概念体系，也不认可古典政治经济学局限于分配领域来解决贫富分化的方案，而是通过确立全新的理论体系，试图为彻底解决分配问题找到真正科学而合理的途径。因而，正义伦理在马克思的理论体系中实际上存在着三个层面却又不尽相关的面相：一是成为批判对象，即资本主义虚幻的正义伦理是批判对象；二是成为批判的工具，即以新型社会（共产主义）的正义作为批判资本主义社会的原则与武器；三是成为理论与实践的现实目标，即共产主义的正义伦理的实现成为新型社会的蓝图。

正义伦理可谓马克思的思想与理论深处最浓厚的底色，但马克思更倾向于使用自由与解放的概念来表达他的价值关怀。这是因为，成熟时期的马克思把他的理论定义为关于人及人的世界的理论与学说，而自由与解放表征着人的世界的终极目标；正义秩序则是实现自由与解放的物质条件，即正义而合理的经济秩序与政治秩序、社会秩序架构的正义的社会形态是实现终极自由与解放的物质基础与前提条件。因而，马克思学说的批判目标始终是资本主义制度的不合理不正义现象及其制度本身，马克思的终极关怀始终是人的自由与解放，而正义伦理成为马克思的思想与学说中的次级目标，但是，必须强调的是，正义伦理却是马克思的思想与学说中与生俱来的，最具有现实意义的基调。

正义作为观念形式与作为伦理形式或秩序形式有着根本性的区别。社会正义作为伦理，作为关系，它本身就是经济关系或经济结构的重要特征，并进而成为政治关系、社会关系的重要特征。实践中，由于过度地关注或夸大了马克思关于经济基础与上层建筑的二元分立，把正义或正义伦理简单地划归意识形态范畴，从而导致理论与社会主义建设实践中的双重后果：在理论层面，引发了马克思是否存在正义理论的争议，以及马克思主义理论的科学性与价值性的对立问题；在社会主义建设实践中，忽视了正义伦理应当是社会主义的国家与制度的最重要的特征。无论理论上还是实践上，人们都致力于研究国家的政权属性，聚焦于谁是统治阶级，谁是领导者的问题，却忽视了整个国家与社会的制度或结构是否正义、合理的问题。因此，只有把社会正义或正义伦理视为一种合理的秩序，视为经济结构、政治结构与社会结构的架构力量或内生性力量，才能真正理解马克思正义伦理的历史价值及其历史特征。正义伦理作为一种内生性的力量，它要求准确地解释世界，同时，它要求指明改造世界的正确方向。以实践为根基，即以人的视野来观察世界和参与社会；以唯物史观为指导，即以科学的方法分析问题和解决问题。建立于实践论与唯物史观之上的正义伦理因而具备了充分的科学性，并完美地实现了科学性与价值性的融合。

三、马克思正义伦理思想的总关切点

唯物史观的建立，使马克思的正义伦理思想获得坚实的地基与科学的方法，因而，在研究马克思的正义伦理思想时，必须从实践论切入，以唯物史观为根本方法展开讨论。然而，马克思正义伦理思想的总关切点的确立与展开，却是在实践转向完成之前就已逐渐呈现与深化。其中，《1844年经济学哲学手稿》（以下简称《1844年手稿》）是值得关注的节点。这部手稿是实现实践转向的一个重要驿站，更重要的是，它在马克思正义伦理思想的发展与演化历程中具有重要的意义。

前文已述，在1842—1843年间，马克思已遇到对利益发表意见之"难事"，如关于盗窃林木问题就涉及封建土地所有权问题与经济问题，但是，此时马克思所接触的经济学尚只是由政治辩论而涉及的经济问题，即只是接触到某种经济政策背后的某些经济条件或引发的某种后果。马克思此时正试图摆脱黑格尔的意识形态影响并转向了费尔巴哈的人本哲学。马克思意识到这个问题，同德国的历史（经济生活）不发达相对照的是，德国的意识形态与理论发展表现得过分发达，因而必须从意识形态的幻觉退回到起点，即退回到事物与历史本身，于是，马克思获得了一项根本的发现，"他发现法国和英国并不符合它们的神话，他发现了法国的现实和英国的现实，发现了纯政治的谎言、阶级斗争、有血有肉的资本主义和组织起来的无产阶级"①。马克思的发现与恩格斯的发现是各自进行而又相关的。阿尔都塞指出，马克思在法国发现的是有组织的工人阶级，恩格斯在英国发现的是发达的资本主义以及按自身规律发展的阶级斗争，而恩格斯的发现以论文的形式深刻地影响了马克思。这些发现对青年马克思的思想演变产生了决定性的作用。马克思决定以法哲学为突破口展开对黑格尔的批判，但他仍须借助于费尔巴哈的人本哲学。到了 1844 年马克思开始研究政治经济学本身，这是因为马克思不得不在政治范围之外去寻找政治与社会冲突的原因。这就诞生了极富争议的《1844 年手稿》。

《1844 年手稿》的第一项内容就是对"工资"的考察，其结论是："贫困从现代劳动本身的本质中产生出来。"②马克思指出："工资决定于资本家和工人之间的敌对的斗争。胜利必定属于资本家。"③马克思的论述主要来源于古典政治经济学的观察。关于资本家与工人的关系，马克思进行三方面的阐述：第一，关于二者的相互依赖性。现状是，资本家没有工人能比工人没有资本家活得长久；资本家的联合是常见而有效的，工人的联合则遭到禁止并会给他们招来恶果；工人因为一无所有，故工人之间的竞争很激烈。因而，资本、地租与劳动的分离对于工人而言是致命的。第二，关

---

① ［法］路易·阿尔都塞著，顾良译：《保卫马克思》，商务印书馆 1984 年版，第 61 页。

② 《马克思恩格斯全集》（第 3 卷），人民出版社 2002 年版，第 232 页。

③ 《马克思恩格斯全集》（第 3 卷），人民出版社 2002 年版，第 223 页。

于不致饿死的工资。工人的工资保持在仅仅维持生存的最低限度；市场价格对工人的影响很大，总体上工人是吃亏的。第三，社会状态与工人的生存状态的关联度。如果社会财富处于衰落状态，那么工人遭受的痛苦最大。如果社会财富正在增长，那么工人处境较好，但也导致过度劳动、过早死亡的结果。如果社会处于停滞状态，超过国家人口饱和度的人将面临死亡。这些都是人们已经很熟悉的古典政治经济学的内容，但是，古典政治经济学并没有进一步分析其背后的根源与非正义之处，反而认为这是自然的现象，并且很自信地认为，生产的发展将自动消除工人的贫困现象。

　　马克思完成了古典政治经济学未完成的任务，他敏锐地指出劳动与贫困之间的本质性关系。"在社会的衰落状态中，工人的贫困日益加剧；在增长的状态中，贫困具有错综复杂的形式；在达到完满的状态中，贫困持续不变。"① "在社会最富裕的状态下，这是国民经济学和市民社会的目的和理想，但是，对工人来说却是持续不变的贫困。"② 为什么工人阶级在任何社会状态中，即便是最好的社会状态中都摆脱不了贫困的历史命运？马克思认为，国民经济学家以劳动立论，认为劳动是社会财富的源泉，以劳动来衡量产品的价值，这似乎提升了劳动主体——工人阶级的作用与地位，但是，国民经济学家恰巧没有意识到，正是劳动与财富的关联使工人阶级沦陷于悲惨的命运。"劳动本身，不仅在目前的条件下，而且就其一般目的的仅仅在于增加财富而言，在我看来是有害的、招致灾难的，这是从国民经济学家的阐发中得出的，尽管他并不知道这一点。"③ 正因为，分工与协作导致劳动生产率的提高，以及商品利润来源于人的劳动，"人加进

---

　　①《马克思恩格斯全集》（第3卷），人民出版社2002年版，第230页。

　　②《马克思恩格斯全集》（第3卷），人民出版社2002年版，第232页。古典政治经济学与国民经济学是一个概念。马克思当时习惯称为国民经济学，我们现在习惯称为古典政治政学。（作者注）

　　③《马克思恩格斯全集》（第3卷），人民出版社2002年版，第231页。

商品的份额越大，死资本的利润就越大（此时马克思尚未提出剩余价值概念。——作者注）"①，即资本必须通过榨取劳动来盈利，所以，正是现代劳动方式本身使工人沦陷于贫困的历史命运。这就是"贫困从现代劳动本身的本质中产生出来"的根源。

国民经济学非但没有认真审察工人阶级的贫困根源，反而认可并无意识地推动了工人阶级的悲惨命运，这表现在：国民经济学把劳动抽象为商品，而商品的价格仅仅决定于需求，即劳动的价格完全决定于资本的需求，而不是人自身的需要。同时，"国民经济学把工人只当作劳动的动物，当作仅仅有最必要的肉体需要的牲畜来对待。"②它把不参加生产劳动的人都排除在研究对象的范围之外，即只要丧失了劳动能力或被抛出生产线的人就被视为没有价值的人。而进入生产领域的人，也只是资本的附属物，并没有受到"自由、平等、博爱"的人道主义的关爱，而只是利润的提供者。因而，"工人完全像每一匹马一样，只应得到维持劳动所必需的东西"③，就成为国民经济学的必然的合理的结论。至于劳动者是否一个"人"，是否应该得到合理的对待，国民经济学是否应该推进人道主义的或符合正义原则的社会秩序，都变成了假问题。无产阶级在国民经济学的理论中，只获得了一种宿命：劳动为社会创造了财富，但劳动者只能永远地贫困下去，而私有财产权获得了财富积聚的合法性与正义性。

马克思总结了他对古典政治经济学的发现与强烈关注点：当他从国民经济学本身出发，并用国民经济学的语言指出，工人降低为商品，而且降低为最贱的商品；工人的贫困同他的产品的力量和数量成反比；竞争的必然结果是资本在少数人手中积累起来，垄断地发展；而整个社会必然会分化为两个阶级，即有产者阶级和没有财产的工人阶级。对于这些现象，国

---

① 《马克思恩格斯全集》（第3卷），人民出版社2002年版，第241页。

② 《马克思恩格斯全集》（第3卷），人民出版社2002年版，第233页。

③ 《马克思恩格斯全集》（第3卷），人民出版社2002年版，第232页。

民经济学从私有财产的事实出发，把私有财产在现实中所经历的物质过程视为公式或规律，但却没有说明这些规律是怎样从私有财产的本质中产生的，即没有说明劳动、土地与资本分离的原因。因此，马克思认为，应当从"当前的经济事实出发"①，即从"工人生产的财富越多，他的产品的力量和数量越大，他就越贫穷。……物的世界的增值同人的世界的贬值成正比"②这个事实出发来展开研究。

阿尔都塞指出，马克思在《1844年手稿》中最重要的发现是，古典政治经济学没有为劳动者日益贫困化与少数人暴富相对立这个现代社会的主要矛盾提供根据。"他这样做（指马克思研究古典政治经济学并完成手稿的工作。——引者注）似乎是为了要确认一项事实，但是，就在他确认这一事实的同时，他发现这个事实竟没有任何根据，至少在他阅读的那些经济学家的著作里找不到任何根据，他发现这一事实竟是悬空的，它没有自己的本原。……马克思何以得出了政治经济学缺乏根据的信念呢？这是因为马克思研究了为政治经济学所承认、记录、接受甚至加以美化的矛盾，特别是研究了劳动者日益贫困化与现代世界中出现少数人暴富（政治经济学对此表示庆贺）相对立这个主要矛盾。这就恰好打中了这门论据贫乏但又一味乐观的科学的要害和弱点。这是政治经济学的耻辱，而马克思正是要通过给政治经济学提供它所缺乏的本原来洗雪这个耻辱，这个本原将既是对政治经济学的澄清又是对它的判决。"③可见，马克思此刻尚未真正地进入现代工业社会的腹地去考察，他主要是通过文献与资料去接触政治经济学以及现代经济生活，但是，他的敏锐与天才，以及他的伟大的追求人类解放的情怀，使他立即捕捉到以劳动与财富的悖反、贫富分化呈现出来的现代社会的人类中心问题——分配问题，以及劳动与资本的对立导致

---

① 《马克思恩格斯全集》（第3卷），人民出版社2002年版，第267页。

② 《马克思恩格斯全集》（第3卷），人民出版社2002年版，第267页。

③ ［法］路易·阿尔都塞著，顾良译：《保卫马克思》，商务印书馆1984年版，第130—131页。

社会主要矛盾的形成与发展这个现代社会的主要特征，同时，他发现古典政治经济学对这一中心问题与根本矛盾的贫乏与无能。基于这些发现，马克思开始了对古典政治经济学的批判以及建构新型的科学的政治经济学的历程。

虽然马克思站在了正义伦理思想的历史起点上，即以研究、分析贫富分化与劳资矛盾问题为己任，但是，此时马克思的武器还是费尔巴哈的哲学以及黑格尔的某些范畴。马克思还没有使用生产力、生产关系、生产方式等概念，也没有剩余价值的伟大发现，而只是把古典政治经济学原封不动地接受下来，即没有触动它的概念与体系。《1844年手稿》的理论体系依靠的主要是人的本质、异化与异化劳动这三个基本概念，故马克思在此展开的批判还只是"不谈剥削关系和阶级斗争的纯政治经济学的批判"[1]。不妨认为，《1844年手稿》还只是哲学与政治经济学的一次接触，或者说，这场批判更像一场哲学的批判。

马克思对于"当前的经济事实"展开分析与批判的核心概念是"异化劳动"。这是马克思在《1844年手稿》中首次提出的概念。马克思用它来概括私有制条件下劳动者同他的劳动产品及劳动本身的关系。他认为，劳动应当是自由自觉的活动，是人类的本质，但在私有制条件下却发生了异化。其具体表现是：第一，劳动者同自己的劳动产品相异化，即劳动产品变成劳动者的统治力量。第二，劳动者同自己的劳动活动相异化，即劳动过程变成奴役人的过程。第三，人同自己的类本质相异化。人的类本质指人能够从事有意识、有目的的实践活动，即出于自身的需要与内在的目的去劳动。异化劳动使人背离了自由自觉的本质，因生存而被迫劳动。第四，人同人相异化。当人同自己的劳动产品、自己的劳动活动以及自己的类本质相对立的时候，也必然同他人相对立。

---

[1] ［法］路易·阿尔都塞著，顾良译：《保卫马克思》，商务印书馆1984年版，第222页。

那么，异化劳动产生的根源是什么？是私有财产。"我们通过分析，从外化劳动这一概念，即从外化的人、异化劳动、异化的生命、异化的人这一概念得出私有财产这一概念。"① 马克思首先分析了私有财产所包含的内在矛盾及其演化趋势。私有财产的关系潜在地包含着作为劳动的私有财产的关系和作为资本的私有财产的关系，以及这两种表现的相互关系。一方面，劳动作为异化了的生产活动，成为人的抽象存在，故劳动者可能"沦为绝对的无，沦为他的社会的从而也是现实的非存在"②。另一方面，作为资本对象的生产所建立起来的生产关系，它消灭了一切独特性、自然属性及社会属性，"在这里，同一个资本在各种极不相同的自然的和社会的存在中始终是同一的，而完全不管它的现实内容如何"③，即资本消灭了人的力量，取得了绝对的统治。劳动与资本在私有财产的范畴下，既存在着统一关系，也存在着对立关系，随着资本主义生产方式的发展，这种对立关系也将发展。"劳动和资本的这种对立达到极端，就必然是整个关系的顶点、最高阶段和灭亡。"④ 其次，马克思揭示了私有财产的本质。私有财产本来受制于地域性、民族性等各种规定性，但是，现代工业使私有财产变成资本。资本作为抽象存在，便能发挥一种世界主义的、普遍的、摧毁一切界限和束缚的能量，并从而获得唯一性与普遍性。在观念上，国民经济学通过把劳动抽象为一般劳动，并把劳动宣布为财富的本质，从而使财富的一般性得到承认，同时，工业战胜农业成为现代社会最主要的生产形式，私有财产因此确立了它的新的本质，"工业资本是私有财产的完成了的客观形式……只有这时私有财产才能完成它对人的统治，并以最普遍的

---

① 《马克思恩格斯全集》（第 3 卷），人民出版社 2002 年版，第 277 页。
② 《马克思恩格斯全集》（第 3 卷），人民出版社 2002 年版，第 283 页。
③ 《马克思恩格斯全集》（第 3 卷），人民出版社 2002 年版，第 283 页。
④ 《马克思恩格斯全集》（第 3 卷），人民出版社 2002 年版，第 283 页。

形式成为世界历史性的力量"①。再次，马克思指出了异化劳动问题的解决途径是扬弃私有财产。"对私有财产的积极的扬弃，作为对人的生命的占有，是对一切异化的积极的扬弃，从而是人从宗教、家庭、国家等等向自己的人的存在即社会的存在的复归。"②

阿尔都塞认为，《1844年手稿》对于马克思科学体系的建立具有重要意义，它表达了那个"离马克思最远、同时又最近"③的马克思的思想，而这个思想"既是胜利的又是失败的思想"④。胜利也好，失败也好，都说明了《1844年手稿》对于马克思理论体系的重要意义，也说明了手稿对于马克思正义伦理思想的重要意义。正是通过对古典政治经济学的接触与批判，马克思发现了贫富两极分化及其导致的阶级斗争与演化这一现代社会的中心问题，立足于此，马克思经过长期的艰苦的工作来回答这一历史难题。《资本论》宣告了马克思的目的："揭示现代社会的经济运动规律，——它还是既不能跳过也不能用法令取消自然的发展阶段。但对它能缩短和减轻分娩的痛苦。"⑤马克思希望通过改变无产阶级历史命运来改变世界，解放全人类，这正是马克思的正义伦理思想的总关切点与根本任务。后世的西方学者们从不同角度回应了马克思的理论。比如，波普尔就试图通过推翻马克思关于"财富和苦难同步增长的规律"⑥来为资本主义辩护，这是一个重大的伦理问题，也是一个根本性的现实问题，本文将在后面对此展开分析。

---

① 《马克思恩格斯全集》（第3卷），人民出版社2002年版，第293页。

② 《马克思恩格斯全集》（第3卷），人民出版社2002年版，第298页。

③ ［法］路易·阿尔都塞著，顾良译：《保卫马克思》，商务印书馆1984年版，第132页。

④ ［法］路易·阿尔都塞著，顾良译：《保卫马克思》，商务印书馆1984年版，第134页。

⑤ ［德］卡尔·马克思：《资本论》（第1卷），人民出版社2004年版，第10页。

⑥ ［英］卡尔·波普尔著，郑一明等译：《开放社会及其敌人》（第二卷），中国社会科学出版社1999年版，第263页。

第二节 马克思政治经济学理论蕴含的正义原则

马克思没有系统地论述他的正义思想。并且，马克思一直强烈地批判资产阶级意识形态中的正义观念。但这并不意味着马克思没有正义理念。在马克思的政治经济学理论中，蕴藏着马克思对正义的独特理解。通过马克思的批判与否定，可以追索马克思的正义原则。而马克思的正义原则是理解、解读马克思正义思想的始基，也是破解马克思是否存在正义思想的关键。

一、马克思的三大正义原则

现当代社会的正义问题主要是社会正义问题，从广义而言，其核心是如何分配权益的问题。从古希腊到近代关于正义的经典定义来看，正义的理念都内含着"应得"之要义，即各得其所、各得其值。即使有众多学派提出了不以"应得"为中心概念的正义理论或正义思想，其所关心的核心问题依然是权益的分配问题。马克思在历史唯物主义的前提下，表达了他对权益分配的观点。

第一，历史唯物主义原则。

历史唯物主义是马克思构筑其理论体系的方法论。它是理解马克思理论体系的金钥匙，也是理解马克思正义思想的金钥匙。如果仅仅把历史唯物主义理解为批判的工具或手段，往往会机械地推导出马克思没有正义思想甚至反对正义的结论；如果把历史唯物主义提升为原则，就能很好地理解马克思持有怎样的正义理念。马克思反对抽象的、永恒的正义观。马克思认为生产力决定生产关系，生产关系反映着生产力的发展阶段。社会关系、社会伦理为生产力的发展状况所影响和约束，正义问题也是如此。如马克思在论述生息资本时明确地批判吉尔巴特的"天然正义"论，马克思指出，生产当事人之间进行的交易的正义性在于这种交易是从生产关系中作为自然结果产生出来的。交易的内容只要与生产方式相适应，相一致，就是正义的；只要与生产方式相矛盾，就是非正义的。比如在资本主义生产方式的基础上，奴隶制是非正义的；在商品质量上弄虚作假也是非正义的。①

通过对地租问题的研究可看到马克思是如何运用历史唯物主义原则来剖析权益问题的。马克思首先指出，所有形式的地租，都是土地所有权借以实现的经济形式，都是剩余劳动的产物，都属于剩余价值。资本主义生产方式中的地租表面上与资本主义之前的各种社会形态中的地租相似，但本质上完全不同。资本主义生产方式中的地租实为货币地租，它是在资本主义生产方式的基础上，随着农业生产变成商品生产的程度而相应地发展起来的。在资本主义生产方式中，通过把额外利润转化为地租，土地所有者可参与分享生产过程的利润，从而使土地所有者不仅从不费他们分文的别人的资本中获得利息，而且还无偿地得到别人的资本。但是，这种无偿占有却是披着合理合法的外衣，是正当的，因为"土地所有权的正当性，和一定生产方式的一切其余所有权形式的正当性一样，要由生产方式本身的历史的暂时的必然性来说明，因而也要由那些由此产生的生产关系和交换关系的历史的暂时的必然性来说明"②。在肯定资本主义所有权制度下的地租形式的历史合理性的同时，马克思进一步指出，人类历史发展的

①参见［德］卡尔·马克思：《资本论》（第3卷），人民出版社2004年版，第379页。

②［德］卡尔·马克思：《资本论》（第3卷），人民出版社2004年版，第702页。

进程将显示及证明这个资本化的地租的非现实合理性，"土地所有权同其他各种所有权的区别在于：在一定的发展阶段，甚至从资本主义生产方式的观点来看，土地所有权也是多余而且有害的"①。在讨论土地价格时，马克思进一步说明了土地所有权的发展趋势。资本化的地租，表现为土地价格，因此土地也像任何其他交易品一样可以出售。这在形式上是公平的，即必须支付等价物才能购买土地，从而享有地租。这实际上掩盖了土地所有者因拥有土地所有权而无偿占有剩余劳动的真相。这与奴隶主的权利类似，即奴隶主通过商品的买卖而获得对奴隶的所有权，这是公平的买卖，但买卖奴隶的权利却是在出售奴隶之前就已经存在。因此，创造土地买卖权利的，创造土地占有者分享剩余价值的，是生产关系。但是，"一旦生产关系达到必须蜕皮的地步，这种权利的和一切以它为依据的交易的物质的、在经济上和历史上有存在理由的、从社会生活的生产过程中产生的源泉，就会消失。从一个较高级的经济的社会形态的角度看，个别人对土地的私有权，和一个人对另一个人的私有权一样，是十分荒谬的。甚至整个社会，一个民族，以至一切同时存在的社会加在一起，都不是土地的所有者。他们只是土地的占有者，土地的受益者，并且他们应当作为好家长把经过改良的土地传给后代"②。即当生产关系的发展达到某种高度，土地的私有权必将废除，而社会的义务是合理利用，善加保护及传承。

依据历史唯物主义原则，马克思正确地指出土地所有权的产生、演化及发展的趋势，还是依据历史唯物主义原则，马克思正确地评价了资本主义生产方式中土地为私人所有的正当性，并指出其暂时性及局限性，更重要的是，马克思因此提出建构土地所有制新秩序的科学构想。可见，历史唯物主义既是马克思进行政治经济学研究的根本方法与根本原则，同样也

---

① ［德］卡尔·马克思：《资本论》（第3卷），人民出版社2004年版，第702页。

② ［德］卡尔·马克思：《资本论》（第3卷），人民出版社2004年版，第877—878页。

是马克思考察与建构社会关系与社会秩序的根本方法与根本原则。马克思认为，只有坚持历史地、发展地考察与分析研究，才能真正认识与把握既定的历史条件，才能对社会发展进行准确预测与判断，在此基础上，才能修正不合理的社会关系与社会秩序，以及建构新的合乎正义的社会关系与社会秩序。

第二，人是人的最高本质原则，即人本原则。

马克思呕心沥血地研究资本主义生产方式的运动规律，目的当然不是告诫人们要臣服于规律，而是希冀通过认识规律来掌握改造世界的武器与途径，从而摆脱盲目性，高扬主体性。如果从《资本论》中只看到规律、必然性、决定论等内容，而看不到对人的关怀，对人的自由与解放的追求，这真是对马克思最大的误解与误读。正是因为认识到资本主义生产方式及资本对人的控制、统治甚至奴役的程度日益深重，马克思才强烈地批判旧制度，呼吁新制度。

马克思指出，资本主义生产方式就是资本进行价值增殖的运动，生产剩余价值或榨取剩余劳动，是资本主义生产的特定的，也是唯一的内容和目的。"资本主义生产本身并不关心它所生产的商品具有什么样的使用价值，不关心它所生产的商品具有什么样的特殊性质。……它所关心的只是剩余价值。"[1]资本使人类社会走上另一条异化之路。工人阶级首当其冲。在生产过程中，资本首先发展成为对劳动，对发挥作用的劳动力或工人本身的指挥权。其次，资本发展成为一种强制关系，迫使工人阶级超出自身生活需要的狭隘范围而从事更多的劳动。再次，生产资料转化为吮吸他人劳动的手段。不再是工人使用生产资料，而是生产资料使用工人了。[2]即使在直接劳动过程以外，工人阶级，也同死的劳动工具一样是资本的附属

---

① ［德］卡尔·马克思：《资本论》（第3卷），人民出版社2004年版，第217页。

② 参见［德］卡尔·马克思：《资本论》（第1卷），人民出版社2004年版，第359页。

物。甚至工人阶级的个人消费，在一定限度内，也不过是资本再生产过程中的一个要素。①人与物的关系恰好颠倒过来了，不是物质财富为工人的发展需要而存在，相反，是工人为现有价值的增殖需要而存在。"正像人在宗教中受他自己头脑的产物的支配一样，人在资本主义生产中受他自己双手的产物的支配。"②

伴随着资本的积累，资本的权力在增长，资本的独立化过程也在增长。因而，资本越来越表现为某种社会权力，这种权力的执行者是资本家，它和单个人的劳动所能创造的东西不再发生任何可能的关系。马克思指出："资本表现为异化的、独立化了的社会权力，这种权力作为物，作为资本家通过这种物取得的权力，与社会相对立。"③这种权力完全控制了工人的命运，但是，当资本成为独立的社会力量，资产阶级也同样摆脱不了资本的控制，同样被套上异化的牢笼。资本家只有作为人格化的资本，他才有历史的价值，才有历史存在权。只有作为人格化的资本，资本家才受到尊敬。作为人格化的资本，他同货币贮藏者一样，具有绝对的致富欲。但是，在货币贮藏者那里表现为个人的狂热的事情，在资本家那里却表现为社会机制的作用，而资本家不过是这个社会机制中的一个主动轮罢了。可见，自由竞争使资本主义生产方式的内在规律作为外在的强制规律支配着每一个资本家。④

对资本及其统治进行批判的同时，马克思表达了他对人的生存与发展的关注，以及对自由与解放的不懈追求。即便在马克思所建构的政治经济学的体系与范畴中，仍然可见到他对人的深刻关怀。从马克思创立的劳动力及可变资本这两个相关的全新的范畴中可窥一斑。马克思之前的政治经

① ［德］卡尔·马克思：《资本论》（第 1 卷），人民出版社 2004 年版，第 661 页。
② ［德］卡尔·马克思：《资本论》（第 1 卷），人民出版社 2004 年版，第 717 页。
③ ［德］卡尔·马克思：《资本论》（第 3 卷），人民出版社 2004 年版，第 293—294 页。
④ ［德］卡尔·马克思：《资本论》（第 1 卷），人民出版社 2004 年版，第 683 页。

济学认可、研究的是"劳动"范畴,"劳动力"范畴的意义在于什么地方呢?首先,劳动力是资本主义生产方式特有的历史范畴。劳动过程的要素可归结为劳动对象、劳动资料与劳动本身,如果在生产活动过程中,可进一步归结为生产资料(即劳动对象与劳动资料)与生产劳动两个要素,因而,劳动过程作为制造使用价值的有目的的活动,是人类生活的一切社会形式所共有。但劳动力的出现,即是以商品形式的面目出现,是劳动力占有者和货币占有者之间在市场上进行的买卖,这种平等的交换关系只存在于资本主义生产方式之中。其次,劳动力成为商品,是因为它的使用价值本身具有成为价值源泉的独特属性。"具有决定意义的,是这个商品独特的使用价值,即它是价值的源泉,并且是大于它自身的价值的源泉。"[①]劳动力的使用,成为资本家财富的源泉,但劳动力与生产资料的区别在于劳动力所有者是活的人,其自身有一个自然的生老病死过程,同时还存在着人类社会的共生共荣的进程。因此,"和其他商品不同,劳动力的价值规定包含着一个历史的和道德的要素"[②]。

在劳动力范畴基础上,马克思进一步提出"可变资本"的全新范畴。可变资本指的是资本中以劳动力形式存在的那部分资本,它在生产过程中改变了自己的价值,即生产出自身的等价物和剩余价值。在《资本论》第二卷中,马克思全面批判了亚当·斯密及古典政治经济学在固定资本和流动资本范畴研究上的谬误。亚当·斯密不仅把流动资本混同于流通资本,更关键的是他没能够对资本自身内部进行正确区分,从而无法看到,也无法提出可变资本与不变资本的范畴。而资产阶级政治经济学本能地坚持亚当·斯密关于流动资本的定义,坚持把"不变资本和可变资本"范畴与"固定资本和流动资本"范畴混同起来的原因,即根本不愿意对投在工资上的那部分资本和

---

① [德]卡尔·马克思:《资本论》(第1卷),人民出版社2004年版,第226页。
② [德]卡尔·马克思:《资本论》(第1卷),人民出版社2004年版,第199页。

投在原料上的那部分资本进行区别的原因，在于掩藏剩余价值形成和资本主义生产的全部秘密。可变资本和不变资本之间的决定性的区别被抹杀了，则一定的价值和体现这些价值的物品借以转化为资本的条件也就被抹杀了。那么，对于理解资本主义生产的现实运动，从而理解资本主义剥削的现实运动来说，基础一下子就被破坏了。在这个问题的论述中，马克思关于亚当·斯密的一个注释，揭示了他最深刻的人本关怀。"亚当·斯密怎样阻碍自己去理解劳力在价值增殖过程中的作用，可以用下面这句话来证明，在这里，他像重农学派那样把工人的劳动和役畜的劳动相提并论，他说：'不仅他的（租地农场主）雇工是生产劳动者，而且他的役畜也是生产劳动者。'①"② 在这里，亚当·斯密把农业工人的劳动与役畜的劳动等同，认为二者均生产更大的价值。支付给工人的工资和饲养役畜的成本也就是同等性质。这再次证明了亚当·斯密关于"固定资本与流动资本"范畴研究上的错误在于无法区别资本内部的工资与生产原料的根本差异，从而看不到人的劳动与动物的劳动有着天壤之别。正是人类社会的发展，人类劳动的世代积累，才使动物的劳动与机器的运作参与到更大价值的生活过程中。马克思提出"可变资本"范畴，一方面强调人的劳动与动物的劳动、机器的劳动存在根本区别，劳动者应当享有应有的社会地位；另一方面强调工人的生产活动是活的劳动，它产生了不变量到可变量的变化，是产生剩余价值的最根本的源泉。人不应该为资本所奴役，也不应该为假象、虚假的意识所蒙惑。人的价值才是最值得珍视的价值。这才是社会正义的要义所在。

第三，无产阶级的权益优先原则。

这其实是现代性的要求。现代性的发展，一方面要求社会生产及社会活动符合理性化原则，即规模化生产与管理活动普遍要求高度的组织

---

① ［英］亚当·斯密著，郭大力、王亚南译：《国民财富的性质和原因的研究》（上卷），商务印书馆 2010 年版，第 334 页。

② ［德］卡尔·马克思：《资本论》（第 2 卷），人民出版社 2004 年版，第 239 页。

化、精细化；另一方面，则日益体现为集中化原则，即生产的集中化与人群的集中化趋势。随着资本主义生产方式的发展，城市化的进程加快，资本与生产资料日益集中的同时，新的阶级出现了，无产阶级与资产阶级成为社会的两大结构性力量。马克思在论述地租问题时，曾提出构成现代社会骨架的三个并存的而又互相对立的阶级是雇佣工人、产业资本家、土地所有者，但资本主义生产方式下土地所有者的地租其实是资本所产生的剩余价值的一部分转化而来，同时，资本使农业趋向现代化、合理化的历史前提，也同样是以直接生产者的完全贫困化为代价而取得，因此，土地所有者与产业资本家实际上都属于资产阶级。故马克思的著作中，通常将社会结构归纳、划分为两大阶级。虽然医生、律师、政府官员、教师、流浪汉、文艺从业人员等不同的职业、不同的人群依然存在，但在马克思所处的时代，整个社会确实出现了清晰的两大阶级的并存与对立。资产阶级以资本占优势，它要求统治整个社会，而无产阶级唯有通过联合而要求生存与发展的权益。

马克思指出，资本主义生产方式的发生、发展及其危机的震荡，都是以工人阶级的牺牲为前提。资本主义的原始的血腥的积累，对农民的剥夺及对小手工业的排挤是资本主义生产方式的历史前提。资本的本性就是获得剩余价值，它作为日益独立、强大的社会力量，获得了自我生长的能力，"资本是根本不关心工人的健康和寿命的，除非社会迫使它去关心"①。伴随着大工业时代的来临，资本加速着自身的积累，一方面，大工业的本性决定了劳动的变换、职能的更动和工人的全面流动性，而另一方面，大工业在资本主义形式上不断使分工日益简单化、固定化。这造就两个结果：工人的异化程度日益加深，产业后备军的队伍日益扩大。因此，社会的财富即执行职能的资本越大，它的增长的规模和能力越大，则无产阶级

---

① ［德］卡尔·马克思：《资本论》（第 1 卷），人民出版社 2004 年版，第 311 页。

的绝对数量和他们的劳动生产力越大，产业后备军的规模也就越大。这也就是说，产业后备军的相对量和财富的力量一同增长。这就是资本主义积累的绝对的、一般的规律。①消费与积累的不平衡导致资本主义危机反复发生。在资本主义生产周期中，繁荣时期因积累迫使工人阶级的工资无法与资本的利润同步增长，工人阶级的消费受到限制，贫穷不能消除，当危机来临，资产阶级的利益受到损害，工人阶级同样以失业和贫困来承担损害，而且工人阶级作为经济上的弱势阶级将承担更大的苦难。

　　马克思目睹了整个无产阶级的贫困及牺牲。资本主义的发生与发展史就是无产阶级的苦难史，他记录了如此沉痛的代价："在资本主义制度内部，一切提高社会劳动力的方法都是靠牺牲工人个人来实现的；一切发展生产的手段都转变为统治和剥削生产者的手段，都使工人畸形发展，成为局部的人，把工人贬低为机器的附属品，使工人受劳动的折磨，从而使劳动失去内容，并且随着科学作为独立的力量被并入劳动过程而使劳动过程的智力与工人相异化；这些手段使工人的劳动条件变得恶劣，使工人在劳动过程中屈服于最卑鄙的可恶的专制，把工人的生活时间转化为劳动时间，并且把工人的妻子儿女都抛到资本的札格纳特车轮下。……在一极是财富的积累，同时在另一极……是贫困、劳动折磨、受奴役、无知、粗野和道德堕落的积累。"②无产阶级作为大工业的承担者之一，作为现代社会的主体力量之一，应当享有合理的权益，应当同步地分享社会进步与繁荣的成果，但现实却是无产阶级不得不承受着异化、贫穷与无知的多重恶果。尤其是作为个体的无产阶级的个人，在强大的资本面前，没有任何反抗的力量。马克思因此提出，只有无产阶级的解放，才能实现全人类的解放。

---

① 参见［德］卡尔·马克思：《资本论》（第1卷），人民出版社2004年版，第742页。
② ［德］卡尔·马克思：《资本论》（第1卷），人民出版社2004年版，第743—744页。

二、马克思三大正义原则的内在关系及其现代意蕴

马克思的学说中是否存在三大正义原则？这些原则之间又存在怎样的相互关系？它们之间是如何统一起来的？所有这些问题的答案，都可归结到马克思的共同体思想中。透过马克思的共同体思想，我们可以充分认识到马克思正义理念的时代价值。

第一，历史唯物主义原则的现代意义及其争议。

在马克思的三大正义原则中，历史唯物主义原则是首要原则，也是奠基性原则，它是批判各种非马克思主义的正义理论及建构马克思主义的正义理论的基础、原则与根本方法。马克思要求分析问题、研究问题及解决问题时，必须以既定的历史条件为前提，以历史的发展趋势为指导。他强调应通过科学的方法掌握事物的发展规律，在此基础上开创新世界。《资本论》因此当之无愧地成为关于现代经济运行的科学巨著。但这种浓厚的科学色彩带来了新的问题。由于历史唯物主义强调社会的发展自有其独立于人的主观意志的规律与趋势，人的活动似乎淹没在历史的铁的规律之下，这导致马克思的正义理念也被淹没在科学的范畴当中，从而导致马克思的正义思想在理论与实践上的双重争议与困惑。

以马克思关于资本主义生产方式中分配问题的思考为例。马克思将生产活动中的分配进行区分，一是生产条件的分配，二是生产成果的分配。生产成果的分配其实是以生产条件的分配为前提。资本主义的工资及利润的分配，各有其前提，"工资以雇佣劳动为前提，利润以资本为前提……一定的分配关系只是历史地规定的生产关系的表现"[①]。"所谓分配关系，是同生产过程的历史地规定的特殊社会形式，以及人们在他们的人类生活的再生产过程中相互所处的关系相适应的，并且是由这些形式和关系产生

[①] ［德］卡尔·马克思：《资本论》（第 3 卷），人民出版社 2004 年版，第 998 页。

的。这些分配关系的历史性质就是生产关系的历史性质，分配关系不过是表现生产关系的一个方面。"①分配关系是由生产方式决定的，它是生产力、生产关系发展到某种程度的表现。因而，资本主义的分配方式必然不同于各种由其他生产方式产生的分配形式。随着物质基础与社会形式的发展，资本主义的分配方式必然要为更高级的分配方式所代替。这就是马克思既反对资产者的"公平的"分配说辞，又反对拉萨尔"做一天公平的工作，得一天公平的工资"等形形色色非马克思主义的分配方案的原因。

关于马克思的分配思想，在实践及理论的推进上均存在许多亟待解决的问题。实践上最关键的问题是，如何让分配关系与生产关系相适应。改革开放之前，中国以苏联为模版的计划经济体制在实现工业化、现代化方面取得巨大成就，但也存在一些不足的地方。比如吃"大锅饭"的现象，即在公有制的基础上，农民到田间地头混工分，工人在生产车间中混工资这种责权不清的状态，曾经给社会主义的生产力发展带来巨大损失。当社会主义市场经济建立之后，如何建构新的符合当下生产方式的分配关系成为社会焦点。首先，在财富的第一次分配中，如何分配才是合理的？马克思主要研究的是资本主义生产方式下与工业生产相关的分配结构，因而，社会主义市场经济关系中的分配问题及工业生产过程之外的经济实体的分配问题，都是全新的时代问题。其次，在社会财富的二次分配问题上，马克思强烈地谴责了资本主义制度下的法律法规、救济制度的非正义性和虚伪性，而且他认为资本主义制度不可能有效地解决财富的再分配问题，必须要消灭私有制才能解决问题。但社会主义市场经济却必须回答社会财富的再分配问题，尤其是中国社会作为快速增长的经济实体，社会财富的高速增长与集中，使财富的分配与再分配问题成为事关发展与稳定的关键问题。

① ［德］卡尔·马克思：《资本论》（第3卷），人民出版社2004年版，第999—1000页。

在分配关系由生产方式决定的前提下，是否还引发这样一个重大问题：正义发展的历史阶段能否跨越？社会形态的发展存在一个跨越"卡夫丁峡谷"的争论，那么，分配正义的发展过程中是否也存在一个"卡夫丁峡谷"的难题？社会主义的发展是否必须经历一个与市场经济相适应的特定的分配方式，即无偿占有剩余价值是否为市场经济存在的前提？对马克思颇有研究的艾伦·伍德甚至进行这样的推论："资本主义之所以成为可能，就是由于劳动力能够作为商品而存在，就是因为通过把劳动力当作商品来使用而创造了剩余价值和扩张资本……假如没有剩余价值，假如工人没有进行无偿劳动，没有受到剥削，那么资本主义的生产方式也就没有可能。在资本主义条例上，对剩余价值的占有不仅是正义的，而且，任何阻止资本占有剩余价值的尝试都是绝对不正义的。"①伍德同样也提出了分配正义的历史发展阶段问题，这是必须认真回答的问题。但据此认为剥削就是正义的，这与马克思的本义实在不相符。其错误在于，生产方式决定正义是马克思考察正义问题的充分条件，而伍德却视之为必要条件。或者说，伍德将历史唯物主义原则视为马克思正义思想的唯一原则，而忽视了马克思正义原则中的其他更重要的层面。马克思关于剩余价值分配的观点及理论是研究其正义思想的重要内容，故将在后文进一步讨论此问题。

第二，正义的根本价值在于维护共同体的生存与发展。

把历史唯物主义原则理解为马克思唯一的正义原则，源于看不到人是人的最高本质原则（人本原则）才是最根本的正义原则，或最高的正义原则，也就看不到人的共同生存与发展是马克思的思想旨趣。"在资产阶级社会里，资本具有独立性和个性，而活动着的个人却没有独立性和个性。"②这个最简单的对比已充分揭示了马克思政治经济学研究的起点和终结点其实都是"人"。"人是马克思历史观的价值辐辏和逻辑辐辏，没有了

---

① 李惠斌、李义天编：《马克思与正义理论》，中国人民大学出版社 2010 年版，第 23 页。

② 《马克思恩格斯选集》（第 1 卷），人民出版社 1995 年版，第 287 页。

人，这种本质上不过在阐解'现实的人及其发展'的历史观，即便作无意义上的争辨，也无从确定逻辑上的起始。"① 马克思思想体系的核心主题是人，理想社会则是"自由人的联合体"，因此，如果能够充分理解马克思的共同体理念，将更切近马克思的思想脉络来理解马克思正义理念的本真意蕴，也将更深刻地理解正义的根本价值。

德国社会学家斐迪南·滕尼斯最早提出"共同体"的概念，并把共同体与社会进行了界分。滕尼斯把相互结合而产生的群体称为共同体，他认为共同体是持久的和真正的共同生活，是一种生机勃勃的有机体，它应"被理解为现实的和有机的生命，这就是共同体的本质"②。滕尼斯的共同体实际上指的是一种自然形成的、整体本位的有机体，它受本质意志支配，通过默认一致和信仰将人们联系起来。③ 默认一致、信仰正是持久的真正的共同生活的缘由，共同体的概念也就包含着强烈的形而上的要求，即包含着价值观上的界标。马克思的共同体概念是什么，目前尚无定论，但无疑地，马克思有着关于共同体的深刻思想：共同体应优先于个体；共同体的生存与发展是终极性的要求。学者邵发军认为，马克思的共同体本质上是一个关系共同体。"社会不是由个人构成，而是表示这些个人彼此发生的那些联系和关系的总和"④，马克思考察人从来都是把人放在一定的关系共同体里进行考察，他从不考察单独的孤立的抽象的个人。马克思一般是……从两个维度来言说的：其一是从存在关系中看人的发展、独立和自由，这里又有体现出是从人与自然和人与人的关系两个向度上来考察人的发展的。其二是从存在关系考察人，主要是放在生产活动关系中考察人。

---

① 黄克剑：《人韵——一种对马克思的读解》，东方出版社 1996 年版，第 247 页。

② ［德］斐迪南·滕尼斯著，林荣远译：《共同体与社会——纯粹社会学的基本概念》，商务印书馆 1999 年版，第 53 页。

③ 参见陈宇光：《论滕尼斯对"共同体"与"社会"的阐释》，载《南通工学院学报》（社会科学版）2004 年第 4 期，第 4 页。

④ 《马克思恩格斯全集》（第 30 卷），人民出版社 1995 年版，第 221 页。

不管是自然共同体或是货币—资本共同体，还是"自由人的联合体"，马克思主要考察关系共同体中的生产关系。① 马克思基于生产关系而形成的共同体思想，既是一种关系共同体，更是一种价值共同体。"自由人联合体"这一共同体最高形态，即是马克思价值理念的充分体现。

资本主义生产方式建立了新的共同体生存方式，马克思充分肯定了新的共同体所创造的无与伦比的进步，但马克思更深刻的地方是，他看到了现存共同体最内在的矛盾、日益分裂的趋势及灭亡的危机。在资本的统治之下，"活生生的人"消失了，资本家和工人，全都变成了资本的工具和手段，资本统治、控制、奴役着所有生命。资本的发展同时导致多元的黏合的社会单一化、离心化，并走向分裂，出现资产阶级与无产阶级的对立和对抗。资本家因执行着资本的职能，成为统治阶级，它剥削、奴役着无产阶级，而无产阶级只能在资本的抽象统治和资本家的现实统治这双重统治下苟延残喘。共同体默认一致的价值观、共同的信仰消失了，共同体的内在根基也就消失了，而斗争、对抗与革命成为直接有效的社会动力机制。当经济危机与社会危机重叠之际，即可能是共同体的崩溃之际。马克思痛惜的是，资产阶级借助资本的力量，掌握了国家与法律这无产阶级唯一可借助的平衡力量，以致工人阶级不得不以血肉之躯来换取自由和解放。所以，真正的正义在于，人的生命与自由的保障，真正的正义原则是坚持在既定的生产关系中，最大限度地还原人的本质，保障被奴役阶级的权益。马克思在《哥达纲领批判》中批判了资产阶级的平等权利，因为这个权利把阶级差别、个人天赋等所有自然的、历史的差异性抹杀了，它采用唯一的形式平等的标准来保护不平等，所以，真正平等的权利"就不应当是平等的，而应当是不平等的"②。同理，真正的正义，就不应当是仅仅

① 参见邵发军：《马克思的"共同体思想"与唯物史观的关系探讨》，载《社会主义研究》2009 年第 3 期，第 22 页。

② 《马克思恩格斯选集》（第 3 卷），人民出版社 2002 年版，第 305 页。

维护形式平等的正义，而应当注重维护共同体各方权益的均衡。

马克思终结了古典政治经济学，开创了现代政治经济学。其现代性价值在于揭示：无产阶级、人民群众的命运决定了现代社会的命运。如果要告别革命，唯一的途径是正视及承认无产阶级、人民群众的正当权益，建立正义秩序，即建立符合生产方式要求的，同时能有效维护共同体生存与发展的正义的社会伦理与社会秩序。资本主义经济的发展，使其固有的矛盾、对立、危机与崩溃日益加深，罗尔斯因此对马克思的正义理念作出回应。"正义"的使命在于：划分基本的权利和义务，决定社会合作的利益和负担适当的分配。[①] 在资产阶级所有制前提下，正义如何能完成这项使命？罗尔斯的"公平的正义"观提出两个正义原则，一是保障平等的基本自由和政治权利，二是偏爱最不利者。罗尔斯试图为私有财产权划定藩篱，"生产资料方面的财产权是得到容许的，但这种权利不是一种基本权利，而且这种权利在现存条件下必须服从于这种需要，即它应该以最有效的方式满足正义原则"[②]。罗尔斯否定了私有财产权的基础性地位，他把"私有财产权从人的基本权利之中放逐出去，就给调节社会财富提供了可能，而把它放置在正义原则之下，就使这种可能有条件实现"[③]。罗尔斯作了最大的努力，试图在认可、限制私有财产权的前提下，通过适当的分配，实现某种更有普遍性的正义，促进社会合作，然而，他的折中与调和受到新自由主义者的强烈批判。罗尔斯出于维护资本主义生产方式的立场，只要求对私有财产进行限制，也就无法真正应对马克思的历史唯物主义批判。在社会主义公有制的历史前提下，如何期待马克思的"自由人的联合体"，如何理解马克思的正义理念，如何真正实现和谐共存，正是时代的课题。

---

① 参见何怀宏：《正义在中国：历史的与现实的——一个初步的思路》，载《公共行政评论》2011 年第 1 期，第 4 页。

② ［美］约翰·罗尔斯著，姚大志译：《作为公平的正义——正义新论》，上海三联书店2002 年版，第 289 页。

③ 林进平：《马克思的"正义"解读》，社会科学文献出版社 2009 年版，第 144—145 页。

第三章

马克思内蕴于资本生产过程批判中的正义伦理

　　《资本论》三卷分别以"资本的生产过程""资本的流通过程""资本主义生产的总过程"为题展开研究，这正是马克思的研究进路。据此，本文将根据马克思的批判进程来梳理及发掘马克思的正义伦理。马克思首先在现代性的论域中展开对资本主义生产过程的批判。

第一节　马克思进行资本批判及确证劳动价值的双重理论路径

一、马克思现代性论域的双重结构

马克思毕生致力于对资本主义社会的历史批判，即对资本主义生产方式及附着于其上的政治、文化、意识形态展开总体性的、历史性的批判，与此同时，马克思要求重构社会架构，重新组织社会力量以实现人类解放，即马克思在解构资本主义社会的同时，也提出了新社会形式的建构要求，因而，马克思的思想与学说实际上存在着双重线索或双重目标。如果从研究范式的角度分析，马克思的学说也就存在双重结构。虽然马克思并没有提出研究范式的概念，但后继的研究者却可以据此对马克思的学说进行解剖。马克思的解构与建构的双重目标如何实现统一？可以认为，在马克思现代性的论域之下，批判与主张同时展开，并互为表里。

现代性，是现代社会的共生概念，不同学科均基于各自视野提出种种界定。学者陈嘉明认为，关于现代性概念的界说中，比较著名的有三种观点：一为吉登斯，他着眼于从制度层面理解现代性，即他的现代性概念主要指称后封建时代欧洲所建立并在 20 世纪日益成为具有世界历史性影响的行为制度与模式，故他的现代性可等同于"工业化的世界"或"资本主义社会"。吉登斯自认为现代性涉及三个方面，对世界的态度、复杂的经济制度及政治制度，故现代性是与传统相对应的概念，它在本质上属于

"制度性的转变"，即在制度性、文化与生活方式等方面发生的秩序的改变。这导致两个突出的结果，一是对于社会而言，确立了跨越全球的社会联系方式的"全球化"，二是对于个人而言，确立了西方的个人主义的价值观念与行为方式。① 二为哈贝马斯，他把现代性视为一套源于理性的价值系统与社会模式设计。他通过对现代性话语的反思，对现代性进行"病理学"研究，并把"主体哲学"与"意识哲学"诊断为现代性问题的根源。哈贝马斯认为，现代性的一个最为核心的问题，就是它的自我理解与自我确证的问题，主体性原则因而成为现代性原则，其内在的自我意识结构作为科学、道德与艺术的规范的基础，这导致一系列问题的发生。哈贝马斯提出，理性是真理之源、价值之源，因此也就应当成为现代性的安身立命之地，于是，通过主体间性代替主体性，用交往理性代替传统的理性概念，现代性将得以重建。哈贝马斯基于寻找"共同生活的方式"，试图通过建构新的交往模式与标准来形成新的社会关系架构，这为现代性的研究开拓了新的空间。三为福柯，他把现代性理解为"一种态度"或"精神气质"。他说："所谓态度，我指的是与当代现实相联系的模式；一种由特定人民所作的志愿的选择；最后，一种思想和感觉的方式，也就是一种行为和举止的方式……这种方式标志着一种归属的关系并把它表述为一种任务。无疑，它有点像希腊人所称的社会的精神气质。"② 可见，对于福柯而言，现代性就是一种永恒的批判精神。

　　马克思并未明确提出现代性概念，但并不意味着马克思没有"现代性"意识。马克思的现代性意识一开始便以批判的面目出现，如果取福柯的态度之说，则马克思的批判体现了现代性之最本源的精神气质。但马克思的意义不仅止于批判意识，更在于其批判的对象、内容及其面向未来的预测

---

　　① 参见陈嘉明：《现代性与后现代性十五讲》，北京大学出版社 2006 年版，第 4 页。

　　② ［法］米歇尔·福柯：《何为启蒙》，引自《文化与公共性》，汪晖等主编，生活·读书·新知三联书店 2005 年版，第 430 页。

与构想，即马克思在对资本主义总体性批判的同时，创立了历史唯物主义，并依据历史唯物主义原则提出终结旧的不合理的生产方式，建立共产主义的总体性设计。虽然相对于马克思的现代性批判而言，马克思的现代性建构主张似乎不够充分，在实践中也备受争议，但马克思的价值在于，他是一位劈山开路的大师，他的不足恰为后来者留下无限的发展空间。正是在马克思的前导之下，吉登斯从制度层面研究现代性的轨迹。吉登斯在马克思的理论地基上理解"资本主义"或"工业社会"，即把社会区分为前现代社会与现代社会，而资本主义作为现代社会，是一个"商品生产的体系"及建立在资本与雇佣劳动对立基础上的阶级体系，在此基础上，吉登斯对现代社会的制度分析与研究得以深化和创新，他对现代性的全球化命题的提出，以及将内在的反思性作为现代性的动力机制等学说，都可视为在马克思的理论基础上对现代性理论的拓展。哈贝马斯则从批判黑格尔的意识哲学开始切入现代性研究，他试图从社会关系（交往）模式角度重建现代性。他的交往理性、主体间性等概念及重建历史唯物主义等主张似乎颇为抽象，但如果置于马克思的实践哲学意义上来理解，哈贝马斯学说的实践意义将易于彰显。哈氏所言之现代性是一项"未完成的设计"即是对马克思现代性设计的最好注脚。

批判是马克思学说最鲜明的特征，这成为马克思现代性理论的最鲜亮色彩，但这无形中遮蔽了马克思的现代性理论的更本质的特征，即高扬人的价值。从生存论的角度，可更清晰地观察。世界的统一性与普遍性趋势，是现代社会的根本性趋势。以欧洲为例，基佐指出，16—18世纪，欧洲社会多样性、地方性、特殊性等逐渐为统一性所取代。原来多种多样的社会因素减少到两个：一方面是政府，另一方面是人民。即仅有政府和国民两个重大角色占有了整个历史舞台。[①] 基佐从文明发展的角度观察到欧

---

① 参见［法］弗朗索瓦·皮埃尔·纪尧姆·基佐著，程洪逵、沅芷译：《欧洲文明史》，商务印书馆1998年版，第147页。

洲社会的重大变化，但他没有探讨这种变化的根源。基佐的观察与马克思不谋而合，马克思同样认为："我们的时代，资产阶级时代，却有一个特点：它使阶级对立简单化了。整个社会日益分裂为两大敌对的阵营，分裂为两大直接对立的阶级：资产阶级和无产阶级。"① 同时，马克思指出其源于资本主义运动的发生与展开，"大工业创造了交通工具和现代的世界市场，控制了商业，把所有的资本都变为工业资本，从而使流通加速（货币制度得到发展）、资本集中……它首次开创了世界历史，因为它使每个文明国家以及这些国家中的每一个人的需要的满足都依赖于整个世界，因为它消灭了各国以往自然形成的闭关自守的状态……它把自然形成的性质一概消灭掉……它并且把所有自然形成的关系变成货币的关系"②。"资产阶级日甚一日地消灭生产资料、财产和人口的分散状态。它使人口密集起来，使生产资料集中起来，使财产聚集在少数人的手里。由此必然产生的结果就是政治的集中。"③ 简而言之，大工业的生产方式导致资本的集中与政治的集中，这种集中产生的力量必然使资本主义的运动冲破地方性，创造一个统一性的或普遍性的世界。

在世界的统一性趋势之下，人的生存状态呈现出最鲜明的特点：群体行动的方式（或曰集体行动、集中行动的方式）。阿伦特敏锐地指出，在权力的产生中唯一不可缺少的物质要素，是人们的共同生活。只有人们密切地生活在一起，以致行动的潜能始终在场的地方，权力才与他们同在。权力是从一块行动的人们中间生发出的力量，他们一旦分散开，权力就消失了。④ 由于共同生活、集中行动是权力产生的新的根源，我们因此进入

① 《马克思恩格斯选集》（第1卷），人民出版社1995年版，第273页。

② 《马克思恩格斯选集》（第1卷），人民出版社1995年版，第114页。

③ 《马克思恩格斯选集》（第1卷），人民出版社1995年版，第277页。

④ 参见［美］汉娜·阿伦特著，王寅丽译：《人的境况》，上海人民出版社2009年版，第167—168页。

大众的、群体的时代。大众成为新的创造生活的主体。"我们就要进入的这个时代，千真万确将是一个群体的时代……民众的各个阶层进入政治生活，现实地说，就是他们日益成为一个统治阶层，这是我们这个过渡时期最引人注目的特点……正是通过结社，群体掌握了一些同他们的利益相关的观念……并终于意识到了自己的力量。"① 勒庞同样正确地判断了结社、运动与权力之间的关系，认识到群众从此登上历史舞台，但他批评群众不善于推理，缺乏理性，却急于采取行动，并称之为"乌合之众"。马克思却充分肯定群众主体的历史作用，并相信理性能赋予大众创造性的力量。

马克思的现代性论域的前提即可界定为：资本集中与政治集中的双重趋势。这正是现代性发轫的两大动力。正是在此基础上，马克思展开他现代性的解构与建构的双重理论活动，更具体而言，马克思的理论是沿着资本批判及劳动确证的双重线索展开的。

二、马克思资本批判的展开

虽然马克思对资本主义的批判征程并非以资本批判开始，他是从法哲学批判进入哲学批判、意识形态批判，最后以经济领域批判结束。《资本论》使马克思最终完成对资本主义的全面批判，即完成了对资本主义生产方式及其上层建筑的全面清算。马克思的资本批判，恰是马克思现代性批判的核心。只有充分认识马克思资本批判的力量，才能理解马克思总体批判的意义，因而，从解释学角度，可以认为马克思的现代性批判始于资本批判。

学者邵发军认为，现代世界是以资本为原则的世界，马克思对现代性的批判首先是对作为资本意识形态的世俗化的基础——资本进行透析批

---

① ［法］古斯塔夫·勒庞著，冯克利译：《乌合之众：大众心理研究》，中央编译出版社2000年版，第6—8页。

判，这超越了以前康德和黑格尔建构的理性批判范式。资本的本性就是不断地增殖，在这一动力的促使下，现代性凭借现代化和资本全球化的扩展和扩张，把相互异质的东西同化为同质的事物，人也处在交换价值原则的抽象同一性的统治下。"马克思找到了批判现代性的根基和入口，对资本的批判，对资本抽象共同体的分析、对抽象同质化的统治的批判，也就是对现代性的始基的批判。这一批判原则的建立本质地界划了以前对现代性的各种'理性'范式的批判。"① 马克思的资本批判范式不但解决了批判的根基问题，更主要的是，在历史唯物主义原则下的资本批判，确立了对待现代性的应有的辩证态度。"马克思将现代同资本这一历史原则本质地联系起来。资本规定的现代历史运动就是现代性的历史辩证法。在马克思那里，资本作为现代性的存在论原则，是'历史唯物主义'的基本范畴，对资本现代性的批判贯穿了马克思对思辨哲学的批判、对政治经济学的批判和对各种社会主义思潮的批判。在这种总体性的意义上，我们认为，马克思的现代性批判就是'资本现代性'批判。对资本规定的现代性进行存在论上的剖析和批判，既意味着克服了现代性批判中建立在观念论基础上的理性批判范式，也意味着对非批判的国民经济学的扬弃和对空想社会主义思潮的扬弃。由此确立了对待现代性的辩证态度。"②

那么，马克思的资本批判思想是如何演化而来？它本身也是一个由意识哲学向实践哲学转化的过程。以马克思的政治经济学研究工作为界，即以《1844年经济学哲学手稿》为界，马克思的批判活动实现了转向。虽然马克思从博士论文开始，即对康德、黑格尔一脉哲学展开批判，但马克思仍然深受黑格尔哲学的影响，推崇理性的作用。此外，马克思的理性观也

---

① 邵发军：《马克思的资本"抽象共同体"思想对现代性的整体性批判》，载《西南大学学报》（社会科学版）2010年第3期，第101页。

② 叶汝贤、李惠斌主编：《马克思主义与现代性》（第7卷），社会科学文献出版社2006年版，第179页。

带有强烈的启蒙主义色彩，强调理性是理解与修正社会的根本尺度。马克思的博士论文提出："哲学的任务就是要克服客观存在的非理性，使世界和人本身变得合乎理性。"① 在《莱茵报》工作期间，马克思"第一次遇到要对所谓物质利益发表意见的难事"②，这促使马克思的目光从书斋转向现实生活，开始思考种种社会、经济与政治的问题，探讨物质利益与国家、法之间的关系，从而完成了《黑格尔法哲学批判》，其中心问题是市民社会与国家的关系问题。黑格尔提出市民社会与国家的区分，但他从绝对精神的抽象演绎出发，得出国家决定市民社会的结论。马克思批判了黑格尔这种把现实与观念的关系进行倒置的错误逻辑，指出是市民社会决定国家而非相反。"政治国家没有家庭的自然基础和市民社会的人为基础就不可能存在。"③ 并且，市民社会决定了国家的本质。"但马克思并没有放弃黑格尔的理性主义，他仍然认为国家是自由的最高定在，是理性的实现，国家的本质不应该表现为各等级之间利益的冲突，这种原子式的冲突是非理性的。"④ 因而，在马克思的前期批判活动中，马克思仍然没有突破旧哲学的束缚，但是，他开始了研究的转向，即意识到不能从观念自身或纯粹的精神演化过程来理解，而是应到物质生活中去探索，到"政治经济学中去寻求"⑤。

唯物史观的形成为马克思的资本批判确立了科学的方法论。费尔巴哈对黑格尔的批判开启了马克思的新视界。费氏的人本主义仍然建立在抽象的人性基础上，通过对费尔巴哈的批判，马克思指出人的本质并非单个人所固有的抽象物，在其现实性上是一切关系的总和，因而，人的实践活动

---

① 《马克思恩格斯全集》（第1卷），人民出版社1995年版，前言第4页。
② 《马克思恩格斯选集》（第2卷），人民出版社1995年版，第31页。
③ 《马克思恩格斯全集》（第2卷），人民出版社2002年版，第4页。
④ 陈志刚：《马克思现代性批判思想的逻辑演变》，载《哲学研究》2011年第7期，第23页。
⑤ 《马克思恩格斯全集》（第31卷），人民出版社1998年版，第412页。

不但改造了环境及人自身，还改造和创造了新的社会关系。在此基础上，马克思指出实践是认识的基础和标准，思维是否具有客观真理性，只能由实践来证明。在《关于费尔巴哈的提纲》中马克思提出革命实践活动在社会生活中起决定作用的论断，并提出哲学的意义不仅在于解释世界，更关键的是改变世界。科学实践观最终促成《德意志意识形态》的完成暨唯物史观的建立。在《德意志意识形态》中，马克思和恩格斯站在世界历史的高度，阐明了物质生产在人类历史发展中的决定作用，衣食住行等物质生产是人类生存的必要条件，故一切历史的前提条件不是神的意志，而是物质生产活动。在这个最浅白的却经常被神秘化的界定之下，马克思和恩格斯第一次揭示了生产力和交往形式（生产关系）的辩证关系：生产力决定交往形式，生产力发展到一定阶段时就同现存的交往形式发生矛盾。马克思和恩格斯在这里说明的是，所谓现代性，其实质是生产力发展的必然的历史成果，现代性发展的程度、规模、方向、影响等均受制于生产力的发展。当现代性发展到某种程度时，资本必然成为世界的新的主宰，神的统治必然让位于资本的抽象统治。马克思和恩格斯进一步阐述了社会意识对物质生产过程的依赖关系，指出意识在任何时候都只能是被意识到了的存在，"不是意识决定生活，而是生活决定意识"①。现代性的展开，资本的生成，终于使人类历史变成世界历史，地方性为世界性取代，同质性与齐一性成为资本的抽象统治的注释，最主要的是，任何东西都以货币为度量衡，道德、爱情、友谊、幸福、名望等最珍贵而无形的事物都可以换算成货币，都以成本来计得失，资本拜物教最终成为现代社会真正的宗教，整个社会系统及其运作都以资本为主轴，社会文化、心理甚至整个意识形态都烙上了资本的印记。因而，在唯物史观的鉴照之下，资本的"本相"得以揭示，对资本的批判才能淋漓尽致地臻于化境。

---

① 《马克思恩格斯选集》（第 1 卷），人民出版社 1995 年版，第 73 页。

经过长期的探索与思考，马克思终于在经济领域完成了他对现代性的全面批判，即以资本批判为始基的批判。马克思把资本喻为"普照的光""特殊的以太"，阐明了资本的独特的历史功能，他说：

> 在一切社会形式中都有一种一定的生产决定其他一切生产的地位和影响，因而它的关系也决定其他一切关系的地位和影响。这是一种普照的光，它掩盖了一切其他色彩，改变着它们的特点。这是一种特殊的以太，它决定着它里面显露出来的一切存在的比重。①

在《共产党宣言》中，马克思高度地赞叹资本的作用："资产阶级在它的不到一百年的阶级统治中所创造的生产力，比过去一切时代创造的全部生产力还要多，还要大。"② 与此同时，马克思指出，随着生产力的发展，资本所创造的生产关系及其所有制也将成为新的束缚，资本追求利润的本性必然导致生产过剩，周期性生产危机无法避免，新的生产关系与社会关系必将取代现存的生产关系和社会关系。马克思对资本的本性、功能、历史价值及其发展趋势进行了最透彻的研究。

在《资本论》及其手稿中，马克思完成了他的第二个伟大发现，提出剩余价值理论，第一次完整地揭示了资本与劳动最内在的互生关系，这使同样基于世界历史的高度来考察劳动的价值成为可能。

三、劳动价值论的理论溯源

马克思劳动价值理论的根基是劳动二重性学说。马克思认为他批判地

---

① 《马克思恩格斯全集》（第30卷），人民出版社1995年版，第48页。
② 《马克思恩格斯全集》（第1卷），人民出版社1995年版，第277页。

证明的劳动二重性学说是"理解政治经济学的枢纽"[①]。在劳动二重性的基础上，马克思成功地说明了商品的价值与使用价值关系原理，这使他的整个理论体系得以展开。马克思的劳动二重性学说主要有两个理论来源，即古典政治经济学与黑格尔关于劳动的学说。

价值来源是古典政治经济学的关键主题。威廉·配第首先把经济现象的理论研究从流通领域转移到生产领域，首先提出劳动决定价值的观点，并以此作为他的理论体系的出发点。配第进一步发现，创造使用价值的劳动和创造交换价值的劳动是不一致的，于是，他把劳动划分为两类：一类是生产金银的劳动，另一类是生产其他普通商品的劳动。配第认为，只有开采金银的劳动，才创造交换价值，而其他劳动，只有在其产品和金银交换时，才表现为交换价值。虽然配第错误地混同了具体劳动和抽象劳动，把生产金银的具体劳动当作了生产交换价值的抽象劳动，但是，"这种解决矛盾的独特方式，这种对什么劳动在创造价值的回答，一方面说明了配第力图在劳动表现为交换价值的抽象形态上去把握劳动的天才；另一方面，又充分反映了政治经济学的幼年时期，还深深地困扰于重商主义的影响之中"[②]。

本杰明·富兰克林没有系统地研究政治经济学，但他提出了一个正确观念，即必须从贵金属之外寻找价值尺度——劳动。詹姆斯·斯图亚特区分了表现在交换价值中的劳动和表现在使用价值中的劳动，但他认为生产交换价值的劳动只能是资产阶级性质的。[③]亚当·斯密发展了这个思想。斯密把价值区分为使用价值和交换价值，"价值一词有二个不同的意义。它有时表示特定物品的效用，有时又表示由于占有某物而取得的对他种货

---

① ［德］卡尔·马克思：《资本论》（第 1 卷），人民出版社 2004 年版，第 55 页。

② 王明恕：《马克思劳动二重性学说的来源》，载《汉中师院学报》1990 年第 3 期，第 8—9 页。

③ 参见刘乃勇：《马克思劳动二重性学说的理论来源》，载《教学与研究》2011 年第 9 期，第 48 页。

物的购买力。前者可叫做使用价值，后者可叫做交换价值。"①斯密正确地指出，劳动具有本身价值绝不变动的特性，故可成为比较估量和比较商品价值的尺度，"劳动是衡量一切商品交换价值的正确尺度"②。"世间一切财富，原来都是用劳动购买而不是用金银购买的。所以，对于占有财富并愿用以交换一些新产品的人来说，它的价值，恰恰等于它使他们能够买或支配的劳动量。"③斯密第一次把价值归结为一般劳动，他不仅把交换价值的真实基础归结为生产商品时所耗费的劳动，而且把价值量归结为商品内部凝结的劳动量，为劳动价值论奠定了科学的基础。④

但是，斯密发现了劳动与货币在衡量商品时存在的不对等，即商品的价值与价格的区别，"劳动是商品的真实价值，货币是商品的名义价格"，于是，这导致经济学说史上的"斯密教条"，即斯密一方面认为劳动是价值的标准，一方面又认为价格是利润、地租和工资构成的，并进一步推导出"工资、利润和地租，是一切收入和一切可交换价值的三个根本源泉"⑤。囿于方法论、社会历史条件等的限制，斯密的劳动价值论表现为不彻底的、充满了矛盾的状态。

李嘉图彻底地贯彻了劳动决定价值的思想，他明确地提出商品价值决定于劳动时间。李嘉图的逻辑如下：首先，继承了斯密关于使用价值不是交换价值尺度的正确观点，区别了使用价值和交换价值，并指出使用价值

---

① ［英］亚当·斯密著，郭大力、王亚南译：《国民财富的性质与原因的研究》（上卷），商务印书馆 1972 年版，第 25 页。

② ［英］亚当·斯密著：《国民财富的性质与原因的研究》（上卷），商务印书馆 1972 年版，第 26 页。

③ ［英］亚当·斯密著：《国民财富的性质与原因的研究》（上卷），商务印书馆 1972 年版，第 27 页。

④ 参见潘志强、陈银娥：《关于斯密与李嘉图劳动价值论的比较分析》，载《经济评论》2006 年第 1 期，第 18 页。

⑤ ［英］亚当·斯密著：《国民财富的性质与原因的研究》（上卷），商务印书馆 1972 年版，第 47 页。

是交换价值的物质承担者。其次，明确指出，绝大多数商品的价值取决于它们所耗费的生产劳动，"我的价值尺度是劳动量"①。再次，这种劳动并非实际耗费的个别劳动，而是社会必要劳动，因而决定商品价值量的就是社会必要劳动时间。最后，商品的价值与投入它们的劳动量成正比，但商品的价值量与劳动生产率成反比。

李嘉图批评了斯密的二元劳动价值论，尤其是指出了斯密将商品的价值决定与价值分配混为一谈。一种商品生产出来后，它的价值可以在不同的社会成员之间进行分配，但这种分配不仅不会影响到价值的质，也不会改变价值的量，它只能以商品的价值量为限度，交换活动是不能增殖的，因而斯密教条是错误的。李嘉图清楚地看到，价值是第一性因素，而分配则是第二性因素。②

李嘉图的劳动价值论的根本缺陷在于没有认识到劳动二重性，"在李嘉图那里，到处都把表现在使用价值上的劳动同表现在交换价值上的劳动混淆起来"③。李嘉图也没能正确理解价值与生产价格之间的关系，而将两者混同，此外，李嘉图也没有意识到价值规律的作用形式在资本主义社会发生了变化，故而李嘉图的劳动价值理论遭遇两大难题：一是无法在等价交换规律的基础上解释利润的来源；二是无法说明价值规律与平均利润率的矛盾。李嘉图的错误源于非历史性视野，他把商品生产看成是永恒的，只是对商品的价值量进行了分析，而没有进行质的研究，而且李嘉图的经验论哲学使他无法进行更好的抽象，不能更好地理解个别与一般的关系。

劳动二重性学说的另一个理论基础是对劳动进行一般和特殊的区分，

① ［英］大卫·李嘉图著，蔡受百译：《李嘉图著作和通信集》（第2卷），商务印书馆1979年版，第194页。

② 参见潘志强、陈银娥：《关于斯密与李嘉图劳动价值论的比较分析》，载《经济评论》2006年第1期，第18—19页。

③《马克思恩格斯全集》（第26卷），人民出版社1975年版，第149页。

这一理论贡献首先来自黑格尔。黑格尔在古典经济学基础上进一步对劳动做出哲学概括，产生了对劳动进行二重性区分的萌芽。① 劳动概念关系到人类生存与发展这一根本存在问题，最初是古典政治经济学进行了理论考察，而后又在黑格尔这里被提升到哲学高度。

在《精神现象学》中，黑格尔将劳动概念理解为欲望与满足的中介，而欲望与满足被黑格尔设定为主人与奴隶的角色关系，即劳动是主奴关系的中介，个人通过劳动确证自己。"主人把奴隶放在物欲和他自己之间，这样一来，他就只能把自己与物的非独立性相结合，而予以尽情地享受；但是，他把物的独立性一面让给奴隶，让奴隶对物予以加工改造。"②"通过劳动，奴隶的意识回到了他自身。"③在《逻辑学》中，黑格尔进一步发展了劳动与自然的关系。他认为劳动是人类生存必不可少的条件。劳动是人为了满足自己需要的活动，因而劳动也就体现了自然和人之间的关系。为着人类的种种需要，为着要靠自然来满足自己，人类开始使用工具来探索及利用自然。"人以他的工具而具有支配外部自然的威力。"④ 由于人能够有意识地采用工具来支配自然，故劳动成为自然状态向社会状态转化的关键。

在《法哲学原理》中，黑格尔对劳动学说进行了系统阐述。他指出，政治经济学的出发点是劳动和需要，"政治经济学就是从上述需要和劳动的观点出发，然后按照群众关系和群众运动的质和量的规定以及他们的复杂性来阐明的这些关系和运动的一门科学"⑤。更重要的是，黑格尔关于劳

---

① 参见刘乃勇：《马克思劳动二重性学说的理论来源》，载《教学与研究》2011 年第 9 期，第 50 页。

② ［德］黑格尔著，贺麟、王玖兴译：《精神现象学》（上卷），商务印书馆 1997 年版，第 128 页。

③ ［德］黑格尔著，贺麟、王玖兴译：《精神现象学》（上卷），商务印书馆 1997 年版，第 130 页。

④ ［德］黑格尔著杨之一：《逻辑学》（下卷），商务印书馆 1976 年版，第 438 页。

⑤ ［德］黑格尔著，范扬、张企泰译：《法哲学原理》，商务印书馆 2009 年版，第 204 页。

动的抽象化过程的分析直接启发着马克思。"劳动中普遍的和客观的东西存在于抽象化的过程中，抽象化引起手段和需要的精细化，从而也引起了生产的精致化，并产生了分工。个人的劳动通过分工而变得更加简单，结果他在其抽象的劳动中技能提高了，他的生产量也增加了。同时，技能和手段的这种抽象化使人们之间的满足其他需要上的依赖性和相互关系得以完成，并使之成为一种完全的必然性。此外，生产的抽象化使劳动越来越机械化，到了最后人就可以走开，让机器来代替它。"①

马克思充分地肯定了黑格尔的贡献。马克思认为黑格尔抓住了劳动的本质，也就是对象化活动。"黑格尔的《现象学》及其最后成果——辩证法，作为推动原则和创造原则的否定性——的伟大之处首先在于，黑格尔把人的自我产生看作一个过程，把对象化看作非对象化，看作外化和这种外化的扬弃；可见，他抓住了劳动的本质，把对象性的人、现实的因而是真正的人理解为他自己的劳动的结果。"②而且，黑格尔把劳动看作人的本质，"黑格尔站在现代国民经济学家的立场上。他把劳动看作人的本质，看作人的自我确证的本质"③，这具有重大意义，这是人的主体性确立的基础。

马克思指出黑格尔劳动概念的两大缺陷：只看到劳动的积极的方面，而没有看到它的消极的方面；黑格尔唯一知道并承认的劳动是抽象的精神的劳动。这两大缺陷是相关的，资本主义生产方式之下的人的劳动焕发出巨大的能量，黑格尔因而肯定了劳动的积极意义，但是，他的哲学体系和他的社会立场又使他对劳动的抽象走上了形而上学的路径，故黑格尔只承认精神劳动对人的存在的确证，即劳动对于人的本质的终极意义。黑格尔也就没有注意到体力劳动的存在及其消极意义，当然，他也就没能从异化

---

①［德］黑格尔著，范扬、张企泰译：《法哲学原理》，商务印书馆 2009 年版，第 210 页。

②《马克思恩格斯全集》（第 3 卷），人民出版社 2002 年版，第 320 页。

③《马克思恩格斯全集》（第 3 卷），人民出版社 2002 年版，第 320 页。

劳动，这也就是说，劳动对人的存在的扭曲、变异、否定的角度去批判资本主义生产方式及其制度。

马克思继承了古典政治经济学中劳动与价值的合理内核，并通过批判而超越古典政治经济学，建立了新劳动价值理论。马克思认为商品具有使用价值与价值两种属性。而商品的使用价值与价值二重属性则由劳动的二重性决定。这也就是说，劳动过程表现为具体劳动与抽象劳动的两个方面。具体劳动是人类劳动力在特殊的有一定目的的形式上的耗费，它生产出商品的使用价值；而抽象劳动是人类劳动力在生理学意义上的耗费，都是人的体力和脑力的耗费，它是撇开劳动的具体形式的无差别的一般人类劳动，它凝结为商品的价值。马克思认为抽象劳动是价值的源泉，而且是唯一的源泉。既然商品价值的质是无差别的一般人类劳动的凝结，那么商品价值量由社会必要劳动时间决定。在此基础上，马克思提出剩余价值学说，完成了他的第二个伟大发现。剩余价值学说最大限度地揭示了资本主义生产方式对剩余劳动的榨取，故而《资本论》被视为工人阶级的"圣经"。马克思对劳动的确证，对人的确证，终于使工人阶级的命运得以改善，使工人阶级的解放运动乃至全人类的解放运动获得正确方向。

第二节 马克思对绝对剩余价值的伦理批判

剩余价值源于对剩余劳动的无偿占有，马克思对绝对剩余价值的批判也就围绕着剩余劳动而展开。剩余价值率主要依据劳动时间而确定。劳动时间成为价值的度量衡，那么，必须先回答如下问题：

一、劳动时间何以成为价值尺度

这源于三方面的原因：

第一，现代意识的形成，尤其是人类平等观念的形成及巩固。

商品的价值如何衡量？亚里士多德最早分析了价值形式。亚里士多德指出，商品的货币形式是简单价值形式的进一步发展的形态，而价值关系的产生源于交换物在本质上等同。如果没有本质上的等同性，就不能作为可通约的量而发生联系。但亚氏就此停下来，没有对价值形式做进一步分析，阻碍他前进脚步的，是由于亚里士多德缺乏价值概念。马克思指出，亚氏的天才使他在商品的价值表现中发现了等同关系，但他所处的历史限制，使他不能揭示这种等同关系到底是什么。

亚里士多德没能从价值形式本身看出，在商品价值形式中，一切劳动都表现为等同的人类劳动，因而是同等意义的劳动，这是因为希腊社会是建立在奴隶劳动基础上的，因而是以人们之间以及他们的劳动力之间的不平等为自然基础的。价值表现的秘密，即一切劳动由于而且只是由于都是一般人类劳动而具有的等同性和同等意义，只有在人类平等概念已经成为国民的牢固的成见的时候，才能提示出来。①

有了剩余产品，自然会产生交换，交换的媒介——货币也就应运而生，但是，货币的本质是什么？充当等价物，充当工具，这只是其表层属性，而更深层次的问题是，商品交换的根本尺度是什么，这就不是货币本身能够回答的问题。在前资本主义生产方式中，奴隶劳动、体力劳动无法得到承认。到了现代社会，随着工场手工业的发展，劳动，尤其是生产劳动的价值及意义才开始进入理论家的视野。而广泛的商品交换所要求的平等性与自由性也逐渐颠覆了旧的等级制度及其等级观念。启蒙运动应运而生，经过长久的思想洗涤，适应新生产方式要求的平等与自由观念终于成为时代的底色。也只有在如此底色之上，人类劳动的等同性得以确立，劳动本身才能取代黄金、白银等具体的中介物而成为价值的尺度。

第二，唯物史观的形成，使马克思的社会时间概念得以体现。

李嘉图明确地提出商品价值决定于劳动时间。马克思继承并推进了李嘉图的思想。马克思认为，商品使用价值的价值量决定于社会必要劳动量，即社会必要劳动时间；并且，剩余价值率既决定于剩余价值与可变资本之比，也决定于剩余劳动时间与必要劳动时间之比。这些论断建立在唯物史观的理论基础上。马克思把时间视为与人的生存和发展密切相关的理论范畴，"时间实际上是人的积极存在，它不仅是人的生命的尺度，而且是人的发展的空间"。②

作为社会运动之形式的时间空间问题，即社会时空问题，早已受到学界的关注。学界通常把社会时空理解为人类实践的创造。劳动应当被置于

---

① ［德］卡尔·马克思：《资本论》（第 1 卷），人民出版社 2004 年版，第 75 页。

② 《马克思恩格斯全集》（第 47 卷），人民出版社 1979 年版，第 532 页。

社会时空之前提下来研究，学者王南湜认为：

> 劳动作为一种生命过程就还要受到社会过程的制约，从而生命运动的节律就还要受到社会运动节律的约束或支配。人们之间的社会关系是多层面的，但最为基本的社会关系是直接相关于物质生产的社会关系。生产劳动是人类在一定社会形式下对自然的占有。没有人和人之间的社会关系，也就不可能有人与自然的现实关系。"一切生产都是个人在一定社会形式中并借这种社会形式而进行的对自然的占有"①，而这些社会形式不可避免地要对作为生命活动的劳动过程产生规制作用，使之具有特定的社会形式。②

从人类实践的角度考察，时间作为社会时间才真正地成为人类生命的本质形式。空间是有形的，而时间是无形的，是大自然的既定秩序昭示了时间的存在，因而，时间本质为自然时间。传统社会的生存状态及个体的生存以自然时间为轴线。资本主义生产方式改变了传统的生产结构与社会结构，从而改变了人的生存方式，并且改变了传统的、自然状态的时空结构。前文已论及，大工业的生产方式导致现代社会的高度集中趋势，即资本的集中、政治的集中与人员的集中，这又导致现代的高度集中与压缩的时空结构。时间与空间的分配不但影响着甚至决定着个体、群体的生存与发展，而且影响着甚至决定着经济活动的运行与发展。因而，在资本主义生产方式下，自然时间有了新的形态——社会时间。

马克思的社会时间是一个意义广泛的范畴，包括劳动时间、自由时间、闲暇时间等，其中，最重要的是关于劳动时间的研究。马克思把劳动时间划分为社会必要劳动时间和剩余劳动时间。马克思在《资本论》第一

---

① 《马克思恩格斯全集》（第46卷上），人民出版社1979年版，第24页。
② 王南湜：《社会时空问题的再考察》，载《社会科学战线》2009年第3期，第230页。

卷中提出，社会必要劳动时间是指"在现有的社会正常的生产条件下，在社会平均的劳动熟练程度和劳动强度下制造某种使用价值所需要的劳动时间"①。在《资本论》第三卷中，马克思进行了如下论述："事实上价值规律所影响的不是个别商品或物品，而总是各个特殊的因分工而互相独立的社会生产领域的总产品；因此，不仅在每个商品上只使用必要的劳动时间，而且在社会总劳动时间中，也只把必要的比例量使用在不同类的商品上。……在这里，社会需要，即社会规模的使用价值，对于社会总劳动时间分别用在各个特殊生产领域的份额来说，是有决定意义的。……可见，只有当全部产品是按必要的比例生产时，它们才能卖出去。社会劳动时间可分别用在各个特殊生产领域的份额的这个数量界限，不过是价值规律本身进一步展开的表现。"②马克思这里所言之"社会必要劳动时间"，其实质是指在社会总产品的再生产过程中，只有把社会总劳动时间根据社会购买力的市场需要按比例地分配在不同的生产领域的各类商品生产中，全部商品才能卖出去，按必要的比例量这样分配的社会总劳动时间，才是社会必要劳动时间。③

在讨论剩余价值问题时，马克思则从必要劳动与剩余劳动角度进行了判定。马克思把社会必要劳动时间视为劳动者进行劳动生产用以维持肉体生存的起码的时间："我把进行这种再生产的工作日部分称为必要劳动时间，把在这部分时间内耗费的劳动称为必要劳动。这种劳动对工人来说所以必要，是因为它不以他的劳动的社会的形式为转移。这种劳动对资本和资本世界来说所以必要，是因为工人的经常存在是它们的基础。"④这个观

---

① ［德］卡尔·马克思：《资本论》（第1卷），人民出版社2004年版，第52页。

② ［德］卡尔·马克思：《资本论》（第3卷），人民出版社2004年版，第716—717页。

③ 参见王峰明：《马克思经济学假设的哲学方法论辨析——以两个"社会必要劳动时间"的关系问题为例》，载《中国社会科学》2009年第4期，第55页。

④ ［德］卡尔·马克思：《资本论》（第1卷），人民出版社2004年版，第250—251页。

点实际上源于李嘉图。剩余劳动时间则是指超过社会必要劳动时间被资本家所无偿占用的劳动时间。因而，剩余价值率即可从剩余劳动与必要劳动的比率，转化为剩余劳动时间与必要劳动时间的比率。从时间的角度，马克思对资本剥削的批判也就达到极致。

第三，资本主义生产方式最终实现了劳动—时间—价值的互换。

只有在资本主义生产方式条件下，劳动的平等性，社会时间范畴的形成，广泛的商品世界的出现，才能促使劳动时间与商品价值最终建立起稳固的联系。

马克思从简单价值形式的总体向扩大的价值形式的过渡论证了私人劳动向一般社会劳动的转化。马克思认为，一个商品的简单价值形式包含在它与另一个不同种类商品的交换关系中。比如商品 A 的价值是通过与商品 B 的直接交换而在质上得到表现，即一个商品的价值是通过它表现为"交换价值"而得到独立展示。但是，在这个交换关系中，商品 A 与商品 B 的作用是不一样的，即商品 A 与商品 B 的自然形式分别充当了使用价值的形态与价值形态。潜藏在商品中的使用价值和价值的内部对立，就通过外部对立的商品关系表现出来了。因而，一个商品的简单的价值形式，就是该商品中所包含的使用价值和价值的对立的简单表现形式。

由于商品可以和不同种类的商品发生交换关系，这就使商品的个别的价值表现转化为一个可以不断延长的、不同的简单价值表现的系列。那么，一个商品的价值，如麻布的价值就表现在商品世界的其他无数的元素上，即麻布通过自己的价值形式，不再是只同另一种个别商品发生社会关系，而是同整个商品世界发生社会关系。在这个扩大的价值形式中，必然出现某种商品可以和其他所有商品进行交换，即分离出一般性的价值形式，一切商品的价值都要通过它才能表现出来。这个一般性的价值形式成为一切商品共有的东西，并且只有通过这种形式，商品作为价值才能真正地相互发生关系。故马克思认为："一般价值形式的出现只是商品世界共同活动的结果。"①

一般价值形式的出现，使一切商品不仅表现为在质上等同，表现为价值一般，而且同时表现为在量上可以比较的价值量。而一般价值形式的物体形式，如某种等价物，也就被当作"一切人类劳动的可以看得见的化身，一般的社会的蛹化"②。人类劳动有了具体化身，劳动时间（产品的平均生产时间）与商品的价值量之间也就随之建立某种确定的关系。这个结论仍然需要强调它的历史前提——资本主义生产方式的建立。马克思认为，一般人类劳动的等同性，"只有在这样的社会里才有可能，在那里，商品形式成为劳动产品的一般形式，从而人们彼此作为商品占有者的关系成为占统治地位的社会关系"③。"这样的社会"即指商品成为现实生活世界的基本要素，商品关系成为统治性的社会关系。在此历史前提下，劳动与时间、价值之间才能实现抽象意义上的等同性，劳动时间才能最终成为价值的尺度。

二、劳动力范畴的伦理内蕴

马克思指出，在商品价值中对象化的劳动，其自身的积极的性质也就清楚地表现出来了，"这就是把一切实在劳动化为它们共有的人类劳动的性质，化为人类劳动力的耗费"④。马克思劳动价值理论的核心概念——劳动力的提出，具有重要的理论价值。虽然马克思认为劳动二重性是理解政治经济学的枢纽，但从社会伦理秩序的角度观察，劳动力的概念应当是更基本的范畴。

---

① ［德］卡尔·马克思：《资本论》（第1卷），人民出版社2004年版，第82页。
② ［德］卡尔·马克思：《资本论》（第1卷），人民出版社2004年版，第83页。
③ ［德］卡尔·马克思：《资本论》（第1卷），人民出版社2004年版，第75页。
④ ［德］卡尔·马克思：《资本论》（第1卷），人民出版社2004年版，第83页。

　　首先，劳动力范畴具有重要的科学价值，它修正了古典政治经济学，为剩余价值理论的提出奠定了科学基础。什么是劳动力？它也可以表达为劳动能力，是一个人的身体中存在的、每当他生产某种使用价值时就运用的体力和智力的总和。劳动力就是一种商品，但它是一种特殊的商品，它的使用价值本身具有成为价值源泉的独特属性，因此，劳动力的实际消费就是劳动的对象化过程，从而也就是价值的创造过程。[①]

　　劳动力成为商品的基本条件有二：一是买卖双方平等关系的建立。即劳动力占有者和货币占有者之所以能在市场上相遇，缘于双方具有平等的身份——法律上的平等关系。劳动力占有者在让渡自己的劳动力时并不放弃自己对它的所有权，即他不能把劳动力一下子全部卖光，否则他就把自己变成了奴隶。劳动力占有者作为自由人，必须总是把自己的劳动力当作自己的财产，当作可以反复出卖的商品。二是劳动者的绝对贫穷，即他没有别的东西可以出卖。"劳动力占有者没有可能出卖有自己的劳动对象化在其中的商品，而不得不把只存在于他的活的身体中的劳动力本身当作商品出卖。"[②]

　　当劳动力成为商品之后，它的背后又掩藏着什么秘密呢？马克思指出，亚当·斯密遇到了两个问题：一是价值规律不适用于雇佣劳动，即劳动力的买卖并非按照等价原则来交换；二是商品（作为资本）的价值增殖不是同它所包含的劳动成比例，而是同它所支配的他人劳动成比例，它所支配的他人劳动量大于它本身所包含的劳动量。对于这些问题，李嘉图并没有回答，甚至于他可能没有发现这一问题。李嘉图只是满足于确定这样一个事实：劳动作为特殊商品与其他商品的区别在于，前者是活劳动，后者是对象化劳动。马克思指出，"问题正是在于：劳动和劳动所交换的商

①　参见［德］卡尔·马克思：《资本论》（第1卷），人民出版社2004年版，第195页。

②　［德］卡尔·马克思：《资本论》（第1卷），人民出版社2004年版，第196页。

品为什么不按价值规律进行交换，不按劳动的相对量进行交换？"①更简单一点，问题就是劳动与工资之间为什么不能实现等价交换。以价值规律作为前提，问题也就无法解决了。

那么，劳动的价值是如何决定的？李嘉图正确地指出，劳动的价值（平均工资）是由在一定社会中为维持工人生活并延续其后代传统上所必需的生活资料决定的。于是，关键的问题就出来了：根据什么规律、什么原因，劳动的价值必须如此决定？李嘉图并没有回答，或者，他无法回答。因为李嘉图"不理解资本的生产性，不理解资本强制要求剩余劳动，一方面是强制要求绝对剩余劳动，其次是资本具有追求缩短必要劳动时间的内在欲望"②。最终，李嘉图没能提出剩余价值理论。

马克思提出劳动力范畴："直接同工资交换的，不是劳动，而是劳动力。"③工人出卖的不是劳动而是劳动力，而资本家支付工资的根源在于工人能够提供剩余劳动。这就为剩余价值理论奠定了坚实的基础，也为其设计未来的、合理的社会秩序奠定了坚实的伦理基础。

其次，劳动力范畴具有重要的历史价值。马克思认为，经济范畴都带有自己的历史痕迹。劳动力范畴同样是一个历史的概念。从奴隶社会开始，劳动者、剩余劳动、剩余产品、商品、流通、买卖等经济现象一直是历史地存在着，但只有进入资本主义生产方式之后，劳动力的价值才能被认可。只有在资本主义生产方式状态下，全部产品或至少大部分产品都采取了商品的形式，并且，社会分工达到极高程度，产品的使用价值与交换价值的分离已经完成，这时劳动力才有可能变成商品。

资本同样地有着特定的历史前提。"有了商品流通和货币流通，决不是就具备了资本存在的历史条件。只有当生产资料和生活资料的占有者在

①《马克思恩格斯全集》（第34卷），人民出版社2008年版，第450页。
②《马克思恩格斯全集》（第34卷），人民出版社2008年版，第458页。
③《马克思恩格斯全集》（第26卷），人民出版社1973年版，第19页。

市场上找到出卖自己劳动力的自由工人的时候，资本才产生。"① 劳动力与资本，都是资本主义生产方式的关键范畴，二者的相遇，才产生了雇佣劳动制度，它构成现代社会最基本的社会组织形式，正是在这个意义上，马克思断言："单是这一历史条件（即当生产资料和生活资料的占有者在市场上找到出卖自己劳动力的自由工人的时候）就包含着一部世界史。"②

最后，劳动力范畴具有重要的伦理价值，它使人的价值在经济领域中得以彰显。关于劳动力商品的价值构成，马克思作了如下论述：第一，劳动力的价值是由生产及再生产这种特殊物品所必需的劳动时间决定的。第二，劳动力是存在于活的个体中的能力。因此，劳动力的生产必须以活的个人的存在为前提。劳动力的生产也就是这个个体本身的再生产或维持。而活的个人要维持自己，必须有一定量的生活资料。这样，劳动力的价值就可以归结为维持劳动力占有者所必要的生活资料的价值。第三，劳动力的价值具体包括三个方面的内容，一是维持劳动者本人生活所必要的生活资料的价值；二是维持劳动者子女所必要的生活资料的价值；三是劳动者的训练、教育费用。劳动力作为商品的根本价值就在于它是活劳动，它的主体是人，是需要生存与繁衍后代的人，他要求获得正常的生活状态，包括传统或文化、习俗赋予的某些特定的习惯和生活要求等。据此，劳动力虽然是商品，但是它的不同之处在于，"劳动力的价值规定包含着一个历史的和道德的因素"③。

经济运行自有其规律。经济规律作为科学规律，自有其自然的、不以人的意志为转移的运行轨道。但是，人是经济领域中最根本的要素，人的生存与发展，人的需要、情感、健康等关乎人伦的物质的和精神的元素，也是经济生活中必须关注、重视的要务。国民经济的发展，是为了满足人

---

① ［德］卡尔·马克思：《资本论》（第1卷），人民出版社2004年版，第198页。

② ［德］卡尔·马克思：《资本论》（第1卷），人民出版社2004年版，第198页。

③ ［德］卡尔·马克思：《资本论》（第1卷），人民出版社2004年版，第199页。

的需要，实现人类的共同发展，这是启蒙运动以来，西方经济学家认可并宣扬的观念。马克思的问题是，国民经济的发展真正实现了启蒙哲学所倡导的自由、平等与进步吗？

马克思在《资本论》第一卷中对此集中进行了批判：

> 劳动力的买和卖是在流通领域或商品交换领域的界限以内进行的，这个领域确实是天赋人权的真正伊甸园。那里占统治地位的只是自由、平等、所有权和边沁。自由！因为商品例如劳动力的买者和卖者，只取决于自己的自由意志。他们是作为自由的、在法律上平等的人缔结契约的。契约是他们的意志借以得到共同的法律表现的最后结果。平等！因为他们彼此只是作为商品占有者发生关系，用等价物交换等价物。所有权！因为每一个人都只是支配自己的东西。边沁！因为双方都只顾自己。使他们连在一起并发生关系的唯一力量，是他们的利己心，是他们的特殊利益，是他们的私人利益。正因为人人只顾自己，谁也不管别人，所以大家都是在事物的前定和谐下，或者说，在全能的神的保佑下，完成着互惠互利、共同有益、全体有利的事业。①

马克思在这里对资产阶级的核心价值理念——天赋人权，进行了全面的批判。什么是自由？没错，在劳动力买卖的过程中实现了最大的自由，双方的行动都取决于各自的自由意志。没有强迫，一切都是自由自愿的结果。而且，这个自由意志的结果受到法律的确证和保护，但是，如果对买卖双方进行观察，就会发现，资本家才真正享有完全的自由，而工人的自由是有限的。"一方面，工人是自由人，能够把自己的劳动力当作自己的商品来支配；另一方面，他没有别的商品可以出卖，自由得一无所有，没

---

① ［德］卡尔·马克思：《资本论》（第1卷），人民出版社2004年版，第204—205页。

有任何实现自己的劳动力所必需的东西。"① 换句话说，正是工人的绝对贫穷实现了资本家的充分自由。什么是平等？劳动力的买卖是等价交换吗？不。劳动力作为特殊的商品，其特殊之处就在于用活劳动与物化劳动进行交换。资本家购买的是未来的或可预期的劳动能力（包括劳动时间），他购买的目的就是要获得更多的剩余劳动，因此，劳动力的交换过程就必须是非等价交换，就必须是以较多的活劳动与较少的物化劳动交换。这正是雇佣劳动制度存在的历史前提。资本不需要平等吗？它们也需要。当资本与资本竞争之际，它们也强调平等。在工人争取工作日的斗争中，资本也要求统一的法律来确立工作日的界限。马克思尖锐地指出："平等地剥削劳动力，是资本的首要的人权。"② 什么是所有权？资本家拥有货币，劳动者拥有劳动力。法律保障了各自的所有权，这实际上就是确认富有者与贫困者的自然的及社会的差距。它保障了富人永远富有，穷人永远贫穷。什么是边沁？边沁的功利主义认为人天性自私自利，人们都只为自己打算。在市场这只看不见的手的指引下，在人人都为自己谋利的过程中，社会利益实现了最大化。在充分市场机制下，生产力得到快速发展，商品日益充沛，所有社会成员都受益，但是，市场运行机制必然导致资本的集中与垄断，最终导致劳动者处于极其不利的地位，并导致经济危机的发生，甚至导致整个经济生活的崩溃。所有这些，都是资产阶级及其理论家不愿意承认的。因为他们看不到，也不愿意承认资本、劳动力等这些最核心的经济范畴的历史前提，也不愿意正视它们的历史演化历程。在商品交换这个比较纯粹的领域中，似乎所有天赋人权得到最充分的验证，但是，一离开这个简单的商品交换领域，一切都改变了：

> 原来的货币占有者作为资本家，昂首前行；劳动力占有者作

---

① ［德］卡尔·马克思：《资本论》（第 1 卷），人民出版社 2004 年版，第 197 页。

② ［德］卡尔·马克思：《资本论》（第 1 卷），人民出版社 2004 年版，第 338 页。

为他的工人，尾随于后。一个笑容满面、雄心勃勃；一个战战兢兢，畏缩不前，像在市场上出卖了自己的皮一样，只有一个前途——让人家来鞣。①

缺乏历史的眼光，采用静止的思维模式，当然看不到资本与劳动之间的对立，而只看到所谓前定的、自然的和谐状态。"代表价值本身的资本家与只是作为工人的工人相对而言对立，因而自行增殖的价值，即自行增殖的对象化劳动与创造价值的活的劳动之间的对立，是这种关系的实质和真正的内容。两者作为资本和劳动，作为资本家和工人互相对立着。"②个中存在的，不仅仅是对立与矛盾，还有工人阶级的普遍的恶劣的生存状态，还有冲突与革命的潜在趋势。

通过对资产阶级天赋人权的批判，劳动力范畴内蕴的道德与伦理价值得以彰显。劳动力这个特殊商品背后，表征的是人的能力、人的力量。只有认可劳动力并非简单的商品，而是意味着一个个活生生的人，他们有利益、有需求、有情感、有梦想，才能真正实现从人性、人道、人的解放视角去思考问题。启蒙运动致力于调整或重构合理的经济秩序与社会秩序，启蒙哲学所倡导的正义秩序，也只有在劳动力这个新经济范畴的根基上，才能得以展开。

正是马克思对劳动力的商品性质进行了最强有力的批判，资本主义国家开始产生新的劳动与资本关系理论。经过近百年的发展，西方劳资关系学已经成为一门比较成熟的学科。它的核心前提就是：劳动力不是商品。劳资关系学认为劳动力不是简单的商品，劳动者通过劳资关系来满足社会公正、平等和自我实现的需要，来实现劳资关系的社会福利功能。劳资关系政策的目标至少应该兼顾效率、公平和发言权，即应体现对劳动者

---

① ［德］卡尔·马克思：《资本论》（第 1 卷），人民出版社 2004 年版，第 205 页。

② 《马克思恩格斯全集》（第 32 卷），人民出版社 1998 年版，第 46 页。

人性尊严和人性自由的尊重，应保障劳动者的民主参与。① "劳动力不是商品" "劳动者是人"，当这些命题成为经济与社会领域的基本命题时，马克思的劳动力范畴就实现了它最大的伦理与道德价值。

三、关于"文明暴行"的伦理批判

马克思强烈地谴责了过度劳动的"文明暴行"。此种暴行源于绝对剩余价值的生产。在资本主义生产方式中，商品的生产过程必定是劳动过程与价值形成过程的统一，即资本的生产目的不仅是使用价值，更重要的是生产价值及剩余价值。商品的价值源于何处？马克思认为："每个商品的价值都是由物化在该商品的使用价值中的劳动的量决定的，是由生产该商品的社会必要劳动时间决定的。"②

如何衡量剩余劳动？马克思把生产劳动的时间划分为必要劳动时间③和剩余劳动时间。工人在劳动过程的一段时间内，只是生产自己劳动力的价值，即只是生产他的必要的生活资料的价值，这部分工作日就是必要劳动时间；而工人超出必要劳动的界限做工的时间，就是剩余劳动时间。马克思指出："把价值看作只是劳动时间的凝结，只是对象化的劳动，这对于认识价值本身具有决定性的意义，同样，把剩余价值看作只是剩余劳动时间的凝结，只是对象化的剩余劳动，这对于认识剩余价值也具有决定性的意义。"④这个规定使雇佣劳动与其他各种社会形态的劳动形式区别开来，

---

① 参见江永众、程宏伟：《劳动关系研究的多学科比较——基于劳动经济学和人力资源管理学的视角》，载《学术研究》2012 年第 5 期，第 92 页。

② ［德］卡尔·马克思：《资本论》（第 1 卷），人民出版社 2004 年版，第 218 页。

③ 此处的"必要劳动时间"主要对一个工作日内的工人劳动进行性质上的区分，以便于考察剩余价值率。而前一段落中的"社会必要劳动时间"主要指商品价值的来源，是经过抽象的概念。这两个概念有区别，马克思已在《资本论》第 1 卷第 250 页的注解中给予说明。

④ ［德］卡尔·马克思：《资本论》（第 1 卷），人民出版社 2004 年版，第 251 页。

即雇佣劳动是直接从生产者身上榨取剩余劳动。

如何计算剩余价值率？这里还需要引入两个概念，不变资本与可变资本。不变资本指转变为生产资料的那部分资本，它在生产过程中并不改变自己的价值量。而转变为劳动力的那部分资本是可变资本，它在生产过程中改变自己的价值，即它生产剩余价值，使资本从不变量转化为可变量。剩余价值率就是剩余价值与可变资本之比，即 m∶v，这个公式也可转化为剩余劳动与必要劳动之比，当然也就可以进一步转化为，剩余价值率＝剩余劳动时间∶必要劳动时间。

剩余价值率就是剩余价值与可变资本之比，即 m∶v，这是最基本的公式。其中的计算方法马克思简述如下：把全部产品价值拿来，使其中只是再现的不变资本价值等于零。[1] 对于把不变资本变为零，是受争议的，因为这种计算方法抹杀了不变资本的作用。熊彼特指出："如果劳动数量价值理论是正确的话，它也只能根据合理的成本市场计算才是正确的：只有在经济上使用的（社会必要劳动的）劳动数量才能创造价值。"[2] 这即是强调经济的规模效应，即只有工厂的规模生产前提下，马克思的剩余价值率才有合理性。那么，马克思为什么要把不变资本变为零，把资本的前期积累意义撇开呢？其目的是：这样可最大限度地反映劳动力在生产过程中的作用和意义，也最大限度地反映工人受剥削的程度。"剩余价值率是劳动力受资本剥削的程度或工人受资本家剥削的程度的准确表现。"[3] 因而，虽然存在争议，马克思的剩余价值率公式仍然最深刻地反映了资本主义生产方式的本质，并且它反映了资本主义生产方式原始积累的血腥与残暴。这个公式对资本主义制度的批判也就达到前所未有的程度。

---

① 参见［德］卡尔·马克思：《资本论》（第 1 卷），人民出版社 2004 年版，第 252 页。

② ［美］约瑟夫·熊彼特著，杨敬年译：《经济分析史》（第 2 卷），商务印书馆 2001 年版，第 428 页。

③ ［德］卡尔·马克思：《资本论》（第 1 卷），人民出版社 2004 年版，第 252 页。

对于资本而言，既然剩余劳动时间如此重要，如何攫取它，就成为资本的宿命。工作日是一个可变量，其下限是必要劳动时间，这无须讨论。工作日的最高界限取决于两个方面：一是劳动力的身体界限，即劳动力吃饭、睡觉、盥洗等基本的生理需要；二是工作日的道德界限，即工人必须有时间满足精神需要和社会需要，这些需要的范围和数量由一般的文化状况决定。工作日该如何界定？这首先取决于资本。"资本只有一种生活本能，这就是增殖自身，创造剩余价值，用自己的不变部分即生产资料吮吸尽可能多的剩余劳动。"[①]资本就像吸血鬼一样，它依靠吮吸活劳动来保持它的生命力。过度劳动的"文明暴行"，必然成为资本主义生产方式的附属物。

逼迫工人过度劳动的"文明"行径，其本身经历了一个长期的演化过程。从 14 世纪至 18 世纪中叶，资本必须借助国家政权的强制力量，即通过劳工法，逼迫工人接受法定的并不断延长的工作日。"资本经历了几个世纪，才使工作日延长到正常的最大极限，然后超过这个极限，延长到 12 小时自然日的界限。此后，自 18 世纪最后三十多年大工业出现以来，就开始了一个像雪崩一样猛烈的、突破一切界限的冲击。习俗和自然、年龄和性别、昼和夜的界限，统统被摧毁了。"[②]以童工为例。马克思从 1860 年和 1863 年制陶业的相关官方报告中摘录了一些儿童本人的证词。如：

> 威廉·伍德，9 岁，"从 7 岁零 10 个月就开始做工"。一直是"运模子"（把已经入模的坯子搬到干燥房，再把空模搬回来）。他每周天天早晨 6 点上工，晚上 9 点左右下工。"我每周天天都干到晚上 9 点钟。例如最近七八个星期都是这样。"就是说，一个 7 岁的孩子竟劳动 15 小时！[③]

---

① ［德］卡尔·马克思：《资本论》（第 1 卷），人民出版社 2004 年版，第 269 页。

② ［德］卡尔·马克思：《资本论》（第 1 卷），人民出版社 2004 年版，第 320 页。

③ ［德］卡尔·马克思：《资本论》（第 1 卷），人民出版社 2004 年版，第 283 页。

资本"零敲碎打地偷窃"工人吃饭时间和休息时间的这种行为，更是资本家的惯用伎俩：

> "有一位很可敬的工厂主对我（工厂视察员，引者注）说：如果你允许我每天只让工人多干 10 分钟的话，那你一年就把 1000 镑放进了我的口袋。"①

当时间成为利润的要素，成为利润的直接源头，巧取豪夺工人的无酬劳动，也就成为资本家竞争的基础及重要内容。同时，由于不变资本即生产资料的存在，它迫使劳动过程的延续。如果生产资料闲置，就给资本家造成消极的损失；如果要恢复中断的生产，就必须追回开支，这就给资本家造成积极的损失。因此，在一昼夜 24 小时内都占有劳动，是资本主义生产的内在要求。

> 资本无限度地盲目地追逐剩余劳动，像狼一般的贪求剩余劳动，不仅突破了工作日的道德极限，而且突破了工作日的纯粹身体的极限。它侵占人体的成长、发育和维持健康所需要的时间。它掠夺工人呼吸新鲜空气和接触阳光所需要的时间。它克扣吃饭时间，尽量把吃饭时间并入生产过程本身，因此对待工人就像对付单纯的生产资料那样，给他饭吃，就如同给锅炉加煤、给机器上油一样。②

在资本面前，人降格为机器或原料，劳动力作为人的特性已经消失了。马克思指出，最能说明问题的是，人们把那些全天劳动的工人叫作"全日工"，把 13 岁以下的只准劳动 6 小时的童工叫作"半日工"。"在这里，工人不过是人格化的劳动时间。一切个人之间的区别都化成'全日工'和

---

① ［德］卡尔·马克思：《资本论》（第 1 卷），人民出版社 2004 年版，第 281 页。
② ［德］卡尔·马克思：《资本论》（第 1 卷），人民出版社 2004 年版，第 306 页。

'半日工'的区别了。"①

　　资本是一个贪得无厌的怪兽，它既不关心劳动力寿命的长短，也不关心劳动力的健康问题，它唯一关心的是如何在有限的工作日内最大限度地使用劳动力。甚至于，它靠缩短劳动力的寿命来达到这一目的。马克思不得不痛斥："资本主义生产几乎是昨天才诞生的，但是它已经多么迅速多么深刻地摧残了人民的生命根源。"②这种摧残，并不取决于个别资本家的善意或恶意。因为资本家也成为资本运行上的一个齿轮，他们自身也工具化了，即成为资本的工具。"自由竞争使资本主义生产的内在规律作为外在的强制规律对每个资本家起作用。"③

　　还有一个小问题也许需要强调一下：工人拥有自由的人身权利，他们完全可以选择离开工厂，因此不能责怪资本家的贪婪。这就涉及资本主义生产方式的发展及雇佣劳动制度的起源。简单回答是，当资本主义生产方式开始成为占统治地位的生产方式，当"圈地运动"剥夺了农民的土地，把农民驱赶到城市，当他们一无所有之际，出卖劳动力是他们唯一的出路。如，面包工人被官方列为短命的工人，很少活到42岁。可是，等着去面包业做工的人总是非常之多。就伦敦来说，这种"劳动力"的来源是苏格兰、英格兰本部农业区以及德国。④除了特殊时期，资本家知道：过剩人口，即同当前资本增殖的需要相比较的过剩人口，是经常存在的。⑤

　　因此，资本自身是不会关心工人健康与寿命的，但实际中工人的境遇还是有了改善，这源于两方面的原因：一是国家政权主体的主动干涉。虽然国家机器控制在资产阶级手中，但国家作为一个独立的政权组织形式，它的

----

① ［德］卡尔·马克思：《资本论》（第1卷），人民出版社2004年版，第281页。
② ［德］卡尔·马克思：《资本论》（第1卷），人民出版社2004年版，第311页。
③ ［德］卡尔·马克思：《资本论》（第1卷），人民出版社2004年版，第312页。
④ 参见［德］卡尔·马克思：《资本论》（第1卷），人民出版社2004年版，第291页。
⑤ 参见［德］卡尔·马克思：《资本论》（第1卷），人民出版社2004年版，第310页。

存在即意味着某种独立性，尤其是现代国家。以英国为例，它采取君主立宪制，君主作为一种历史的、传统的力量，本身即意味着某种程度的独立性。而君主作为王国的首领，他需要考虑王国的整体利益，即君王并非完全是资产阶级利益的俘虏。关于这一点，亚当·斯密的著作中有较全面的认识。斯密始终告诫立法者，对商人集团的要求或动议要保持某种警惕性。如果国民的健康、身高与寿命等遭受显而易见的严重损害，相关的立法与行政机构会进行干预。如，英国有独立的调查委员会。《童工调查委员会。第1号报告》指出："一个在全世界人们的心目中占有如此卓越地位的行业，不能再容忍这种可耻的现象：它依靠工人的劳动和技巧，取得了光辉的成就，但伴随而来的是，工人身体退化，遭受种种折磨，早期死亡。"①

英国的工厂法就是对贪欲的限制。"英国的工厂法是通过国家，而且是通过资本家和地主统治的国家所实行的对工作日的强制的限制，来节制资本无限度地榨取劳动力的渴望。……盲目的掠夺欲……使国家的生命力遭到根本的摧残。英国的周期复发的流行病和德法两国士兵身长的降低，都同样明白地说明了这个问题。"②工厂法的颁布，不但是国家主动行为的结果，更是工人运动的结果。马克思指出，正常工作日的规定，是几个世纪以来资本家和工人之间斗争的结果。从14世纪到18世纪，有两种对立的倾向，资本家试图通过劳工法强制地延长工作日，而工人阶级则试图通过工厂法强制地缩短工作日。

关于争取正常工作日的斗争，马克思分别考察了英国工厂的立法史及主要资本主义国家的立法史。英国的工厂立法史具有典型意义，"1833年到1864年的英国工厂立法史，比任何东西都更能说明资本精神的特征！"③1833年的法令规定，工厂的普通工作日应从早晨5点30分开始，

---

① ［德］卡尔·马克思：《资本论》（第1卷），人民出版社2004年版，第285页。
② ［德］卡尔·马克思：《资本论》（第1卷），人民出版社2004年版，第277页。
③ ［德］卡尔·马克思：《资本论》（第1卷），人民出版社2004年版，第321页。

到晚上 8 点 30 分结束。即普通工作日为 15 小时。这 15 小时是成年工人及少年工人（13—18 岁）的合法界限。但是，为了更多地使用童工，即13 岁以下的工人，工厂主们发明了复杂的换班制度并盛行起来，工厂视察员只能无奈地证明，"在新发明的换班制度下不可能实行任何监督"①。

1838 年后，工人们把十小时工作日法案当作经济上的竞选口号。经过斗争，1848 年 5 月 1 日《十小时工作日法案》开始生效。但工厂主们普遍把工资降低 25% 以抵制新的法案。与此同时，工人争取政治权利的宪章运动失败了，工人阶级到处被排除在法律保护之外，并受到迫害。工厂主们依然使用换班制度来为所欲为。工厂视察员只能再次无可奈何地回答："在这种换班制度下，任何监督制度都不能阻止过度劳动的广泛流行。"②最终结果是，资本家支配劳动力 12 小时或 15 小时，而只支付 10 小时的工资。"这就是问题的实质，这就是工厂主对十小时法令的解释！"③而当初这些主张自由贸易的资本家们为了拉拢工人阶级作为他们反对谷物法的同盟者，曾许诺工人们，在自由输入粮食后，英国只需实行十小时工作日就足以使资本家发财致富了。工人们在兰开郡与约克郡举行声势浩大的聚会表示抗议。在强烈的阶级对抗态势下，1850 年新的工厂法修正条例颁布。双方达成妥协，工人放弃了十小时工作日法令的利益，工作日延长了一些，换班制度也结束了，工人们都能以统一的时间上下班。"1850 年的工厂法把受它约束的工业部门的全体工人的工作日都纳入法律限制之内了"④，为了获得这样一个胜利，从第一个工厂法颁布以来，"到这时已经过去半个世纪了"⑤。马克思在考察了英国工厂法的历史后，有如下结论：

---

① ［德］卡尔·马克思：《资本论》（第 1 卷），人民出版社 2004 年版，第 324 页。
② ［德］卡尔·马克思：《资本论》（第 1 卷），人民出版社 2004 年版，第 335 页。
③ ［德］卡尔·马克思：《资本论》（第 1 卷），人民出版社 2004 年版，第 336 页。
④ ［德］卡尔·马克思：《资本论》（第 1 卷），人民出版社 2004 年版，第 340 页。
⑤ ［德］卡尔·马克思：《资本论》（第 1 卷），人民出版社 2004 年版，第 341 页。

　　用钟声来指挥劳动的期间、界限和休息的细致的规定，决不是议会设想出来的。它们是作为现代生产方式的自然规律从现存的关系中逐渐发展起来的。它们的制定、被正式承认以及由国家予以公布，是长期阶级斗争的结果。①

商品经济要求自由、平等、所有权，但当权利与权利冲突之际，即资本榨取剩余劳动的权利与工人生存和发展的权利相冲突时，矛盾如何解决？

　　权利同权利相对抗，而这两种权利都同样是商品交换规律所承认的。在平等的权利之间，力量就起决定作用。所以，在资本主义生产的历史上，工作日的正常化过程表现为规定工作日界限的斗争，这是全体资本家即资本家阶级和全体工人即工人阶级之间的斗争。②

英国工厂法的立法史，以及法国工人与美国工人争取工作日界限的斗争，都明确地揭示了现代社会新的政治架构，也预示了社会前进的新的动力机制。

正常工作日的确立是资本家阶级和工人阶级之间长期的隐蔽的内战的结果，这个结果表明，孤立的工人，可以自由出卖劳动力的工人，无法抵抗资本强势的剥削与统治。当工人与资本家订立契约时，他确实是自由人，他确实可以自由地支配自己。但是，契约生效之后，他却发现，他不再是"自由的当事人"，他实际上是被迫出卖劳动力，而且他无法保护自己抵御资本的残酷压榨。"工人必须把他们的头聚在一起，作为一个阶级来强行争得一项国家法律，一个强有力的社会屏障，使自己不致再通过自

---

① ［德］卡尔·马克思：《资本论》（第 1 卷），人民出版社 2004 年版，第 326 页。
② ［德］卡尔·马克思：《资本论》（第 1 卷），人民出版社 2004 年版，第 272 页。

愿与资本缔结的契约而把自己和后代卖出去送死和受奴役。"① 因此，1850年英国工厂法修正条例的颁布，最朴素地体现了工人阶级的权利要求，它比"天赋人权"这类抽象的口号或宪法条目更确切地保障了工人的生存。当然，"天赋人权"的启蒙意义、伦理指向及其法理性价值，也是不可否认的。马克思由衷地赞扬英国工人阶级运动："斗争是在现代工业范围内开始的，所以它最先发生在现代工业的发源地英国。英国的工厂工人不仅是英国工人阶级的先进战士，而且是整个现代工人阶级的先进战士。"②

关于资本主义生产方式的"文明暴行"，马克思的逻辑并不复杂。他首先说明资本主义生产方式导致雇佣劳动制度的必然性，然后肯定了雇佣劳动制度的文明价值——这是历史的进步，它表征着自由、平等、权利等启蒙运动所倡导的新价值新秩序，然而，马克思的伟大在于，他比同时代的人更深切地看到时下的"天赋人权"在本质上是资产阶级的专利。马克思最强烈地、最有力地批判了资本强权对工人阶级的剥削与压榨，同时，他看到资产阶级如何利用政治权利为其利益服务，而现存政治又是如何为资产阶级左右，更重要的是，他看到了工人阶级的斗争虽然无比艰辛与曲折，但终归为本阶级争取了一些权益，因此，马克思决心鼓吹联合与革命。既然启蒙运动所许诺的自由与平等的秩序的世界并没有降临，既然上帝的施舍无望，那么，唯有联合起来，通过力量来争取权利，通过实力来重整秩序。虽然马克思不愿意使用资本主义理论体系的正义概念，但马克思所期望的新秩序新伦理却仍然以正义为内核。马克思更喜欢使用自由与解放来描绘他的新世界图景，但是，我们一定不要忘记，只有建立合理的，即符合马克思正义原则的新秩序，自由与解放才具备实现的前提条件。

---

① ［德］卡尔·马克思：《资本论》（第1卷），人民出版社2004年版，第349页。
② ［德］卡尔·马克思：《资本论》（第1卷），人民出版社2004年版，第346页。

第三节　马克思对相对剩余价值的伦理批判

　　马克思把通过延长工作日而生产的剩余价值称为绝对剩余价值，把通过缩短必要劳动时间、相应地改变工作日的两个组成部分的量的比例而生产的剩余价值，称为相对剩余价值。相对剩余价值主要通过提高劳动生产率实现。资本主义生产方式内在的竞争性，使降低成本、提高劳动生产率成为资本的内在冲动。协作与分工、采用机器生产、改进生产技术是提高相对剩余价值的主要途径。

一、马克思关于协作与分工的伦理批判

　　协作是资本主义生产过程固有的并表示其特征的历史形式。因为资本主义生产的直接目标就是追求规模效应。资本的扩张，使较多的工人在同一时间、同一空间中积聚，在同一资本家的指挥下工作，这在历史上及概念上都是资本主义生产的起点。"许多人在同一生产过程中，或在不同的但互相联系的生产过程中，有计划地一起协同劳动，这种劳动形式叫做协作。"① 资本主义生产方式的协作与传统的协作有着根本区别。在前资本主义时代，简单协作早已存在，大规模的协作也不鲜见，如举办浩大的工程、修造巨大的建筑物等。二者的根本区别在于，前资本主义生产方式下的协作以直接的统治关系或奴役关系为基础，并且大多数以奴隶制为基

----

　　① ［德］卡尔·马克思：《资本论》（第 1 卷），人民出版社 2004 年版，第 378 页。

础，而资本主义的协作形式一开始就以雇佣劳动制度为基础。故资本主义生产方式下的协作自出现即表现为同传统的生产过程相对立的资本主义生产过程的特有形式。当协作与资本结合，它就产生了质的变化："一方面，资本主义生产方式表现为劳动过程转化为社会过程的历史必然性，另一方面，劳动过程的这种社会形式表现为资本通过提高劳动过程的生产力来更有利地剥削劳动过程的一种方法。"①

协作带来的直接效益是节约。大量的人员与物质在空间上的集合，即劳动条件的集合，这个形式本身就表现为社会化过程。大规模的社会性劳动，将带来生产活动的根本性变革。协作创造了新的生产力。单个劳动者的力量总和，与多个劳动者共同完成某一操作所发挥的社会力量存在本质差别。集合劳动不仅是通过协作提高了个人的生产力，更重要的是，它创造了一种生产力，即集体的力量。首先，协作带来空间上的节约。总劳动必然要分解为不同的劳动阶段。在协作中，劳动对象可以更快地通过这些阶段，即劳动对象在比较短的时间内通过同样的必需空间。比如一座建筑物同时从各个方面动工兴建，可以实现产品的不同空间部分的同时成长。总之，一方面，协作可以相对地在空间上缩小生产领域，节约生产费用，另一方面，协作可以扩大劳动的空间范围，突破个体性劳动的局限。其次，协作带来时间上的节约。在复杂劳动过程中，如果把不同的劳动操作分配给不同的人，进而实现同时进行这些操作，这可缩短制造总产品所必要的劳动时间，以及减少不必要的损失。再次，协作可提升劳动者的精神力量。人是天生的社会性动物。分离、隔绝状态将使人性退化。故在大多数的生产劳动中，社会接触通常能引起竞争心理和刺激精神振奋，从而提高每个人的工作效率。因而，因结合而产生的特殊生产力就是社会生产力。"劳动者在有计划地同别人共同工作中，摆脱了他的个人局限，并发

———————
① ［德］卡尔·马克思：《资本论》（第1卷），人民出版社2004年版，第389页。

挥出他的种属能力。"①

协作发挥作用的前提条件，或协作的范围与生产的规模取决于资本的积聚程度。当较大量的生产资料与雇佣工人聚合在一起之后，资本家的命令就成为生产场所不可或缺的命令。即资本家的指挥成为劳动过程的必要条件，也就成为生产的必要条件。也就是在规模化的生产活动中，资本家的职能就是管理、监督及协调。那么，这种管理的职能作为资本的特殊职能到底是什么性质的职能？资本家的管理活动即为生产过程必要条件，则资本家的收入可视为管理的报酬，也是劳动工资的组成部分。这是颇为流行的看法。马克思认为，资本的本性是追逐剩余劳动，则资本家作为资本的执行者，其本能就是尽可能多地剥削劳动力，因而，资本家的管理活动"不仅是一种由社会劳动过程的性质产生并属于社会劳动过程的特殊职能，它同时也是剥削一种社会劳动过程的职能"②。既然剥削者与被剥削对象之间不可避免地存在对抗性，那么，资本的管理职能与劳动阶级的利益之间也就不可避免地存在对抗性。同时，资本主义生产管理的专制性也就与社会大生产的民主性相对立。

马克思充分肯定资本主义生产方式下的协作所产生的巨大能量，但是，马克思并没有就此止步。在批判剥削的基础上，马克思进一步批判了协作这一历史形式所隐藏的不合理之处。首先，马克思反复指出资本主义生产方式中存在的根本性的不可避免的内在矛盾性，协作形式也是如此，其存在诸多对抗性。如前面已论述的管理活动与生产活动的对立。马克思着重指出，协作的根本意义是节约费用与提高生产能力，然而这些内容与生产的主体——工人之间并不存在关联，"在资本主义生产中，劳动条件作为某种独立的东西而与工人相对立，所以劳动条件的节约也表现为一种

---

① ［德］卡尔·马克思：《资本论》（第 1 卷），人民出版社 2004 年版，第 382 页。

② ［德］卡尔·马克思：《资本论》（第 1 卷），人民出版社 2004 年版，第 384 页。

与工人无关、因而与提高工人的个人生产率的方法相脱离的特殊操作"[①]。节约的终极目的是资本的自行增殖，而非人的需要。实际上，协作强化了工人作为资本附属物的地位。其次，协作产生新的强大的社会生产力，但这种社会生产力的收益全部归资本家所有，劳动者本人却没有分享相应的利益。因为工人与资本家签订劳动力买卖合同时，他出卖的只是他自己的劳动力，而资本家也是分别地购买每一份劳动力。以雇佣 100 个工人为例，资本家"支付的是 100 个独立劳动力的价值，而不是 100 个结合劳动力的价值"[②]。马克思指出："只要把工人置于一定的条件下，劳动的社会生产力就无须支付报酬而发挥出来，而资本正是把工人置于这样的条件之下的。因为劳动的社会生产力不费资本分文。"[③]劳动的社会生产力收益要归功于资本，但又不能仅仅归功于资本。作为社会生产的主要承担者——工人群体应当分享某种程度的合理权益，这是正义伦理的要求。

在生产过程中，协作的基础是分工。或者说，分工就是协作的特殊表现形式。研究分工就必须追溯到工场手工业时期。工场手工业是二重性存在的生产状态。一方面，它是不同种类的手工业的结合，而这些手工业经过长期的片面化发展，已经变成商品生产过程中的局部操作，即不再是独立的、完全的手工业活动，而只是某项技能；另一方面，工场手工业为了提升协作效率，它把手工业的不同的操作孤立化，使每一种操作都变成一个特殊工人的专门职能。因此，工场手工业发展了分工，同时又把各种分工有效地结合起来，"它的最终形态总是一样的：一个以人为器官的生产机构"[④]。"器官"一词可谓马克思关于分工对工人所造成的影响的最确切的概括了。长期或终生从事简单操作的工人，已经把自己的整个身体转化为

---

① ［德］卡尔·马克思：《资本论》（第1卷），人民出版社 2004 年版，第 378 页。

② ［德］卡尔·马克思：《资本论》（第1卷），人民出版社 2004 年版，第 386 页。

③ ［德］卡尔·马克思：《资本论》（第1卷），人民出版社 2004 年版，第 387 页。

④ ［德］卡尔·马克思：《资本论》（第1卷），人民出版社 2004 年版，第 392 页。

生产流程的一个片面的器官了。"构成工场手工业活机构的结合总体工人，完全是由这些片面的局部工人组成的。"① 这正是马克思批判的，劳动生产力的提高，以工人退化为局部工人为代价，即以人的片面性发展为代价。"工场手工业把工人变成畸形物，它压抑工人多种多样的生产志趣和生产才能，人为地培植工人片面的技艺……不仅各种特殊的局部劳动分配给不同的个体，而且个体本身也被分割开来，转化为某种局部劳动的自动的工具……工场手工业工人按其自然的性质没有能力做一件独立的工作，他只能作为资本家工场的附属物展开生产活动。正像耶和华的选民的额上写着他们是耶和华的财产一样，分工在工场手工业工人的身上打上了他们是资本的财产的烙印。"② 当工人变成局部工人，智力上及身体上的畸形化发展使他的迟钝和无知必然达到无以复加的地步。马克思断言："分工从生命的根源上侵袭着个人。"③

分工与协作是工场手工业产生与发展的基础。马克思对工场手工业作了如下评价：

> 工场手工业分工不仅只是为资本家而不是为工人发展社会的劳动生产力，而且靠使各个工人畸形化来发展社会的劳动生产力。它生产了资本统治劳动的新条件。因此，一方面它表现为社会的经济形成过程中的历史进步和必要的发展因素，另一方面，它表现为文明的和精巧的剥削手段。④

由此可总结马克思关于分工与协作的批判：分工与协作都是社会生产方式演进的必然阶段，都体现了历史进步意义，然而，这种相对先进的生

---

① ［德］卡尔·马克思：《资本论》（第 1 卷），人民出版社 2004 年版，第 393 页。

② ［德］卡尔·马克思：《资本论》（第 1 卷），人民出版社 2004 年版，第 417—418 页。

③ ［德］卡尔·马克思：《资本论》（第 1 卷），人民出版社 2004 年版，第 420 页。

④ ［德］卡尔·马克思：《资本论》（第 1 卷），人民出版社 2004 年版，第 422 页。

产组织方式牺牲了工人的正常生存状态，并且其进步性所产生的效益大部分为资本攫取，劳动者阶层并没有从中获得相应的收益，所以，分工与协作都是资本剥削的文明手段。在此基础上，可以作出如下推论：只有分工与协作所产生的新的生产力及其收益为全社会共同享有，合理分配，才是真正合理、正当的状态。

二、马克思关于机器及大工业生产的伦理考察

工业革命使大工业生产代替了工场手工业，机器的大规模使用是其标志。机器与大工业的发展对现代社会的生产方式产生革命性影响，并推动社会有机体的重大变革。

机器生产对劳动阶层的影响可归结为六个方面。第一，扩大剥削领域。由于机器的使用，许多繁重的体力工作可用机械代替。妇女与儿童也可以轻松地操纵机器，于是，机器的使用为妇女和儿童进入工厂打开了大门。马克思指出，"资本主义使用机器的第一个口号是妇女劳动和儿童劳动"[1]。机器生产使工人家庭的全体成员都接受资本的直接统治，这增加了人身剥削材料，即扩大资本固有剥削领域的同时，也提高了剥削程度。第二，降低劳动力的价值。由于劳动力的价值取决于维持成年工人个人所必需的劳动时间及维持其家庭所必需的劳动时间。当机器把妇女与儿童吸进劳动力市场之后，男劳动力的价值就被分摊到他的家人身上。机器生产使男劳动力贬值了，而且，机器大规模应用的一个重要目的就是降低可变资本的比例，故从总体趋势判断，机器生产使劳动力的总体价值降低了。第三，制造过剩的劳动人口。机器的使用降低了就业的门槛，使更多的人口接受资本的支配，这必然导致部分工人从工厂中游离出来，成为过剩劳

---

① ［德］卡尔·马克思：《资本论》（第 1 卷），人民出版社 2004 年版，第 453 页。

动力。第四，延长工作日，使劳动资料获得独立性。机器作为资本的承担者，成为把工作日延长至超过自然界限的最有力的手段。人的劳作有生理界限，但机器却可以不停歇地运作，故机器生产可以满足资本要求 24 小时吸吮剩余劳动的贪欲。劳动资料也可以实现不停顿地生产，成为工业上的永动机，这使劳动资料作为资本获得了独立性。工人反而成为机器的附庸。第五，强化了生产过程中的专制性。机器生产对劳动过程的规则性、纪律性、划一性、秩序性、连续性等都提出越来越高的要求，管理部门也成为越来越重要的职能部门。现代工业发展了完整的工厂制度。"工人在技术上服从劳动资料的划一运动以及由各种年龄的男女个体组成的劳动体的特殊构成，创造了一种兵营式的纪律。"① 工厂主、资本家成为大工业的绝对立法者。工人不但在生产过程中听命于资本，而且工人的吃饭、喝水、睡觉、上厕所等私人事务都必须服从资本的命令。"资本在工厂法典中却通过私人立法独断地确立了对工人的专制。"② 在机器面前，自由成为必须否定的权利。第六，大工业生产改变了社会阶层的结构，扩大了"仆役阶级"。大规模机器生产增加了剩余价值，同时提高了各种消费品的产量及种类，这不但为资本家阶级及其仆役阶级提供更多更好的消费品，而且增加了仆役阶级本身。"大工业领域内生产力的极度提高，以及随之而来的所有其他生产部门对劳动力的剥削在内涵和外延两方面的加强，使工人阶级中越来越大的部分可能被用于非生产劳动，特别是旧式家庭奴隶在'仆役阶级'（如仆人、使女、侍从等等）的名称下越来越大规模地被再生产出来。"③

机器生产对工人阶级的命运产生了重大影响。随着机器在生产中的大规模运用，工人阶级也开始了反对劳动资料的斗争。当机器进入工厂成为

① ［德］卡尔·马克思：《资本论》（第 1 卷），人民出版社 2004 年版，第 488 页。
② ［德］卡尔·马克思：《资本论》（第 1 卷），人民出版社 2004 年版，第 488 页。
③ ［德］卡尔·马克思：《资本论》（第 1 卷），人民出版社 2004 年版，第 513 页。

劳动资料，它立刻变成工人本身的竞争者，因为资本主义的生产方式建立在雇佣劳动基础上，工人需要把劳动力作为商品出卖，如果机器代替了人手，则劳动力的交换价值与使用价值都消失了，劳动力就卖不出去了。"资本借助机器进行的自行增殖，同生存条件被机器破坏的工人的人数成正比。"[①] 大量的工人被排挤出工厂，面临着贫困与死亡的威胁。如 1834—1835 年英国的棉纺织机被引进印度之后，为织布工人带来灭顶之灾，"这种灾难在商业史上几乎是绝无仅有的。织布工人的尸骨把印度的平原漂白了"[②]。工人阶级开始了反对机器的历程。从私自破坏机器到组织游行示威，从自发到自觉，人与机器的斗争不断加剧而持久。

机器不仅自诞生之日起便自动成为工人阶级的极其强大的竞争者，更值得关注的是，机器"被资本公开地有意识地宣布为一种和雇佣工人敌对的力量并加以利用"[③]。为了应付工人反抗资本的罢工或周期性暴动，资本家开始加大引进机器的使用力度，机器不但减少了所需工人的人数，而且成为应对工人有组织罢工的最有力的武器。面对机器，工人被迫就范。"可以写出整整一部历史，说明 1830 年以来的许多发明，都只是作为资本对付工人暴动的武器而出现的。"[④] 随着机器与工人的斗争加剧，生产资料与劳动力之间的对立与对抗日益深化。

机器生产固然解放了人的躯体，但在资本主义生产方式占统治地位的地方，它也带来贬低人的价值，消解人的独立性与主体性的后果。马克思指出机器生产引发的两大悖论：一是现代经济学上的悖论，"即缩短劳动时间的最有力的手段，竟变为把工人及其家属的全部生活时间转化为受资

---

① ［德］卡尔·马克思：《资本论》（第 1 卷），人民出版社 2004 年版，第 495 页。

② ［德］卡尔·马克思：《资本论》（第 1 卷），人民出版社 2004 年版，第 497 页。

③ ［德］卡尔·马克思：《资本论》（第 1 卷），人民出版社 2004 年版，第 501 页。

④ ［德］卡尔·马克思：《资本论》（第 1 卷），人民出版社 2004 年版，第 501 页。

本支配的增殖资本价值的劳动时间的最可靠的手段"①。二是现代科技发展造成的悖论。在以机器为基础的大工业生产过程中，智力与体力劳动出现分离，智力转化为资本支配劳动的权力。"变成空虚了的单个机器工人的局部技巧，在科学面前，在巨大的自然力面前，在社会的群众性劳动面前，作为微不足道的附属品而消失了；科学、巨大的自然力、社会的群众性劳动都体现在机器体系中，并同机器体系一道构成'主人'的权力。"②机器的出现与发展，本应为人服务，应为人的生存与发展提供更有利的条件。但实践已经证明，机器本身成为劳动阶层的敌对力量，而且机器的应用加深了社会的矛盾与对抗性质，那么，这是机器的责任吗？是科学技术本身的责任吗？不。马克思早已明确地指出，这是资本主义生产方式的责任。"这些矛盾和对抗不是从机器本身产生的，而是从机器的资本主义应用产生的！"③机器本可以缩短劳动时间、降低劳动强度，是机器的资本主义应用延长了劳动时间、增加了劳动强度；机器本为人对自然力的胜利，但机器的资本主义应用却使人受到科学技术这个新的自然力的奴役；机器的发明本为创造更多的财富，但它的资本主义应用却导致大规模的贫困与死亡；如此等等。故马克思认为，现存的资本主义生产关系及其制度才是一切矛盾与对抗的根源。

马克思的相对剩余价值理论表明，机器的使用与技术的进步没有对工人的生存条件产生多少有益作用，甚至产生了极大的损害。但是，资本主义的现实发展似乎否定了马克思的结论。因为西方发达资本主义国家的大型企业发展趋势是，工人的工作日明显缩短，而工人的实际工资则持续增长。即技术与管理的进步、现代化程度的提高，使相对剩余价值的增长速度受到遏制，而工人的福利相应提升。

---

① ［德］卡尔·马克思：《资本论》（第1卷），人民出版社2004年版，第469页。
② ［德］卡尔·马克思：《资本论》（第1卷），人民出版社2004年版，第487页。
③ ［德］卡尔·马克思：《资本论》（第1卷），人民出版社2004年版，第508页。

出现这种良好势态的原因是多方面的，主要有以下几个方面：

一是工人阶级的革命斗争的结果。19世纪后半叶，劳资关系进入新时代。世界范围内，工人阶级组织普遍发展，工人运动日益高涨，无产阶级革命此起彼伏。通过长期斗争甚至流血牺牲，无产阶级终于为自己争取到某些合理权益，使劳工保护获得了较大程度的法律支持。同时，一批无产阶级政权的建立，使资本主义国家开始认真审视劳资关系。作为总体资本家的资产阶级国家从阶级的长远利益和整体利益出发，为避免社会制度的完全颠覆，开始有意识地调整劳动关系，并尽力表现出公平、公正立场。如：通过立法全面承认劳动者的罢工、游行集会的权利；对工作时限、最低工资标准的限制进行调整；就劳动安全、保险医疗、失业救济、养老等问题建立了比较全面的福利保障制度。这些改善与民主政治的发展相关，劳动者可以合法地运用选票争取权益。同时，这还与资产阶级国家在经济周期性波动中加强宏观调控相关。资产阶级政府在应对经济危机的过程中逐渐认识到，社会分配的两极分化，将导致市场有效需求严重不足，毕竟劳动阶层是社会消费结构的主要组成部分，适度的调控有利于经济的健康发展。"凯恩斯的经济理论，特别是新凯恩斯主义的宏观经济理论，反映了这种资产者的阶级觉悟。"[1]

二是现代生产力发展的新变化。二战以后，当主要资本主义国家大众消费的市场需求基本满足之后，新的一轮以灵活的专业化为特征的生产力进步拉开序幕。美国学者M. J. 派尔和麻省理工学院的经济学家C. F. 赛伯将这种区别于大规模生产的技术范式称作灵活的专业化，认为它的发展有两方面的原因：一为市场需求方面的原因。市场需求受到反映社会习俗、文化的消费模式变动与相对价格变动两个因素的影响。随着收入的

---

[1] 荣兆梓：《相对剩余价值长期趋势与劳动力价值决定》，载《马克思主义研究》2009年第7期，第45页。

提高，人们便有能力有欲望追求物质生活中更高层次的需求。二为技术发展方面的原因。电脑在工业中的应用需要灵活的经济体系，而在特定的市场和技术条件下，在每一层次的技术发展中的灵活性使效率提高。技术范式的转换对工人素质提出不同要求。灵活的设备要求有多种技巧的工人操作，而有多种技巧的工人又使设备的使用更加灵活。而当技巧变得越来越有用时，雇主们便会竞相雇用具备这些素质的好工人。这种竞争则会使后者的工资上升。总之，机器系统发展越完善，提高劳动者能力的边际收益越高，这个规律终究要在全世界范围内发生作用。于是，就有了总体工人中技术与管理人员的增加，就有了丰田精益生产方式对福特制的替代，就有了企业管理中劳动民主的有限度的发展。社会生产力的发展要求劳动力不断地扩大再生产，不是从数量上扩大，而是从质量上扩大。这就是20世纪以来各发达资本主义国家工人阶级实际工资水平逐步提高的生产力动因，这就是工人及其子女受教育机会逐步增加的经济基础。①

当劳动阶层的工资逐渐增长，相对独立的管理阶层形成后，是否意味着马克思的相对剩余价值理论失效呢？换句话说，是否技术的发展、大工业的发展将使劳动阶层获益，使资本主义生产方式中的矛盾性与对抗性降低或消失？生产力的发展、技术的进步确实为劳动阶级带来了更多的利益，应当看到，资本主义生产方式的对抗性有所减弱，但是，这并不意味着矛盾的消失，同时，新型矛盾也出现了，比如，在富裕的资本主义国家，以绝对贫困为表征的贫富分化减少，而以相对贫困为表征的贫富分化现象持续增长。而且，我们还要看到，劳动阶层权益与福利的增长，也是无产阶级斗争的结果。通过法律、政治手段，缩小贫富差距，使劳动阶级相应地享受生产力发展带来的收益，这正是马克思期待的合理的、正义的秩序。

---

① 参见荣兆梓：《相对剩余价值长期趋势与劳动力价值决定》，载《马克思主义研究》2009年第7期，第47页。

三、大工业生产方式对建构新型社会关系及社会秩序的影响

大规模的机器生产，不但改变了生产的组织形式，而且深刻地影响和改变了人类社会的生活方式及社会关系。传统的家庭关系、社会交往方式及社会组织形式均被影响，新的社会秩序与社会伦理开始建立。

家庭关系的变化。由于机器生产把妇女与儿童吸进资本的轨道之中，这就彻底地改变了传统的家庭结构。传统社会中，妇女主要承担生儿育女、管理家庭的义务，儿童在家长的监护之下，获得较好的照顾与养育。当妇女开始外出就业，婴儿与儿童的死亡率大幅上升，更糟糕的是，人的天性也被改变。比如出现较多妇女虐待自己的子女，发生故意饿死和毒死的事件。"母亲对自己的子女也惊人地丧失了自然感情——她们通常对子女的死亡并不十分介意，有时甚至……直接设法弄死他们。"[1]资本开始大量购买未成年人或半成年人，也就向妇女与儿童张开了血盆大口。"从前工人出卖他作为形式上自由的人所拥有的自身的劳动力。现在他出卖妻子儿女。他成了奴隶贩卖者。"[2]儿童被送到所谓"花边学校"和"草辫学校"进行奴隶劳动。马克思记录了1861年英国花边生产的情形：从业者为15万人，其中14万人几乎为妇女、男女少年和儿童。在"花边学校"劳动的儿童年龄段为5岁至12岁或15岁，在第一年，年龄最小的儿童每天劳动4—8小时，稍大一些就需要劳动12—14小时。劳动场所通常是些破旧的小屋，几乎没有通风、采光或保暖设施，劳动条件极为糟糕，患病人数比逐年上升。而且这种劳动本身非常单调乏味而令人厌倦，干活时则必须高度紧张及迅速。"这是真正的奴隶劳动。"[3]从事草辫业和草帽业的儿童近6000人，他们在这样的"草

---

① ［德］卡尔·马克思：《资本论》（第1卷），人民出版社2004年版，第458页。

② ［德］卡尔·马克思：《资本论》（第1卷），人民出版社2004年版，第455页。

③ ［德］卡尔·马克思：《资本论》（第1卷），人民出版社2004年版，第538页。

辩学校"中当然受不到任何教育。他们到这种地方来劳动，只是为了完成他们的饿得半死的母亲指定他们完成的活。既然孩子们在 12 岁或 14 岁以前获得如此的生活"享受"，既然贫困堕落的双亲只想从孩子身上榨取尽可能多的东西，那么可想而知，孩子们长大以后，自然也就对他们的双亲漠不关心或弃之不理。家庭关系与家庭伦理的变更，完全是家长的责任吗？马克思记录了 1866 年的童工调查委员会的结论：

> "不幸的是，所有的证词都表明：男女儿童在自己的父母面前比在任何别人面前都更需要保护。"一般儿童劳动，特别是家庭劳动遭受无限度剥削的制度"之所以能够维持，是因为父母对自己的年幼顺从的儿女滥用权力，任意虐待，而不受任何约束或监督……父母不应当享有为每周取得一点工资而把自己的孩子变成单纯机器的绝对权力……儿童和少年有权为防止亲权的滥用而取得立法方面的保护，这种滥用会过早地毁坏他们的体力，并且使他们道德堕落，智力衰退"①。

该报告认为是父母滥用亲权导致子女遭受无限度的剥削。身为父母，必然有责任，应当谴责，然而，父母滥用亲权的根源却在于生产方式的变迁。马克思深刻地指出："大工业在瓦解旧家庭制度的经济基础以及与之相适应的家庭劳动的同时，也瓦解了旧的家庭关系本身。"②对儿童的残酷剥削根源仅仅源于亲权的滥用吗？这其实只是表面现象，"是资本主义的剥削方式通过消灭与亲权相适应的经济基础，造成了亲权的滥用"③。

马克思的伟大在于，他不仅看到童工现象背后的经济根源，更看到社会发展的趋势，即看到现存历史现象必然要向更高级的社会形式演化。

---

① ［德］卡尔·马克思：《资本论》（第 1 卷），人民出版社 2004 年版，第 563 页。
② ［德］卡尔·马克思：《资本论》（第 1 卷），人民出版社 2004 年版，第 562 页。
③ ［德］卡尔·马克思：《资本论》（第 1 卷），人民出版社 2004 年版，第 563 页。

"由于大工业使妇女、男女少年和儿童在家庭范围以外，在社会地组织起来的生产过程中起着决定性的作用，它也就为家庭和两性关系的更高级的形式创造了新的经济基础。"[①] 传统社会中，妇女与少年、儿童都是家庭或家长的附庸，他们没有独立的社会地位，也没有独立的财产权（在大多数国家或地区如此。但少数国家或地区对妇女的财产权有相应的法律规定）。他们是社会的次要因素或力量。但现代资本主义生产方式在拓展剥削领域的同时，也为新的家庭关系、社会关系的变更提供了机遇。

对未成年人的保护。对子女的保护是父母的天职。通常情形下公权力并不介入家庭生活。现代社会对未成年人的保护始于工厂法。如工厂法对家庭劳动（如所谓的"花边学校"）开始进行限制，这其实就是对于专制的父权（现代语言表达为亲权）的直接限制。为了保护未成年人的体力与智力，防止道德堕落，工厂法开始对未成年人劳动时间进行限制，并提出教育的要求。如1867年工厂法扩充条例规定，在矿山、炼铁厂、铸造厂等领域必须禁止或限制童工及女工。凡违反该法律的规定而雇用儿童、少年工人和妇女者，得处以罚款，这一条不仅适用于工场主，而且也适用于"尊亲以及其他对儿童、少年工人或妇女有监护权或从他们的劳动中得到直接好处的人"[②]。所有这些举措，都是资本主义国家为着长远利益，运用国家立法权和行政权，对传统的家庭关系进行改造。从现代国家视角审视，它赋予了未成年人作为国家公民的应有权益。

现代教育制度的建立。过度劳动必然使童工的智力发育大受影响，英国议会被迫宣布，在一切受工厂法约束的工业中，受初等教育是使用童工的法定条件。如1860年的法令要求使用10—12岁少年必须有学校证明。由于这些法令的实施缺乏细则，措辞草率，监管难度大，它的实施效果

---

① ［德］卡尔·马克思：《资本论》（第1卷），人民出版社2004年版，第563页。

② ［德］卡尔·马克思：《资本论》（第1卷），人民出版社2004年版，第568页。

受到批判，"只有立法机关应受谴责，因为它颁布了一个骗人的法令，这个法令表面上关心儿童的教育，但没有一条规定能够保证达到这个口头上的目的"①。虽然效果并不令人满意，但必须承认，这是通过立法手段从资本那里争取来的最初的让步。它明确规定初等教育的义务性，并把初等教育同工厂劳动结合起来，这为现代教育制度奠定了基础，是一个巨大的进步。

妇女的就业与独立。传统社会的妇女依附于家庭及男权，但现代工厂向妇女敞开了大门，使妇女成为资本奴役与盘剥的对象。职业妇女的外表及行为都产生了重大变化，"早晚都可以在路上看到她们，妇女们穿着短裙和短上衣、靴子，有时穿长裤，表面上很健壮有力，但由于放荡成性而败坏了，她们喜欢这种忙碌的独立的生活方式，而毫不考虑这会给她们家里瘦弱的子女带来多么不幸的后果"②。这是 1864 年伦敦《公共卫生第 6 号报告》中的文字，出于传统卫道士的偏狭，报告将外出工作的妇女界定为"放荡成性"是不公允的。但是，这段文字很准确地描述了妇女走出家门后的变化。不但衣着打扮有变化，精神气质也改变了，变得健壮而独立了，虽然这对家庭、孩子都产生了一些影响。应当肯定，正是资本主义生产方式、大机器生产为妇女走出家门、进入社会创造了历史条件。妇女与少年儿童终于成为现代社会的重要力量。当然，在马克思所处的时代，由于妇女劳动遭受过于严重的压榨，马克思对于女性进入工厂更多地持批判的态度。如果妇女和少年儿童进入社会是必然的，那么，马克思也必然要求妇女和少年儿童得到相应的、合乎正义伦理的对待。

人的全面发展。当工场手工业进入到大机器生产时代，"局部工人"将被淘汰，全面发展的人开始成为生产过程的必要因素。马克思指出：

① ［德］卡尔·马克思：《资本论》（第 1 卷），人民出版社 2004 年版，第 460 页。

② ［德］卡尔·马克思：《资本论》（第 1 卷），人民出版社 2004 年版，第 459 页。

"大工业的本性决定了劳动的变换、职能的更动和工人的全面流动性。"①
技术革新促使工厂的生产过程不断变化，也导致社会分工的变革，即不断
地把大量的资本和工人从一个生产部门转移到另一个部门。变更和流动是
资本主义生产的常态。这就对工人提出新的要求。新的生产力不再需要原
来那些终身从事某些固定的、片面的操作的局部工人，它需要能适应不断
变动的劳动需求的人。因而，能承担不同社会职能的全面发展的个人成为
新的劳动力发展趋势。"承认劳动的变换，从而承认工人尽可能多方面的
发展是社会生产的普遍规律，并且使各种关系适应于这个规律的正常实
现。"② 当资本主义生产方式进入比较发达阶段，如灵活的专业化阶段，高
素质员工将成为企业的核心力量。

　　马克思充分地批判了大工业生产对工人阶级造成的剥削与痛苦，但他
非常肯定，历史前进的步伐难以阻挡。随着生产力的发展，一切现存的因
素都将改变。"自发的、野蛮的、资本主义的形式，是造成毁灭和奴役的
祸根，但在适当条件下，必然会反过来转变成人道的发展的源泉。"③ 正是
因为对相对剩余价值的追求，生产率得以提高，技术创新得以继续，最终
使工人阶级的生存得到改善，并使传统的家庭关系与社会关系发生巨变。
马克思力图解决的是，为这种变迁提供更加合理的、符合正义要求的秩序
设计。

---

① ［德］卡尔·马克思：《资本论》（第 1 卷），人民出版社 2004 年版，第 560 页。
② ［德］卡尔·马克思：《资本论》（第 1 卷），人民出版社 2004 年版，第 561 页。
③ ［德］卡尔·马克思：《资本论》（第 1 卷），人民出版社 2004 年版，第 563 页。

第四章

马克思内蕴于资本流通过程批判中的正义伦理

　　《资本论》及其手稿详尽地研究了资本的流通过程，马克思充分地肯定了资本的周转、流通、积累过程对社会秩序所产生的积极作用，同时对其消极作用进行了有力的批判。通过马克思关于流通领域的经济学批判，能够发掘马克思关于流通领域的正义秩序构想。

第一节　马克思关于资本范畴的伦理审视

一、马克思对商品—货币—资本拜物教的批判

《资本论》开篇即言，资本主义生产方式占统治地位的社会财富，表现为"庞大的商品堆积"[①]，单个的商品表现为这种财富的元素形式。商品是马克思研究资本主义生产方式的起点，也是马克思关于资本拜物教批判的起点。商品本为商业现象的基本元素，为什么会演化为至高无上的"上帝"呢？这一切缘于交换。

劳动的成果是产品，产品与商品有着本质的区别。产品转化为商品的过程极为简单，即交换，但正是交换过程使商品有了新的存在形式，即商品在实际交换过程中二重性的存在：一是作为自然存在物的产品；二是作为交换价值的存在。普遍交换的发生，产生了货币。"同各种商品本身相脱离并且自身作为一种商品又同这些商品并存的交换价值，就是货币。"[②]货币产生于流通领域，故而货币有两种规定性：一是作为交换的尺度，即作为商业买卖活动的衡量尺度；二是作为交换的手段，即作为支付手段完成交换活动。马克思指出，新的拜物教产生的根源在于货币的第三种规定性，即货币被作为财富的物质代表。

马克思对货币与财富的内在关系进行了分析，一方面，货币本身体现

---

① ［德］卡尔·马克思：《资本论》（第 1 卷），人民出版社 2004 年版，第 47 页。

② 《马克思恩格斯全集》（第 30 卷），人民出版社 1995 年版，第 94 页。

了财富的形式与内容的同一性，故货币就是财富本身。重商主义把金银视为财富本身而忽视了它实为购买力的象征。亚当·斯密指出，财富的真正价值在于它的购买力。进入发达的商业社会，货币成为购买力的直接代表，所以货币也就成为财富本身。另一方面，货币自出现即表现与其他一切商品相对立的关系。在商品面前，货币表现为财富的一般形式，而那些具体的、特殊性的商品总体构成财富的实体。货币由此变身为财富的一般物质代表，变成商品中的"上帝"。"货币从它表现为单纯流通手段这样一种奴仆形象，一跃而成为商品世界中的统治者和上帝。"①

马克思指出商品拜物教与货币拜物教的实质——双重遮蔽。商品似乎充满了形而上学的微妙和神学的怪诞，那么，它的神秘性质来源于什么呢？不是来源于商品的使用价值，而是源于商品的形式本身。"商品形式的奥秘不过在于：商品形式在人们面前把人们本身劳动的社会性质反映成劳动产品本身的物的性质，反映成这些物的天然的社会属性，从而把生产者同总劳动的社会关系反映成存在于生产者之外的物与物之间的社会关系。"②商品本为社会产物，天然地具有社会的烙印，但在交换与流通过程中，人的属性不见了，取而代之的是物与物的关系。货币形式作为商品世界的完成形式，完成了双重遮蔽状态：一是劳动的价值性被物的形式遮蔽，即市场只认可物的交换价值而不再认可人类一般劳动的价值。商品"用物的形式掩盖了私人劳动的社会性质以及私人劳动者的社会关系，而不是把它们揭示出来"③。二是人与人的关系被交换关系代替。"在现代世界中，人的关系则表现为生产关系和交换关系的纯粹产物。"④马克思强调，这种遮蔽的发生，即商品—货币拜物教的发生，只有在资本主义生产方式中才有

---

① 《马克思恩格斯全集》（第30卷），人民出版社1995年版，第173页。

② ［德］卡尔·马克思：《资本论》（第1卷），人民出版社2004年版，第89页。

③ ［德］卡尔·马克思：《资本论》（第1卷），人民出版社2004年版，第93页。

④ 《马克思恩格斯全集》（第30卷），人民出版社1995年版，第115页。

可能发生。因为前资本主义生产方式中占统治地位的是人身的依赖关系，所有的社会关系与自然关系都转化为对神或主人的依赖关系。

货币成为"上帝"，意味着交换关系固化为一种对生产者来说是外在的、不依赖于生产者的权力，即货币享有了独立的支配权。货币的权力随着生产的社会性的增长而增长。可见，在生产关系中，货币本为促进生产的手段，现在却变成了与生产者相对立的关系。马克思指出，对立的根源并不在于货币本身，"货币没有造成这些对立和矛盾；而是这些矛盾和对立的发展造成了货币的似乎先验的权力"①。这也就是说，是资本主义生产方式的发展造成货币的支配权。这种支配权的进一步发展，即成为资本拜物教。

资本以货币作为自己的出发点。资本交替地以商品和货币的面目出现，资本与货币的区别在于，货币是资本的前身，货币只有进入流通领域才能成为资本。而资本具有"在流通中并通过流通保存自己，并且使自己永存的交换价值的规定性"②。在买与卖的交换中，资本家的收益产生了。本因为资本必须在流通领域中生存，故资本拜物教也产生了：资本具有自行增殖的能力。即资本家的收益源于资本，收益的规模源于资本的规模；财富的产生是"钱生钱"的过程，与劳动无关。马克思指出，破解资本拜物教的关键是回到它的历史前提——现代雇佣劳动制度。是雇佣劳动创造了剩余价值，创造了更多的物质财富。古典政治经济学承认了劳动产生新价值，但并没有把这个思想贯彻到底。李嘉图之后的庸俗经济学派力图从流通中解释资本的收益。"工资"成为新的"障眼法"。工资表现为公平买卖的形式，而实际上，资本家购买劳动力，意在它是一种可以进行剩余劳动、带来剩余价值的能力，但雇佣劳动制度，用货币关系掩盖了雇佣工人的无酬劳动。马克思指出，劳动力的价值转化为工资形式，具有决定性的

---

① 《马克思恩格斯全集》（第 30 卷），人民出版社 1995 年版，第 96 页。
② 《马克思恩格斯全集》（第 30 卷），人民出版社 1995 年版，第 218 页。

重要意义，"这种表现形式掩盖了现实关系，正好显示出它的反面。工人和资本家的一切法的观念，资本主义生产方式的一切神秘性，这一生产方式所产生的一切自由幻觉，庸俗经济学的一切辩护遁词，都是以这个表现形式为依据的"①。资本与劳动的形式上的平等交换，遮蔽了劳动与剩余价值的关系，使资本表现为自我增殖的运动，但是，资本无疑地表现为社会关系。它不仅体现了劳资双方的历史关系，即历史前提，而且体现了社会生产关系的未来趋势，像货币一样，资本同样地表现为社会权力，资本家就是这个权力的代表。资本家根据其财产的多少，相应地参与这项社会权力的分割。资本家因此变身为资本拜物教的世俗"上帝"。

二、关于货币转化为资本的伦理审察

资本拜物教是对资本完成形式的批判，但是，从货币转化为资本，却是一个漫长的历史过程。货币是久远的历史现象，它是商业社会的前导，当货币历史地转化为资本，这就开启了新时代。基于正义伦理的维度，马克思进一步分析了这个转化对新的社会关系及社会秩序的影响。

货币祛魅化的双重后果。马克思揭示了货币—资本的祛魅作用：摧毁了一切神圣的、永恒的、独立的事物或价值。货币是流通的产物，也是流通的中介。虽然货币自身形态存在一个发展的历史，如铜币、铁币作为价值尺度演化为金银成为世界性的价值尺度。在货币最典型的代表——金银的形式上，已看不到它历史的、多样的社会关系的具体内涵，它已成为一个独立的财富形式。它具有了独立的生命与权力。"一切东西，不论是不是商品，都可以转化成货币。一切东西都可买卖。流通成了巨大的社会

---

①［德］卡尔·马克思：《资本论》（第 1 卷），人民出版社 2004 年版，第 619 页。

蒸馏器，一切东西抛到里面去，再出来时都成为货币的结晶。"①由于货币作为一般等价物，一般购买力，它可以购买任何东西，任何东西也都可以转化为货币，一切权力也可以让渡给货币，后果是"所谓不可让渡的、永恒的财产以及与之相适应的不动的、固定的财产关系，都在货币面前瓦解了"②。货币本为流通的工具，是交换的手段，当所有的东西通过货币来交换时，货币使它们具有可交换性的同时，也就消灭了它自身的独立价值。"由此可见，物的价值只存在于……可交换性中，除此以外，物的独立价值，任何物和关系的绝对价值都被消灭了。"③个人本身被确立为一切的主宰。货币消解了"上帝的统治"，一切传统的等级戒令都被货币突破了。购买欲取决于货币持有者，个人因货币—资本取得对外界的支配权。马克思对货币—资本的祛魅效果作了真切的描述：

　　没有任何绝对的价值，因为对货币来说，价值本身是相对的。没有任何东西是不可让渡的，因为一切东西都可以为换取货币而让渡。没有任何东西是高尚的、神圣的等等，因为一切东西都可以通过货币而占有。正如在上帝面前人人平等一样，在货币面前不存在"不能估价、不能抵押或转让的"……"神圣的"和"宗教的东西"。④

　　无疑地，马克思批判了货币—资本所带来的负面的消极的变化，甚至借用莎士比亚的篇章来描述货币的"无耻"："那种可以献身于一切并且一切皆可为之献身的东西，表现为普遍的收买手段和普遍的卖淫手段。"⑤但

①［德］卡尔·马克思：《资本论》（第1卷），人民出版社2004年版，第155页。
②《马克思恩格斯全集》（第31卷），人民出版社1998年版，第251页。
③《马克思恩格斯全集》（第31卷），人民出版社1998年版，第251页。
④《马克思恩格斯全集》（第31卷），人民出版社1998年版，第252页。
⑤《马克思恩格斯全集》（第31卷），人民出版社1998年版，第339—340页。

是，这并不是马克思的全部意见。马克思的辩证法一定会充分肯定货币——资本带来的全新价值。马克思指出，资本创造了一个新的世界。而这个世界就是从祛魅开始的。首先，货币向资本的转化，开启了财富的源泉。货币与资本成为新的"上帝"，那么，货币就成为致富欲望的唯一对象。因为每个人都想获得货币，故每个人都具有致富欲望。现代雇佣劳动制度下，"劳动的直接目的就是货币，所以一般财富就成为劳动的目的和对象……作为目的的货币在这里成了普遍勤劳的手段。生产一般财富，就是为了占有一般财富的代表。这样，真正的财富源泉就打开了"①。这有两层含义：一是指出，只有当不同种类的劳动所生产的结果都是一般财富而不是特定形式的财富，从而个人的报酬也都是货币时，普遍的产业劳动才是可能的。在以雇佣劳动为基础的地方，货币作为目的产生了巨大的生产作用。二是人的勤劳与才智因此被激发出来。因为劳动的目的不再是特殊产品，不再是服务于个别性的特殊需要，而是为了货币——财富，那么"个人的勤劳是没有止境的"②。同时，勤劳使劳动者愿意采取任何形式以达到目的，愿意为满足社会需要而创造，"勤劳是富有发明创造才能的"③，追求货币财富将鼓励勤奋工作及发明创造。在论述财富源泉问题时，还必须要关注国家的作用。马克思指出："财富源泉的真正开辟，作为取得财富代表的胜仗，似乎是在具有货币欲的个人和国家的背后进行的。"④ 比如为了取得货币，开始对新大陆和新的地区的探索与发现活动，包括对美洲金矿的开采、殖民活动的兴起，这类国家活动均开辟了财富源泉，使国家真正变得富裕起来。"现代工业社会发展的预备时期，是以个人的和国家的普

---

① 《马克思恩格斯全集》（第30卷），人民出版社1995年版，第176页。
② 《马克思恩格斯全集》（第30卷），人民出版社1995年版，第176页。
③ 《马克思恩格斯全集》（第30卷），人民出版社1995年版，第176页。
④ 《马克思恩格斯全集》（第30卷），人民出版社1995年版，第177页。

遍货币欲开始的。"① 当货币能够转化为资本，在此历史阶段上，对货币的欲望确实打开了个人、社会与国家的财富源泉。

货币向资本的转化，是建立现代平等秩序的物质条件。平等作为现代理念的基本元素，是启蒙运动的产物。而启蒙运动之所以倡导平等，恰是资本主义生产方式的要求，当然，也就是货币—资本的内在要求。因为传统社会中，个人的持有能力因身份、地位、种族等条件的限制而被限制。但是在货币面前，"任何东西都可以为一切人所占有，而个人占有某种东西则取决于偶然情况，因为这取决于他所占有的货币"②。是资本打碎了等级制、身份制的堡垒，建立了现代型平等关系。因而，货币成为最重要的价值尺度，正是平等得以建立的真正物质地基。

关于世界主义。资本不但建立了现代型的平等关系，还建立了现代型的世界主义。传统社会的生产方式有奴隶制经济、庄园经济、自给自足的小农经济等多种形式，传统的农业生产方式孕育的是地方性的生活方式与观念意识。但是地中海地区由于海洋文明的发展，也使其作为一种哲学或世界观的世界主义得以产生和盛行。它的核心观点是："无论人们目前所处地域、语言、血缘关系以及其它许多方面有什么不同，都应隶属于某个单一的共同体；在这个共同体内，人们有着平等的地位和某种相同的身份；共同体内的每个成员对其他成员负有道义上的责任。"③ 古希腊—罗马时期的世界主义主要源于当时地中海大一统的经济、社会与文化状况。虽然古希腊—罗马时期的世界主义也强调平等，古罗马帝国的法律对平等的公民权作出了保障，基督教的传播也使世界主义得以广泛传播，但它仍然不是现代意义上的世界主义，它仍然受到宗教、民族、种族等诸多因素的重大制约。它实际上只是实现了地方性共同体内的平等。

---

① 《马克思恩格斯全集》（第 30 卷），人民出版社 1995 年版，第 177 页。

② 《马克思恩格斯全集》（第 31 卷），人民出版社 1998 年版，第 251 页。

③ 伍玉西:《世界主义对早期基督教的影响》，载《韩山师范学院学报》2008 年第 5 期，第 46 页。

只有资本主义生产方式才产生了现代意义上的世界主义。首先，货币消灭了一切异质性，把多样性、地方性转化为同质性。"正如商品的一切质的差别在货币上消灭了一样，货币作为激进的平均主义者把一切差别都消灭了。"① 随着货币发展为世界货币，商品所有者也就发展为世界主义者。"人们彼此间的世界主义的关系最初不过是他们作为商品所有者的关系。商品就其本身来说是超越一切宗教、政治、民族和语言的限制的。它们的共同语言是价格，它们的共同体（共性）是货币。……在商品所有者看来，整个世界都融化在其中的那个崇高的观念，就是一个市场的观念，世界市场的观念。"② 地方市场变成了世界市场，地方性货币变成了统一货币，如金银变成世界性支付手段。金银克服了一切语言、文化、宗教、法规等有形的束缚，变成开辟市场的资本。最终，凡资本主义生产方式占据统治地位的领域，现代文明载体的新秩序、新观念也逐渐建立。虽然普遍性似乎过于强大，不同地区不同民族不同文化的多样性受到威胁，但货币—资本确实完成了"上帝的功业"——建立了世界市场，也建立了世界性的新秩序。

马克思论述了资本对"世界主义"的贡献：

> 资产阶级，由于开拓了世界市场，使一切国家的生产和消费都成为世界性的了。……古老的民族工业被消灭了，并且每天都还在被消灭。它们被新的工业排挤掉了，新的工业的建立已经成为一切文明民族的生命攸关的问题……过去那种地方的和民族的自给自足和闭关自守状态，被各民族的各方面的互相往来和各方面的互相依赖所代替了。物质的生产是如此，精神的生产也是如此。各民族的精神产品成了公共的财产。民族的片面性和局限性

① ［德］卡尔·马克思：《资本论》（第 1 卷），人民出版社 2004 年版，第 155 页。
② 《马克思恩格斯全集》（第 31 卷），人民出版社 1998 年版，第 547 页。

日益成为不可能，于是由许多种民族的和地方的文学形成了一种世界的文学。①

各自独立的、几乎只有同盟关系的、各有不同利益、不同法律、不同政府、不同关税的各个地区，现在已经结合为一个拥有统一的政府、统一的法律、统一的民族阶级利益和统一的关税的统一民族。②

马克思表达了如下观点：资本的世界主义消灭了旧的生产方式及其文明，开拓了新的生产方式，建立了新的社会关系与全新的社会制度，推行了新的生活方式与新的交往方式。虽然它使传统难以追寻，但它毕竟开启了新的文明。应当认为，马克思对于资本的世界主义风格、新的世界秩序建立，还是持相当肯定的态度。与此同时，马克思批判了其中不合理的地方：资本使农村从属于城市，使未开化和半开化的国家从属于文明的国家，使农民的民族从属于资产阶级的民族，使东方从属于西方。③这正是马克思的正义秩序要求：必须改变这种不合理的从属、压迫、剥削状态，使农村、农民、落后国家与民族通过合理而有效的途径加速发展，共同分享新生产方式与新文明的成果，以实现真正的世界性的平等与自由。

关于新的时空秩序。人类交换的形态经历了物物交换、买卖活动、独立商业活动的三个发展阶段。商人的出现是交换活动进入商业阶段的标志。商人的出现使买与卖变成互相独立的活动，"买和卖取得了一个在空间上和时间上彼此分离的、互不相干的存在形式，所以它们的直接同一就消失了"④。买和卖的分离使商品的生产者与交换者也实现分离，即买卖双方将不必受到"在场"的限制，实现了空间的解放。这个解放必须归功于

① 《马克思恩格斯选集》（第1卷），人民出版社1995年版，第276页。
② 《马克思恩格斯选集》（第1卷），人民出版社1995年版，第277页。
③ 参见《马克思恩格斯选集》（第1卷），人民出版社1995年版，第277页。
④ 《马克思恩格斯全集》（第30卷），人民出版社1995年版，第97页。

货币成为资本。"货币加入交换，我不得不用我的产品交换一般交换价值或一般交换能力，所以我的产品依赖于整个商业，并且摆脱了产品的地方的、自然的和个体的界限。"① 可见，货币成为资本，独立商业领域的出现，使交换活动实现了某种飞跃，开始突破地域的限制。但是，传统的商业活动只能实现非常有限的时空突破。资本主义生产方式的出现，现代性的延展，终于使空间生产力得以产生。

首先，货币转化为生产资本，实现了生产活动的集中化。即劳动资料与劳动者的高度集中化不但是资本主义生产方式的起点、基本条件，而且是新的生产力产生的必要条件。"人数较多的工人在同一时间、同一空间（或者说同一劳动场所），为了生产同种商品，在同一资本家的指挥下工作，这在历史上和逻辑上都是资本主义生产的起点。"② 生产要素的空间聚集是资本主义生产方式能够"创造比以往任何一切时代的生产力的总和还要多"的财富的前提条件。在高度集中的时空之中，货币、资本获得加速运动的力量。流通本身已经表现为生产的要素。既然流通并非生产的目的，剩余价值才是生产的目的，那么，资本必然要把流通变成攫取剩余价值的途径。马克思指出，以资本为基础的生产，其条件是创造一个不断扩大的流通范围，不管是直接扩大这个范围，还是在这个范围内把更多的地点创造为生产地点。因此，"资本一方面具有创造越来越多的剩余劳动的趋势，同样，它也具有创造越来越多的交换地点的补充趋势"③。

其次，货币转化为商业资本，成为大规模商品流通与交易的前提。现代商业活动使世界性的交换活动得以全面实现，即真正突破经济活动和经济交往的地域空间的限制，实现全球性的空间解放。"在这个意义上，货币直接创造了一个区别于器物层面的'物理—地理空间'的'社会—经

---

① 《马克思恩格斯全集》（第 30 卷），人民出版社 1995 年版，第 99 页。

② ［德］卡尔·马克思：《资本论》（第 1 卷），人民出版社 2004 年版，第 374 页。

③ 《马克思恩格斯全集》（第 30 卷），人民出版社 1995 年版，第 388 页。

济空间'，这个空间是货币经济发展的必然产物，它的直接后果是货币的'质料'特征不断淡化，转而让位于其作为交换媒介的功能。由货币所释放的这种空间能量在资本主义开创的世界市场中得到充分彰显，我们可以把这种空间能量称为一种具有空间聚合和配置功能的'空间生产力'。"①

这个空间生产力的影响是多重的：它通过"用时间去消灭空间"②，创造了新的生产力，使社会能量产生聚变效果。流通的时间越短，社会物质与人员的聚积度越高，空间市场的能量也就越大。这类似于物理学中的核聚变反应，也符合从量变到质变的原理。比如城市化的进程即为实践证明。资本主义开创了城市化时代，使"乡村城市化"成为现代历史的重要标志。"城市的吸引力与其说是来自地理空间，不如说是来自特定地理空间所蕴含的聚集和辐射功能，城市的本质也不仅仅是它的物质形态，而是一种空间聚合力以及由此带来的一种空间优势。"③

资本的空间逻辑具有创造世界市场的功能。马克思认为，资本追求剩余价值的趋势，"就是推广以资本为基础的生产或与资本相适应的生产方式。创造世界市场的趋势已经直接包含在资本的概念本身中。任何界限都表现为必须克服的限制"④。资本改造了自然的时空，创造了社会性时空，但它在实现交换关系空间解放之际，也将整个世界纳入资本的空间逻辑轨道，这必然导致新的矛盾与冲突。马克思在分析货币——资本造就的世界主义及其双重影响时，就指出世界主义可能造成城市与乡村、不同的民族与国家之间新的从属与剥削关系。世界主义作为全球化的同义词，必然与空间问题存在着交叉关系，即世界主义或全球化的浪潮，创造了新的社会时

---

① 李春敏：《马克思的空间思想初探——〈1857—1858 年经济学手稿〉解读》，载《学术交流》2009 年第 8 期，第 12 页。

② 《马克思恩格斯全集》（第 30 卷），人民出版社 1995 年版，第 538 页。

③ 李春敏：《马克思的空间思想初探——〈1857—1858 年经济学手稿〉解读》，载《学术交流》2009 年第 8 期，第 14 页。

④ 《马克思恩格斯全集》（第 30 卷），人民出版社 1995 年版，第 388 页。

空，但也可能带来"空间不平等"或"空间剥削"。按照马克思的历史唯物主义逻辑，充满对立和冲突的旧秩序应当被更高阶段的新秩序代替，故如何创造条件，化解空间矛盾与冲突，建立符合马克思正义原则的"空间正义"，将成为人类建构理想空间的实践方向。

　　关于共同体。马克思指出，货币具有解构与建构共同体的力量，即货币转化为资本的过程，既瓦解了旧的共同体，又建立了新的共同体。前文已说明，货币具有三种规定性，即作为衡量交换价值的尺度、作为交换的手段及作为财富的物质代表。在传统社会中，货币只作为第一、第二种规定性而存在。货币是传统社会的附属物。在古代商业民族中，货币具有纽带作用，具有维系古代商业共同体的作用，但是，这种作用极为有限，因为传统社会以人身依附关系、宗亲氏族关系、神权关系等为地基，这是庞大而坚不可摧的基础。"只要他们和古代共同体发生严重冲突，每次他们都要灭亡。"① 古代农业民族遭遇货币作为财富的物质代表的第三种规定性时，会发生什么情形呢？如古希腊人、古罗马人，货币最初也是作为价值尺度和作为流通手段的性质，但是，当他们的商业发展起来后，或者像古罗马人那样，征服给他们带来大量货币之后，货币不可避免地突然表现为财富代表，这导致实体经济（如农业生产）受到冲击，社会生产力削弱，最终影响了共同体的发展。马克思指出："货币在这种规定上（作为财富代表——引者注）越发展，就越是表现出他们的共同体的没落。"② 在前资本主义生产方式中，货币无法转换为资本，故货币作为财富的代表，只表现为享受与贪欲的象征，最终助推了旧共同体的没落。由于货币在传统社会中不能转化为资本，故其自身不能成为共同体，马克思深刻地指出："凡是在货币本身不是共同体的地方，货币必然使共同体瓦解。"③

---

①《马克思恩格斯全集》（第 30 卷），人民出版社 1995 年版，第 175 页。

②《马克思恩格斯全集》（第 30 卷），人民出版社 1995 年版，第 175 页。

③《马克思恩格斯全集》（第 30 卷），人民出版社 1995 年版，第 177 页。

货币变为资本的历史前提是雇佣劳动制度的建立。这就是新共同体建立的根源。现代雇佣劳动制度的本质是建立新的生产关系。"在货币关系中，在发达的交换制度中，人的依赖纽带、血统差别、教养差别等等事实上都被打破了，被粉碎了；各个人看起来似乎独立地自由地互相接触，并在这种自由中互相交换。"①平等与自由的交换关系，消灭了旧的人身依附关系，它把一切缘于人身关系的义务转化为货币的义务，把旧式的家长制的、奴隶制的、家奴制的、行会制的劳动转化为纯粹的雇佣劳动。马克思的批判深刻地揭示了雇佣劳动制度所造成的新的异化、新的依附关系，它使工人阶级变成资产阶级的附庸，使资本成为新的上帝，但是马克思同样深刻地揭示了货币转化为资本的革命性意义。他说："在以雇佣劳动为基础的地方，货币不是起瓦解的作用，而是起生产的作用。"②"货币作为发达的生产要素，只能存在于雇佣劳动存在的地方；也就是说，在那里，货币不但决不会使社会形式瓦解，反而是社会形式发展的条件和发展一切生产力即物质生产力和精神生产力的主动轮。"③

资本作为一种现实的力量，它摧毁了旧的共同体与旧的秩序，同时建构了新的共同体与新的秩序，马克思关心的是，新的共同体仍然存在严重的不平等、不自由，仍然接受着资本的抽象统治。马克思在《1857—1858年经济学手稿》中引用一段文字来表达他的愿景："社会的进步不可能在于解散任何联合，而在于以自愿的、公正的联合来代替过去时代的强制的、压制的联合。"④

①《马克思恩格斯全集》（第30卷），人民出版社1995年版，第113页。
②《马克思恩格斯全集》（第30卷），人民出版社1995年版，第176页。
③《马克思恩格斯全集》（第30卷），人民出版社1995年版，第175—176页。
④《马克思恩格斯全集》（第30卷），人民出版社1995年版，第593页。

马克思关于资本积累的伦理审视

资本的积累需要从资本的原始积累及生产、流通过程产生的积累这两个方面进行考察。

一、马克思关于国家暴力的正义伦理批判

马克思对于资本的原始积累进行了最彻底的批判，而且，马克思首先使用正义的尺度展开批判。资本主义生产方式的起点是"资本"，资本由何而来？这就涉及资本主义的原始积累问题。虽然人们用勤劳精明与懒惰来解释，这是进行儿童启蒙的有益故事，但所有权这个重大问题，却不是田园诗式的叙事能够予以说明的。马克思指出："在真正的历史上，征服、奴役、劫掠、杀戮，总之，暴力起着巨大的作用。但是在温和的政治经济学中，从来就是田园诗占统治地位。正义和'劳动'自古以来就是惟一的致富手段……事实上，原始积累的方法决不是田园诗式的东西。"[①] 马克思坚决地反对资产阶级的"正义"意识形态，因为它把充满血腥与暴力的历史合法化、美化，马克思努力揭开伪善、伪正义的面纱，并力图指示真正合理的、正义的秩序图景。

原始积累就是"生产者和生产资料分离的历史过程"[②]。资本主义生产

---

① ［德］卡尔·马克思：《资本论》（第 1 卷），人民出版社 2004 年版，第 821 页。

② ［德］卡尔·马克思：《资本论》（第 1 卷），人民出版社 2004 年版，第 821 页。

的基本条件是货币所有者与劳动力所有者的分化，资本主义生产关系以劳动者和劳动资料所有权的分离为前提，而且，"资本主义生产一旦站稳脚跟，它就不仅保持这种分离，而且以不断扩大的规模再生产这种分离"①。这种分离的产生源于传统社会的解体，但传统社会的解体只是造成旧的人身依附关系的消失，并没有把自由人抛进资本的车轮下的力量。马克思指出，这个划时代的、首要的因素是大量的自由人突然被强制性地从自己的生存资料（土地与家园）上分离，"被当作不受法律保护的无产者抛向劳动市场"②。在旧制度中被解放的人口只有被剥夺了一切生产资料及旧制度给予他们的一切生存保障之后，即成为一无所有的赤贫者，他们才会出卖自身。"对农业生产者即农民的土地的剥夺，形成全部过程的基础。"③而农民被剥夺与被驱逐，对工业资本而言，具有双重的重大意义，一是提供了可供剥削的自由劳动力，二是建立了国内市场。农民与自己的生产资料分离，他们生活与消费的原料和资料都必须从市场购买，农村副业开始消失，工场手工业与农业发生分离，"只有消灭农村家庭手工业，才能使一个国家的国内市场获得资本主义生产方式所需要的范围和稳固性"④。

马克思以英国这个典型为例，记录了资本主义对农村居民及土地的剥夺过程。15 世纪末至 16 世纪初，这个为资本主义生产方式奠定基础的"变革"拉开了序幕。大规模的封建战争消灭了旧式的封建贵族，新的封建贵族把货币视为新的"上帝"；由于毛纺织业的繁荣，把耕地转化为牧羊场就成了他们的口号。于是大封建主们开始大规模地驱逐农民，并强行夺走他们的公有地⑤。虽然英国国王通过法令来阻止这类暴行，但是，"人民的

① ［德］卡尔·马克思：《资本论》（第 1 卷），人民出版社 2004 年版，第 823 页。
② ［德］卡尔·马克思：《资本论》（第 1 卷），人民出版社 2004 年版，第 821 页。
③ ［德］卡尔·马克思：《资本论》（第 1 卷），人民出版社 2004 年版，第 823 页。
④ ［德］卡尔·马克思：《资本论》（第 1 卷），人民出版社 2004 年版，第 857 页。
⑤ 当时的英国农村还保有公有地，供农民共同使用，如放牧、取得燃料等。

抱怨和从亨利七世以来 150 年内相继颁布的禁止剥夺小租地农民和农民的法律，都同样毫无效果"[①]。法令没有产生效果的原因是，它保护的是富裕臣民而非雇工的利益。[②] 到了斯图亚特王朝复辟时期，土地所有者通过立法实行掠夺，或者不经过立法程序就直接完成了。[③] 最后一次对农民土地的大规模剥夺过程，是苏格兰的领地"清扫"行动，即把农民居住的小屋"清扫"掉，把农民从最后的栖身之所驱赶出去。"不列颠的士兵被派来执行这种暴行，同当地居民发生了搏斗。一个老太太因拒绝离开小屋而被烧死在里面。"[④] 马克思总结了英国的原始积累："掠夺教会地产，欺骗性地出让国有土地，盗窃公有地，用剥夺方法、用残暴的恐怖手段把封建财产和克兰财产转化为现代私有财产——这就是原始积累的各种田园诗式的方法。"[⑤]

在这些所谓田园诗式的积累中，除了早期资本家的私人性质的暴力行为，更需要注意的是，国家暴力的参与。当无产者被当作"不受法律保护"的人，当"不列颠的士兵"被派遣参与"清扫"行动时，国家权力在资本与劳动的博弈中应当扮演什么角色，这是马克思所关心的。

马克思经常被批评为倡导暴力，忽视法治，那么就看看在资本的原始积累中，法律扮演了什么角色。当农民、雇工从土地上被驱逐，大批的人沦为乞丐、盗贼、流浪者，其中一部分人是由于习性不好，但大多数人是为环境所迫。于是，"15 世纪末和整个 16 世纪，整个西欧都颁布了惩治流浪者的血腥法律"[⑥]。对于流浪者和乞丐，英国各王朝颁布了愈来愈严厉的处罚条例，从鞭打、戴锁链镣铐、割耳朵、打烙印，直至以叛国犯罪名处

---

① ［德］卡尔·马克思：《资本论》（第 1 卷），人民出版社 2004 年版，第 827 页。

② 参见［德］卡尔·马克思：《资本论》（第 1 卷），人民出版社 2004 年版，第 827 页。

③ 参见［德］卡尔·马克思：《资本论》（第 1 卷），人民出版社 2004 年版，第 831 页。

④ ［德］卡尔·马克思：《资本论》（第 1 卷），人民出版社 2004 年版，第 839 页。

⑤ ［德］卡尔·马克思：《资本论》（第 1 卷），人民出版社 2004 年版，第 842 页。

⑥ ［德］卡尔·马克思：《资本论》（第 1 卷），人民出版社 2004 年版，第 843 页。

死①，"这样，被暴力剥夺了土地，被驱逐出来而变成了流浪者的农村居民，由于这些古怪的恐怖的法律，通过鞭打、烙印、酷刑，被迫习惯于雇佣劳动制度所必需的纪律"②。资产阶级不仅通过立法把工人驱赶进工厂，还通过立法加强对工人的剥削。马克思指出，劳工法自始就是为了剥削工人，例如伊丽莎白的学徒法第 18 条和第 19 条规定，支付高工资的人，须监禁 10 天，而接受的人，则监禁 21 天。1349 年的劳工法和以后的类似法令的精神清楚地表现在这一事实上：国家虽然规定了工资的最高限度，但从来没有规定工资的最低限度。③可见，资本主义法律鲜明地表达了它的精神："法的精神就是所有权。"④新兴的资产阶级为了规定工资，"即把工资强制地限制在有利于赚钱的界限内，为了延长工作日并使工人本身处于正常程度的从属状态，就需要并运用国家权力"⑤。在研究资本主义的原始积累问题时，资本家的血腥发家史经常遭到批判，但是，在资本的原始积累过程中，资产阶级背后的国家权力的作用常常被忽视，或者被断言为持公正立场。马克思揭露了它的真面目。实际上，马克思提出了这个问题，国家政权的本质到底是什么？

马克思逐一剖析了各类国家制度在原始积累中的不同作用。如殖民地制度为迅速产生的工场手工业保证了销售市场以及由市场垄断所引起的成倍积累。公债成了原始积累的最强有力的手段之一，它像挥动魔杖一样，使不生产的货币具有了生殖力，既转化为资本，又不用承担投资中不可避免的劳苦与风险。税收制度则成为公债制度的必要补充，它构成对一切中、下阶层的暴力剥夺。⑥"公债和与之相适应的财政年度在财富的资本化

① 参见［德］卡尔·马克思：《资本论》（第 1 卷），人民出版社 2004 年版，第 843—846 页。
② ［德］卡尔·马克思：《资本论》（第 1 卷），人民出版社 2004 年版，第 846 页。
③ 参见［德］卡尔·马克思：《资本论》（第 1 卷），人民出版社 2004 年版，第 848 页。
④ ［德］卡尔·马克思：《资本论》（第 1 卷），人民出版社 2004 年版，第 847 页。
⑤ ［德］卡尔·马克思：《资本论》（第 1 卷），人民出版社 2004 年版，第 847 页。
⑥ 参见［德］卡尔·马克思：《资本论》（第 1 卷），人民出版社 2004 年版，第 860—868 页。

和对群众的剥夺中所起的重大作用"①，其根源就在于国家暴力。而在如此的残酷与不幸面前，"欧洲的舆论丢掉了最后一点羞耻心和良心"②。

> 原始积累的不同因素……在英国，这些因素在17世纪末系统地综合为殖民制度、国债制度、现代税收制度和保护关税制度。这些方法一部分是以最残酷的暴力为基础，例如殖民制度就是这样。但所有这些方法都利用国家权力，也就是利用集中的、有组织的社会暴力，来大力促进从封建生产方式向资本主义生产方式的转化过程，缩短过渡时间。暴力是第一个孕育着新社会的旧社会的助产婆。暴力本身就是一种经济力。③

暴力是助产婆，这一说法常被断章取义地拿来证明马克思的暴力倾向。但是，马克思在这里论述的暴力不是武装暴力，而是社会暴力、经济暴力，这些都是马克思大力批判的"文明暴行"。国家权力机构，无疑的是某种程度的合法的暴力机构，马克思并不否定资产阶级利用它对抗封建生产方式的积极作用，但是，资产阶级通过掌握国家政权以运用国家暴力机器来压迫剥削中、下层民众，并利用国家机器把其"文明暴行"包装成文明的、正义的存在，这才是马克思痛恨的。"资本来到世间，从头到脚，每个毛孔都滴着血和肮脏的东西。"④如果资本的诞生，难以完全避免血腥味，那么，国家权力既然标榜是文明的代表，是公平与正义的化身，就不应该让它变得更肮脏、更血腥。现代社会是人民的社会，既然公权力自诩为人民权益的代表，就应当确实地坚持正义原则，这才是马克思所认可的正义。

---

① ［德］卡尔·马克思：《资本论》（第1卷），人民出版社2004年版，第867页。
② ［德］卡尔·马克思：《资本论》（第1卷），人民出版社2004年版，第869页。
③ ［德］卡尔·马克思：《资本论》（第1卷），人民出版社2004年版，第861页。
④ ［德］卡尔·马克思：《资本论》（第1卷），人民出版社2004年版，第871页。

二、马克思关于资本积累的伦理批判

所谓积累就是把剩余产品或剩余价值转化为资本，其目的在于扩大再生产，换而言之，"积累就是资本以不断扩大的规模进行的再生产"①。资本积累需要满足两个条件：一是交换、流通领域的建立。这使商品、资金的周转能够顺利完成，剩余价值能够实现。流通领域越发达，周转速度越快，积累的速度也就越快。二是资本与劳动的对立。"必须有下列双方作为买者和卖者的对立：一方是价值或货币的占有者，另一方是创造价值的实体占有者；一方是生产资料和生活资料的占有者，另一方是除了劳动力以外一无所有的占有者。"②劳动产品与劳动本身的分离，才能使剩余产品、剩余价值在短时间内积聚。生产与流通过程，一方面不断地把物质财富转化为资本，另一方面需要不断地维持及更新可以提供新价值的劳动力，即不断地把工人当作雇佣工人来生产，因而，工人的这种不断再生产或永久化是资本主义生产的必不可少的条件，也就是资本积累的必不可少的条件。

马克思指出，资本积累的意义在于，它使扩大再生产成为可能，而且，它保证了资本主义生产关系本身的生产和再生产。因为在生产与流通过程中，劳动力与劳动条件的分离无法弥合，甚至愈来愈大，则资本的积累保证了资本剥削工人的条件的持续，并使之永久化。资本与劳动的相遇、对立已不是偶然的，而是必然的，因为，工人在把自己出卖给资本家以前就已经从属于资本了。"工人在经济上的隶属地位，是通过他的卖身行为的周期更新、雇主的更换和劳动的市场价格的变动来实现的，同时又被这些事实所掩盖。"③资本的积累与扩大再生产，带来的根本性结果是，

---

① ［德］卡尔·马克思：《资本论》（第 1 卷），人民出版社 2004 年版，第 671 页。

② ［德］卡尔·马克思：《资本论》（第 1 卷），人民出版社 2004 年版，第 658 页。

③ ［德］卡尔·马克思：《资本论》（第 1 卷），人民出版社 2004 年版，第 666 页。

"不仅生产商品，不仅生产剩余价值，而且还生产和再生产资本关系本身：一方面是资本家，另一方面是雇佣工人"①。资本与劳动的对立，已经演化为积累与劳动的对立。

积累完成了所有权与实际占有关系的转换。资本家与工人之间最初的等价交换，经过生产—流通的过程之后，即经过积累过程之后，这种交换的内容变成了：资本家总是用剩余价值（无偿占有的他人的劳动）来不断换取更大量的他人的活劳动。因而，货币最初转化为资本，是完全符合商品生产的经济规律以及由此产生的所有权要求，即所有权以自己的劳动为基础，"至少我们应当承认这样的假定"②，但是，如果从整体上观察，即从资产阶级与工人阶级的整体观察，情况就不一样了。简而言之，单个商品交换仍然遵循等价交换的交换规律，但资本主义生产的总的运动方式使全部社会劳动的分配、占有过程偏离了交换规律，即以流通、积累的形式偏离了等价交换的交换规律。"尽管每一个单独考察的交换行为仍遵循交换规律，但占有方式却会发生根本的变革，而这丝毫不触犯与商品生产相适应的所有权。"③在雇佣劳动制度的基础上，"商品生产按自己本身内在的规律越是发展成为资本主义生产，商品生产的所有权规律也就越是转变为资本主义的占有规律"④。马克思借用西斯蒙第的结论来说明积累与占用之间的关系："在参加国民收入分配的人中间，一部分人（工人）每年通过新的劳动获得新的分配权；另一部分人（资本家）则通过最初劳动已经预先取得了永久的分配权。"⑤可见，在商品的流通领域，所有权问题被遮蔽了；通过资本积累的形式，劳动所有权被侵蚀，而资本所有权实现了扩张，资

① ［德］卡尔·马克思：《资本论》（第 1 卷），人民出版社 2004 年版，第 666—667 页。
② ［德］卡尔·马克思：《资本论》（第 1 卷），人民出版社 2004 年版，第 673 页。
③ ［德］卡尔·马克思：《资本论》（第 1 卷），人民出版社 2004 年版，第 677 页。
④ ［德］卡尔·马克思：《资本论》（第 1 卷），人民出版社 2004 年版，第 678 页。
⑤ ［德］卡尔·马克思：《资本论》（第 1 卷），人民出版社 2004 年版，第 676 页。

本主义的占有规律完成了。

　　马克思对古典政治经济学关于资本积累的错误见解进行了批判。第一个错误观点是，积累过程中的剩余产品视为由生产工人消费。亚当·斯密和李嘉图都认为，剩余价值的资本化最重要的意义在于供养了生产工人，即积累越多，转化为投资的资本越多，则提供的就业岗位越多。根据这个观点，所有的积累终将转化为可变资本。"亚当·斯密根据自己根本错误的分析得出了以下的荒谬结论：虽然每一单个资本分成不变组成部分和可变组成部分，但社会资本只分解为可变资本，或者说，只用来支付工资。"① 斯密和李嘉图都忘记了，资本的扩大再生产包括投资在不变资本的部分，而且随着机器大工业的发展，积累的资本将越来越多地投资于不变资本。第二个错误观点是，把资本的积累视为资本家高尚的"节欲"成果。剩余价值在资本家手中，一部分转化为积累，另一部分用于消费。在资本主义早期，资本家为了积累压抑了自己的消费欲望。"为积累而积累，为生产而生产——古典经济学② 用这个公式表达了资产阶级时期的历史使命。"③ 因为在古典政治经济学看来，无产者不过是生产剩余价值的机器，资本家则是把剩余价值转化为追回资本的机器，在此意义上，古典政治经济学高度地肯定了资本家的历史职能与历史价值。这是古典政治经济学为资本辩护的重要论据，到庸俗经济学时期，如西尼耳，干脆用"节欲"一词来代替"资本"一词④，"从此劳动过程的一切条件就如数转化为资本家的节欲行为了"⑤。这是极其荒唐的结论。当资本主义生产方式发展到一定阶段，炫耀财富与奢侈则被列入资本的交际费用。"资本家财富的增长，不是像货币贮藏者那样同自己的个人劳动和个

---

① ［德］卡尔·马克思：《资本论》（第 1 卷），人民出版社 2004 年版，第 681 页。

② 马克思此处所言之古典经济学即为古典政治经济学。

③ ［德］卡尔·马克思：《资本论》（第 1 卷），人民出版社 2004 年版，第 686 页。

④ 参见［德］卡尔·马克思：《资本论》（第 1 卷），人民出版社 2004 年版，第 688 页。

⑤ ［德］卡尔·马克思：《资本论》（第 1 卷），人民出版社 2004 年版，第 689 页。

人消费的节约成比例，而是同他榨取别人的劳动力的程度和使工人放弃一切生活享受的程度成比例的。"①实际上，伴随着资本的连续的积累，其用于消费和用于积累的价值额都将增加，资本家的生活可以更加优裕，又同时更加节欲。即资本家的挥霍与积累实际上是齐头并进，并且都以劳动力的消费能力被压抑为基础。第三个错误观点是，把可变资本设定为固定的量，即把工资的标准与人的生存和繁衍的下限挂钩。"这一教条所依据的事实是：一方面，工人对社会财富分为非劳动者的消费品和生产资料这一点无权过问；另一方面，工人只有在幸运的例外情况下才有可能靠牺牲富人的'收入'来扩大所谓'劳动基金'。"②

三、马克思关于资本主义积累的一般规律的伦理批判

关于工资的提高与资本主义积累。资本积累的扩大将提高工人的工资。一方面在资本积累持续增长的情况下，假定资本的构成不变，则对劳动力的需要与资本同步增长；另一方面，由于开辟新市场、新的投资领域等新情况的刺激，积累的规模会突然扩大，对工人的需要会突然增加，这时将出现劳工短缺，工人的工资就会提高。这样的情形难以避免：积累的需要开始超过通常的劳动供给，工资开始提高。这是对工人阶级非常有利的现象，使其生活状态有了改善。

马克思如何评价这种状况呢？第一，待遇提高一些，并未消除雇佣工人的从属关系和对他们的剥削。由于资本积累扩大而提高的劳动价格，实际上不过表明，雇佣工人为自己铸造的金锁链已经够长够重，容许把它放松一点。③第二，积累机制扩大了工人对资本的从属关系。随着资本的增

---

① ［德］卡尔·马克思：《资本论》（第 1 卷），人民出版社 2004 年版，第 685 页。

② ［德］卡尔·马克思：《资本论》（第 1 卷），人民出版社 2004 年版，第 705 页。

③ 参见 ［德］卡尔·马克思：《资本论》（第 1 卷），人民出版社 2004 年版，第 714 页。

长，工人对资本的依附关系不是更为加强，而是更为扩大，即资本的剥削和统治范围随着它自身的规模及工人人数的增加而扩大。积累将再生产出规模扩大的资本关系："一极是更多的或更大的资本家，另一极是更多的雇佣工人。"①"资本的积累就是无产阶级的增加。"②第三，积累机制使雇佣工人对资本的从属关系永久化。积累加大了资本与劳动的鸿沟，资本获得越来越大的权力，而工人除了生活改善之外没有实现权力的提升，故使劳动力对资本的从属关系永久化。③第四，资本的积累规律再次印证了资本拜物教的统治。在积累机制中，积累量被设定为自变量，工资量被设定为因变量，即资本积累的绝对运动将引发劳动力数量的相对运动。这就使工资的提升被限制在这一界限内，这个界限不仅使资本主义制度的基础不受侵犯，而且还保证资本主义制度的扩大再生产。"资本主义积累规律，实际上不过表示：资本主义积累的本性，决不允许劳动剥削程度的任何降低或劳动价格的任何提高有可能严重地危及资本关系的不断再生产和它的规模不断扩大的再生产。"④资本主义生产方式的本质是，物质财富的目的不是工人的生存与发展，相反，工人存在的目的是为实现价值增殖。"人在资本主义生产中受他自己双手的产物的支配。"⑤资本的积累规律不过再次表明人是资本的奴隶。

关于相对过剩人口。在积累的进程中，由于技术进步、大机器的普遍使用等因素，使资本的有机构成发生变化，进而导致劳动力构成的变化及相对过剩人口的产生。其一，较大的可变资本无须招收更多的工人就可以推动更多的劳动。这表现为在积累进程中形成的追加资本，同它自己的量

---

① ［德］卡尔·马克思：《资本论》（第1卷），人民出版社2004年版，第708页。

② ［德］卡尔·马克思：《资本论》（第1卷），人民出版社2004年版，第709页。

③ 参见［德］卡尔·马克思：《资本论》（第1卷），人民出版社2004年版，第710页。

④ ［德］卡尔·马克思：《资本论》（第1卷），人民出版社2004年版，第716页。

⑤ ［德］卡尔·马克思：《资本论》（第1卷），人民出版社2004年版，第717页。

比较起来，会越来越少地吸引工人。其二，同样数量的可变资本用同样数量的劳动力就可以推动更多的劳动。其三，周期性地按新的构成再生产出来的旧资本，会越来越多地排斥它以前所雇用的工人。因而，从资本主义运动的总过程观察，劳动生产力越是增长，资本造成的劳动供给速度必将超过资本对工人的需求速度。这将导致工人阶级的一部分过度劳动，而另一部分无事可做，而失业人口的存在又反过来迫使在职劳动人口过度劳动。因资本积累扩大而导致的工人短缺现象是局部现象或暂时性现象，而资本增长与人口增长的不匹配，以及技术与大机器的发展，使相对人口过剩现象成为总体性的、长期性的现象。马克思指出："随着积累的扩大，资本对工人的更大的吸引力和更大的排斥力互相结合的规模也不断扩大。……工人人口本身在生产出资本积累的同时，也以日益扩大的规模生产出使他们自身成为相对过剩人口的手段。这就是资本主义生产方式所特有的人口规律。"[1]

马克思指出，资本主义积累的绝对的、一般的规律就是，"社会的财富即执行职能的资本越大，它的增长的规模和能力越大，从而无产阶级的绝对数量和他们的劳动生产力越大，产业后备军也就越大"[2]。伴随着资本积累的则是贫困积累。因而，马克思反复地指出："在一极是财富的积累，同时在另一极……是贫困、劳动折磨、受奴役、无知、粗野和道德堕落的积累。"[3] 相关的数据与研究证明了马克思的结论。如比利时被认为是工人的乐园，它的财富分配状况如何呢？19 世纪中期，比利时共有 93 万个家庭，其中富有的家庭（选民）9 万户；城乡中等阶级下层的家庭 39 万户，其中有相当大一部分正在不断地变为无产阶级；工人家庭 45 万户，其中

---

① ［德］卡尔·马克思：《资本论》（第 1 卷），人民出版社 2004 年版，第 727—728 页。

② ［德］卡尔·马克思：《资本论》（第 1 卷），人民出版社 2004 年版，第 742 页。

③ ［德］卡尔·马克思：《资本论》（第 1 卷），人民出版社 2004 年版，第 744 页。

列入贫民名册的达 20 万户以上。① 再如英格兰，1866 年罗杰斯教授的《英国的农业史和价格史》得出如下结论：今天的英格兰农业工人，不要说同他们 14 世纪下半叶和 15 世纪的先人相比，就是同他们 1770 年到 1780 年时期的先人相比，他们的状况也是极端恶化了，他们又成了农奴，而且是食宿都很坏的农奴。② 而 1863 年的《大法官备忘录》记录了如下证词：英格兰监狱中的饮食比普通农业工人要好得多。③ 这就是积累与扩大再生产的规模化都达到相当程度的工业化国家的现状。马克思不得不作出如此结论："一切生产剩余价值的方法同时就是积累的方法，而积累的每一次扩大又反过来成为发展这些方法的手段。由此可见，不管工人的报酬高低如何，工人的状况必然随着资本的积累而恶化。"④

资本的天性是获取剩余价值。经过生产领域，必要劳动与剩余劳动被共同生产出来；经过流通领域，必要劳动与剩余劳动都实现了，但剩余价值完全被资本家占有了；经过积累，剩余价值与资本变成越来越强大的统治力量。正是流通与积累，使资本家在自由与平等的形式下完全占有了剩余劳动，从而实现了资本的所有权，取消了劳动的所有权。就算积累是必要的，也不意味着积累的形式与结果是合理的、正义的。马克思关心的问题是，积累如何才能不再成为劳动的对立面。

---

① 参见［德］卡尔·马克思：《资本论》（第 1 卷），人民出版社 2004 年版，第 774 页。（因为马克思没有说明这些数据的准确时间，但根据前后文，可推论马克思在此引用的比利时的相关数据应为 19 世纪中期的官方数据。）

② 参见［德］卡尔·马克思：《资本论》（第 1 卷），人民出版社 2004 年版，第 781 页。

③ 参见［德］卡尔·马克思：《资本论》（第 1 卷），人民出版社 2004 年版，第 782 页。

④ ［德］卡尔·马克思：《资本论》（第 1 卷），人民出版社 2004 年版，第 743 页。

第三节　马克思关于所有权问题的伦理审视

雇佣劳动制度的建立、货币转化为资本，这是资本主义生产方式建立的历史前提，而劳动与货币、资本的交换，却是建立在所有权制度之上。启蒙运动以来的自由、平等理念与所有权概念相关，或者说，它们生成于资本主义所有权制度。马克思对资本主义所有权及其衍生的自由与平等进行了剖析。马克思在论述资本的生产过程时，已全面批判了资产阶级关于自由、平等与所有权的谎言，但仅从生产领域进行批判是不足够的，还必须从交换、流通领域进行更彻底的解剖。

一、马克思的所有权理论

有学者指出，马克思认为法的关系的核心内容及其体现的基本精神就是所有权，即法律建立在所有权的基础上并表现所有权。法律的精神或法律的灵魂以及基本内容是统治阶级的整体意志和根本利益，但这种意志和利益不是思辨的东西，它应当有自己的落脚点，这种意志和利益的外化、对象化，集中到一点，那就是所有权。所有权是人对社会、人对人的一种关系，它是以占有、使用、收益、处分为其内容的，这种所有权根源于社会本身，是生产关系的创造物。从总体上说，所有权问题既是法律最根本的内容，又是法律属性的一块试金石。①

———————

① 参见杨峰：《论马克思所有权理论及其对我国国企改革的指导意义》，载《求实》2006年第 12 期，第 14 页。

所有权作为历史存在，其在概念上最初表现为法律概念。

目前各国的立法与司法活动中的所有权概念主要来源于古罗马法学理论。古罗马法对于所有权的内涵、要素、范围等已进行全面的分析与阐述，对于法人——交换主体的规定也比较清晰、准确，并且古代法学家们对此大体上达成共识。欧美国家的民商法延续了古罗马法的相关规定及原理，以法的形式肯定了财产所有权的权能及其自由、平等交换的形式，即通过法的形式肯定和保障了所有权交换中的形式平等。由于近现代法学理念是对古罗马法学的继承，这导致某些观念上的混淆：古典政治经济学及某些空想社会主义的经济学家认为，资本主义的交换制度及其交换规律是古已有之，并且是体现了完全的自由与平等的最好的制度。亚当·斯密与李嘉图均同意这个说法。马克思对此错误进行了指正："一切古典经济学家，直到李嘉图，都喜欢把这种来自资产阶级社会本身的见解称为一般规律，但却把这种规律的严格的现实性限定在还不存在所有权的黄金时代。"[1]"亚当·斯密在阐述交换价值时还犯有一个错误，他把不发达的交换价值形式，即交换价值还仅仅表现为生产者为本身生存而创造的使用价值和剩余部分的那种形式，硬当作最适当的交换价值形式。"[2]古典经济学家最常见的错误即是缺乏历史分析的眼光，要么把资本主义生产方式的规律当作终极的社会规律，要么认为经济规律是亘古不变的，与特定历史条件无关，表现在所有权问题上，即是把资本主义所有权理论等同于自古以来的合理合法的观念与要求。

马克思的所有权理论有两大理论支点：第一，所有权来源于经济关系。"马克思强调'法对于生产关系的依存性'，提出了经济关系决定权利关系的新见解。"[3]在《德意志意识形态》一书中，马克思和恩格斯明确提出，

---

① 《马克思恩格斯全集》（第31卷），人民出版社1998年版，第349页。

② 《马克思恩格斯全集》（第31卷），人民出版社1998年版，第352页。

③ 李石泉：《马克思的所有权理论》，载《财经研究》1999年第8期，第4页。

"财产是和一定的条件，首先是同以生产力和交往的发展程度为转移的经济条件相联系的，而这些经济条件必然会在政治上和法律上表现出来"①。关于所有权的来源，比较有影响的是黑格尔与霍布斯的观点。黑格尔提出"意志论"，他把所有权解释为：人有权把他的意志体现在任何物中，因而该物就成为他自己的东西。人把他的意志体现在物内，这就是所有权的概念。②黑格尔的观点有一定合理性，所有权确实表现为某种意志关系，但这种意志关系的根源却不能用意志来说明。霍布斯则提出"权力论"。这一理论认为，法律最突出的，是一个法律上有无限权力的主权者或"政治领袖"对一个臣民或"政治下属"所颁发的不可抗拒的命令，后者有绝对服从的义务。③霍布斯指出了所有权作为权利，也就表现为某种权力，但这只是揭示了权利的某种本质，它仍然不能说明权利来源于权力。马克思认为，作为法学概念的财产或所有权的真正基础是经济条件或生产关系，即法权体系作为上层建筑的组成部分，它的性质由经济基础决定。有什么样的生产方式，就有什么样的法权体系。资本主义的生产关系、经济关系孕育并发展了资本主义所有权。需要说明的是，承认所有权起源于经济关系，并不意味着取消法权体系的独立性。

第二，所有权的本质反映了人与人之间的关系。马克思所有权理论与前人所有权理论的不同之处，就在于马克思将所有权归结为人与人的关系，而不是将所有权单纯看作是人与物的关系，同时，马克思深刻地指出，所有权起源于占有的事实，而这个事实通过法律而演变为权利，演变为人与人的关系。马克思指出："罗马人最先制定了私有财产法、抽象法、私法、抽象人的权利。……私有财产法是使用和支配的权利，是任意地处理实物的权利。罗马人的主要兴趣是阐明并规定作为私有财产的抽象关

①《马克思恩格斯全集》（第3卷），人民出版社1960年版，第412页。

②参见李石泉：《马克思的所有权理论》，载《财经研究》1999年第8期，第4页。

③参见李石泉：《马克思的所有权理论》，载《财经研究》1999年第8期，第4页。

系而产生的那些关系。私有财产的真正基础，即占有，是一个事实，是无可解释的事实，而不是权利。只是由于社会赋予实际占有以法律规定，实际占有才具有合法占有的性质，才具有私有财产的性质。"① 所有权可归结为人对物的权利，即物权所有者可以占有、使用及任意地处置所有物的权利。马克思并不否认所有权表现为人与物的关系，但他更倾向于把所有权的本质理解为人与人的关系。"人对他周围的自然界的所有权，就总是事先通过他作为公社、家庭、氏族等等成员的存在，通过他与其他人的关系（这种关系决定他和自然界的关系）间接地表现出来。"② 孤立的个人不可能也不需要有所有权，如鲁滨孙就不需要任何法权。"按照马克思的意见，所有权初看起来虽表现为人与物的关系，但进一步看还是表现在人与人的关系上。"③ 如，"以自己劳动为基础"的所有权形式，经过生产与流通领域就转化为"以占有他人劳动为基础"的所有权形式，在这里，权利关系的人际性质表现就非常突出了。

二、资本主义所有权的本质

马克思对资本主义所有权的来源进行了细致的考察。它主要有两种来源：一是源于劳动；二是源于资本的转化能力。关于劳动所有权，即因劳动而自动获得物产的所有权，已得到普遍认可。"工人对自己的劳动所产生的价值拥有唯一的所有权。"④ 劳动表现了商品的最初占有方式。交换的前提是，各主体表现为商品的所有者，即在商品交换之前必须存在着对商品的所有权。"商品的生成过程，从而商品的最初占有过程，发生在流通

---

① 《马克思恩格斯全集》（第3卷），人民出版社2002年版，第136—137页。
② 《马克思恩格斯全集》（第26卷第3分册），人民出版社1972年版，第417页。
③ 李石泉：《马克思的所有权理论》，载《财经研究》1999年第8期，第5页。
④ 《马克思恩格斯全集》（第31卷），人民出版社1998年版，第347页。

之外。"① 只有承认劳动是最初的占有过程，商品才能进入流通过程。因而，劳动和对自己劳动成果的所有权表现为基本前提，没有这个前提就不可能通过流通而实行第二级的占有。第二级占有即通过产品的流通、利润的实现过程，剩余价值自动地转化为利润，由资本家占有。如果说第一级的占有在生产中完成，第二级的占有则在流通中完成。马克思指出："流通仅仅表明，这种直接占有怎样通过某种社会运动的中介，使对自己的劳动的所有权转变为对社会劳动的所有权。"② 那么，对自己劳动的所有权又如何演化为对社会劳动的所有权？

资本主义的生产方式主要有生产与流通两个阶段。在进入生产环节之前，资本（货币的积累）与劳动均表现为以自己的劳动为基础，资本所有权与劳动所有权是平等的；进入生产过程后，劳动者丧失了自由，他的时间与能力完全交由资本来支配；进入流通过程，劳动力的价格与剩余价值都得到实现，但劳动力的价格以维持基本生活为标准，劳动者难以获得收入上的富余，而剩余价值以利润的形式由资本家合理合法地占据，从而资本实现了积累并通过扩大再生产实现更多的积累。可见，通过交换与流通，所有权与劳动都实现了转化。

> 所有权在资本方面就辩证地转化为对他人的产品所拥有的权利，或者说转化为对他人劳动的所有权，转化为不支付等价物便占有他人劳动的权利，而在劳动能力方面则辩证地转化为必须把它本身的劳动或它本身的产品看作他人财产的义务。所有权在一方面转化为占有他人劳动的权利，在另一方面则转化为必须把自身的劳动的产品和自身的劳动看作属于他人的价值的义务。③

---

① 《马克思恩格斯全集》（第31卷），人民出版社1998年版，第348页。
② 《马克思恩格斯全集》（第31卷），人民出版社1998年版，第349页。
③ 《马克思恩格斯全集》（第30卷），人民出版社1995年版，第450页。

在《资本论》中马克思更简洁地概括为："所有权者对于资本家来说，表现为占有他人无酬劳动或它的产品的权利，而对于工人来说，则表现为不能占有自己的产品。"①

雇佣劳动制度的建立，使资本可以自由地购买劳动力并吸取剩余劳动，而流通过程使剩余价值得以实现。雇佣劳动制度使私人劳动变成社会劳动，而流通过程则使个体的劳动所有权演变为社会劳动的所有权。因而，流通过程是资本所有权对劳动所有权的胜利。流通过程使财富实现了与劳动的完全分离，并且表现为财富与劳动的悖论，即工人的劳动能力愈强，劳动时间愈长，则工人与资本家的财富鸿沟愈大。

资本主义的生产方式的本质就是资本（私人财产）所有权对劳动所有权的胜利，就是资本不断攫取社会劳动的过程。

在这里需要说明的是，如何从劳动所有权、社会劳动及财产所有权之间的关系来考察私人利益与总体利益之辨。斯密等古典经济学家认为，每个人的活动都是追求自己的私人利益，而且仅仅是追求自己的私人利益，但结果却是在不知不觉地为一切人的私人利益服务，为普遍利益服务。据此理论又可推导出两个结论：一是伦理关系上强调私人利益与普遍利益、公共利益的一致性，强调私人利益与普遍利益没有矛盾或者普遍利益与私人利益之间的矛盾、不同私人利益之间的矛盾在市场机制下可自动实现平衡。二是在经济秩序上强调自由、自然状态，即市场这个无形的手将自动调节各种利益之间的冲突，自动修正生产关系与社会关系。对于这个观点，马克思进行了全面的批判：第一，当每个人追求自己私人利益的时候，也就达到私人利益的总体即普遍利益，这个现象并不是问题的症结所在。因为人类社会作为总体性存在，人与人之间联系的必然性，使私人利益与普遍利益之间存在某种相通性，即个体的生产活动将成为社会的总生产活

---

① ［德］卡尔·马克思：《资本论》（第 1 卷），人民出版社 2004 年版，第 674 页。

动的一部分。私人利益与普遍利益的相通性是人类社会的正常状态。第二，如果不从生产、流通的现实经济生活考察，而把私人利益与普遍利益变成抽象的概念或范畴，或者仅仅从主观意愿上去考察，那么将导致相反的演绎，每个人都互相妨碍别人利益的实现，这种一切人反对一切人的战争所造成的结果，不是普遍的肯定而是普遍的否定。第三，问题的关键在于，在资本主义生产方式中，私人利益本身已经是社会所决定的利益，即私人利益的内容及其实现的形式与途径是由不以任何人的意志为转移的社会条件决定的。[①] 在传统社会，生产以自给自足为主，流通领域也不够发达，所有的生产活动更多地表现为私人目的。在资本主义生产方式中，生产的目的就是出售，社会分工达到前所未有的程度，个体对总体、对他人的依赖也达到前所未有的程度，这就使私人利益与普遍利益之间的联系鲜明地凸显出来，使私人的逐利活动日益呈现为普遍利益。在这里，流通领域是关键，只有商品顺利地出售，私人利益与普遍利益才能得以实现；如果产品卖不出去，私人利益与普遍利益之间的链条断裂，私人利益之间的竞争与冲突关系激化，这就呈现出"一切人反对一切人的战争"的本来面目。

如果从所有权与社会劳动的角度考察，可进一步发现私人利益与普遍利益之间的多重关系。商品进入流通之后，劳动所有权就消失了，劳动所有权与社会劳动之间的联系也消失了。在雇佣劳动制度下，工人的必要劳动与剩余劳动全部包含在劳动产品之中。同时，工人的劳动也表现为社会劳动。如果产品作为商品顺利地出售，那么剩余价值实现了，社会劳动也实现了，工人的劳动所有权也部分地实现了，但是，剩余价值却被资本家全部占有，即资本的所有权实现了对劳动所有权的无偿占有。如果商品积压，工人的劳动所有权与资本的所有权均无法实现，社会劳动也无法实

---

① 参见《马克思恩格斯全集》（第30卷），人民出版社1995年版，第106页。

现，这可能导致潜在的生产危机。如何消除市场恶性竞争的弊端，实现生产、流通与消费的良性循环，从而使社会劳动完全实现，这是马克思关心的问题；如何消除资本所有权对劳动所有权的掠夺，实现资本与劳动的共赢，实现劳动所有权的合法权益，这也是马克思关心的问题。

三、资本主义生产方式中所有权范畴与自由、平等范畴的内在关系

传统社会并不以交换价值的生产为基础，虽然它存在着普遍的交换行为。罗马法反映了简单流通的要素，也反映了罗马帝国内自由民所享有的比较多的自由与平等权的状态，但从整个世界历史的发展过程来观察，以罗马法为代表的古代世界的自由与平等实际上是"地方性内容的自由和平等"①。资产阶级革命胜利后，在制定宪法及相关民商法时，从法理的延续上继承了罗马法的相关法理及条文，但是，这种继承是革新性的继承，"在罗马……法人的规定，交换过程的主体的规定，已得到了阐述，资产阶级社会的法就其基本规定来说已经制定出来，而首先为了和中世纪相对抗，它必然被当作新兴工业社会的法被提出来"②。在新兴生产方式背景下制定的法律，虽然与罗马法存在着继承关系，但其本质发生了改变，它反映的是新兴生产关系与社会关系的要求，即反映了全新的所有权与自由、平等的关系。

那么，资本主义生产方式中，所有权与自由、平等到底是什么关系呢？资本主义的交换关系反映了现代意义上的自由与平等，即在交换与流通过程中，自由与平等才能真正实现。首先，商品交换是自愿交易，任何

---

① 《马克思恩格斯全集》（第 31 卷），人民出版社 1998 年版，第 362 页。
② 《马克思恩格斯全集》（第 31 卷），人民出版社 1998 年版，第 362 页。

一方面都不使用暴力，完全是自觉自愿的行为。交换主体拥有商品完全的支配权，交换的目的都是自我要求的实现。"每个主体都作为全过程的最终目的，作为支配一切的主体而从交换行为本身中返回到自身。因而就实现了主体的完全自由。"① 交换与流通过程的全面的自主性与自愿性，被认为是自由的充分实现。其次，交换与流通过程也体现了社会平等。前文已说明，货币向资本的转化，是建立现代平等秩序的物质条件。货币转化为资本的过程，恰是在交换与流通中完成的，在此需要从交换的角度进一步说明社会平等的建立。交换源于需要。不同的主体有着不同的需要，但满足所有主体需要的实际上是一般的、无差别的社会劳动。商品、货币、劳动在交换过程中褪去了它的特殊性，它们作为中介物，表现的是一般性与同质性，因而，当货币成为最基本的交换手段时，交换主体的特殊性并不存在于交换与流通过程，他们的差别已经消失了。交换过程说明，并且仅仅说明，交换主体"他们本身是价值相等的人，在交换行为中证明自己是价值相等的和彼此漠不关心的人"②。在交换过程中，人的主体性通过平等交换而实现。"他们的需要通过他们的劳动和商品的物质差别而互相满足，这使他们的平等成为实现了的社会关系。"③

马克思总结了交换与流通过程对自由与平等的作用，即"流通中发展起来的交换价值过程，不但尊重自由和平等，而且自由和平等是它的产物；它是自由和平等的现实基础"④。马克思从来不会在眼前的历史现象面前止步，他一定会继续前行，探究现象背后的矛盾、对立与冲突，以及其产生根源。马克思指出，雇佣劳动制度体现的所谓自由、平等，其实是以工人的赤贫、一无所有为前提，而在流通过程中，"在自由竞争中自由的

① 《马克思恩格斯全集》（第 31 卷），人民出版社 1998 年版，第 358 页。
② 《马克思恩格斯全集》（第 31 卷），人民出版社 1998 年版，第 359 页。
③ 《马克思恩格斯全集》（第 31 卷），人民出版社 1998 年版，第 359 页。
④ 《马克思恩格斯全集》（第 31 卷），人民出版社 1998 年版，第 362 页。

并不是个人，而是资本"①。马克思指出，自由竞争是与资本生产过程相适应的形式。自由竞争越发展，资本运动的形式就表现得越纯粹。因而，自由竞争的本质是"资本同作为另一个资本的它自身的关系，即资本作为资本的现实行为"②。可见，资本的统治才是自由竞争的前提，当雇佣劳动制度把劳动力作为商品来交换，即把劳动力纳入资本的范畴，其结局必然是："这种个人自由同时也是最彻底地取消任何个人自由，而使个性完全屈从于这样的社会条件，这些社会条件采取物的权力的形式，而且是极其强大的物，离开彼此发生关系的个人本身而独立的物。"③ 为什么以自由、平等面目出现的交换、流通与竞争关系，最终却妨碍了个人的自由与平等？答案就是：在资本的统治下，享有自由的是资本而非个人。资本的积聚导致权力的变化，不但个人的平等被侵蚀、资本的平等也被挤压。自由与平等实为所有权的附属物。

马克思指出，建立在流通与交换基础上的"所有权、自由和平等的三位一体，不仅在理论上首先是由 17 和 18 世纪的意大利的、英国的和法国的经济学家们加以表述的。而且这种三位一体也只是在现代的资产阶级社会中才得到实现"④。这个三位一体的公式，表征了现代文明的进步。但是，它是有限的进步。根据马克思的正义原则，如果把人的价值与资本的价值相比较，人的价值必须高于资本的价值。在所有权这个根本性问题上，资本的、财产的所有权已经挟持了劳动所有权，那么，要实现真正的、普遍的自由与平等，根本的解决之道就在于保障所有权之间的平等，即保障劳动所有权与资本所有权的平等。

---

① 《马克思恩格斯全集》（第 31 卷），人民出版社 1998 年版，第 42 页。
② 《马克思恩格斯全集》（第 31 卷），人民出版社 1998 年版，第 42 页。
③ 《马克思恩格斯全集》（第 31 卷），人民出版社 1998 年版，第 43 页。
④ 《马克思恩格斯全集》（第 30 卷），人民出版社 1995 年版，第 450 页。

四、马克思的社会所有制理论

在生产与积累过程中，如何解决资本所有权与劳动所有权、社会劳动诸范畴的矛盾？马克思提出社会所有制理论，试图为重建合理的、正义的经济秩序奠定基础。

马克思把资本视为资本主义社会中支配性的经济力量，并把资本所有权视为资本主义社会中支配性的经济权力，要平衡这个支配性的权力，就需要承认人的价值与地位，以及劳动的价值与地位。马克思因而提出社会所有制概念及其设想。如马克思在《资本论》第一卷论述了"所谓原始积累"问题后明确提出："在资本主义时代的成就上，也就是说，在协作和对土地及靠劳动本身的生产资料的共同占有的基础上，重新建立个人所有制。"[①] "以社会的生产经营为基础的资本主义所有制转化为社会所有制。"[②]

需要明晰所有权范畴与所有制范畴的关系。所有制是一定社会的生产资料归谁占有、归谁支配的基本经济制度，它不但是生产关系的直接体现，而且构成社会生产关系的基础和核心。只要存在人类社会，必然存在某种所有制形式。因为人们要生活和生产，就必须占有和支配一定的物质资料。"如果说在任何财产形式[③]都不存在的地方，就谈不到任何生产，因此也就谈不到有任何社会。"[④] 而所有权是一种权利，它是由法律确认的财产所有人在法律规定的范围内，不受妨碍地占有、使用、处分自己财产的

---

① ［德］卡尔·马克思：《资本论》（第 1 卷），人民出版社 2004 年版，第 874 页。

② ［德］卡尔·马克思：《资本论》（第 1 卷），人民出版社 2004 年版，第 874 页。

③ 这里的财产形式主要指财产所有制。1979 年《马克思恩格斯全集》第 12 卷第 738 页的相关内容被译为"所有制形式"。因为所有制与法律规定相关，在法律出现之前的财产形式如译为所有制形式会产生争议，故 1995 年的《马克思恩格斯全集》第 30 卷第 29 页的相关内容被译为"财产形式"。（引者注）

④ 《马克思恩格斯全集》（第 30 卷），人民出版社 1995 年版，第 29 页。

可能性。这种由国家制定的调整财产所有关系的法律制度，便是所有权制度。① 所有制与所有权的历史发展过程并不吻合。所有制的产生与发展和人类社会的产生与发展同步，但所有制关系作为对生产资料的占有关系，并非一开始就采取法权形式。在原始社会中，只存在占有关系，而不存在所有权。当国家出现之后，并且以法律的形式确定了生产资料及其衍生物的归属，才使得生产资料的占有关系法权化。故所有权是所有制在法律上的反映，是所有制发展到法制状态的法律上的反映。

所有制决定所有权。所有制是所有权的经济基础，所有权则是所有制的法律表现。所有制的性质、内容及发展变化决定了所有权的性质、内容和发展变化。所有制作为社会经济制度的地基，具有相对的稳定性，而所有权则可以在不同的经济条件和经济环境中获得不同的具体表现形式。相同的所有制可以产生多种所有权形式。马克思指出："虽然一定所有制关系所特有的法的观念是从这种关系中产生出来的，但另一方面同这种关系又不完全符合，而且也不可能完全符合。"② 简而言之，所有制是生产关系的基础和核心，属于经济基础范畴。所有权是由所有制形式决定的，以权利和义务为内容的意志关系，是人类社会发展到一定阶段，随着私有制、国家和法律的产生而出现的上层建筑。所有权是所有制的法权形式；所有制形式决定所有权的性质和内容，但所有权一旦形成之后，就成为一种巨大的力量来积极帮助其赖以存在的所有制得以巩固和发展。③

科恩对于马克思的所有权概念进行了详细的研究。其所著《卡尔·马克思的历史理论——一种辩护》用哲学分析的研究方法，对所有权的内涵进行了详细的分析，并对所有权的经济意义和法律意义以及二者的关系进行了精细的分析。在此基础上，科恩提出，马克思用所有权等法律语汇

---

① 参见景朝阳：《所有权与所有制概念探析》，载《晋阳学刊》2008年第2期，第116页。

② 《马克思恩格斯全集》（第30卷），人民出版社1974年版，第608页。

③ 参见景朝阳：《所有权与所有制概念探析》，载《晋阳学刊》2008年第2期，第113—117页。

来说明生产关系，仅仅是出于方便考虑，因为在当时的语境中很难找到与所有权对应的非法律语汇；尽管马克思频繁使用"所有权"这一概念，但其所指并非是法律意义上的权利（rights），而是经济活动过程中形成的权力（power）关系。故马克思的所有权实质上是指称所有制。科恩的分析并非完全没有道理。马克思之前，所有权才是比较通用的经济领域及法律领域的术语。而马克思真正探究的，不是法律上的规定，而是对生产资料的占有及剩余价值的分配关系，马克思所批判的，也是资本对世界的统治力量，因此，可以认为，马克思虽然使用的主要是所有权概念，但他关心的主要是所有制问题。

马克思认为，要改变资本主义生产方式中资本家通过生产、流通过程而占有剩余价值的不合理秩序，就必须改变现有的资本所有制形式，建立社会所有制（公有制）。关于公有制、社会所有制及个人所有制，学界也曾经存在争议。20世纪90年代经济学家于光远、李光远就此进行了研究。于光远认为，马克思与恩格斯严格地区分了社会所有制与公有制；把"公有"作为社会主义所有制的基本性质和把"公有制为主体"作为社会主义经济制度基本特征的说法是不确切的。适合社会主义所有制基本性质的是"社会所有"。社会所有制不等于社会主义公有制，它包括不同层次、不同范围的社会所有制——国家所有制、社区所有制、集体所有制、企业所有制等等。① 于光远梳理社会所有制概念的目的，在于强调政府应该比较多地代表全社会利益；而在全社会利益中不仅包括社会整体的利益，也包括所有个体的利益。

李光远则认为，把社会主义所有制简称为公有制或社会所有制都符合马克思、恩格斯的用法。"公有制"一词能够明确地表达社会主义所有制的根本否定和对立面这一基本性质。把"公有""社会所有""劳动者个人

---

① 参见于光远：《关于"社会所有制"》，载《学术月刊》1994年第2期，第3—6页。

所有"三类各有特色的概念结合起来，互相补充和解释，有利于更完整地理解社会主义所有制的基本性质。从旧社会被奴役、受剥削的无产者地位解放出来的劳动者，联合起来组成社会，对社会化的生产资料实行公有，这就是社会主义所有制的基本性质。[①] 与李光远最大的区别是，于光远认为，社会主义所有制最根本的特征是生产资料归社会所有。[②] 而李光远则认为资本家所有制不是指某个被叫作资本家的人对他的机器、厂房的法律关系。仅凭这种法律关系，既不能断定他就是资本家，也不能说这就是资本家所有制。只有资本家凭借对生产资料的占有不断无偿地占取雇佣劳动提供的剩余价值的关系，才能够称为资本家所有制。如果资本家采取合伙或股份制这种"共有"的法律形式，或采取国有制形式，从生产关系上来说，也仍然是资本主义私有制的一种形式，而不是公有制。[③]

李光远从生产关系角度来剖析所有制，应当说是更符合马克思的本意。社会主义所有制，无论称为公有制还是社会所有制，应当具有两大特征：一是劳动者占有生产资料；二是剩余价值为劳动者所有。其中，剩余价值为谁占有是更根本的特征。本文赞同李光远对社会主义所有制的论断。基于对生产、流通及分配的社会性特征的强调，以及行文方便，故采用社会所有制概念。

现在的问题是，劳动者该如何占有剩余价值？生产力的发展必须要以积累为基础，因而社会主义公有制必须保持一定的积累率。实践已经证明，市场机制是有效配置经济资源的有效机制，社会主义所有制必须与市场经济相结合。但是，市场经济的最大特点是：降低成本，提高利润。也

---

① 参见李光远：《马克思恩格斯著作中的"公有"、"社会所有"、"个人所有"及其他》，载《中国社会科学》1994 年第 6 期，第 14 页。

② 参见唐宗焜：《关于社会所有制范畴的若干探讨——评于光远的"社会所有"观，兼论马克思的"社会所有制"概念》，载《经济学家》1994 年第 1 期，第 5 页。

③ 参见李光远：《马克思恩格斯著作中的"公有"、"社会所有"、"个人所有"及其他》，载《中国社会科学》1994 年第 6 期，第 7 页。

就是说，提高企业对剩余劳动的占有量，并通过提高积累率以促进生产发展。依照市场经济的要求，企业必然是要求尽可能多地占有劳动者的剩余价值，提高积累的比率。那么，在社会主义制度下，劳动者如何占有剩余价值，并实现剩余价值与积累的平衡，以及如何发展多种形式的社会所有制（公有制），这就是必须回答的问题。这需要从两个方面思考：一是社会所有制形式的多层次发展，将导致多样性的剩余价值占有形式；二是通过改革分配制度，实现全社会性的生产积累与分享权益之间的平衡。

第五章

马克思内蕴于资本主义生产总过程批判中的正义伦理

　　马克思继资本的生产与流通过程之后研究了资本主义生产的总过程，即主要研究剩余价值向利润转化、利润转化为平均利润、利润率的发展规律、利润的各种表现形式和各种收入及源泉等方面的问题。这些问题主要涉及剩余价值或利润的分配。通过研究马克思对资本主义生产总过程的非正义现象的批判，可进一步探索马克思关于社会正义秩序，尤其是分配秩序的总体性要求。

第一节 马克思关于利润范畴的伦理审视

对于资本的收益，马克思使用的是剩余价值概念，而古典政治经济学使用的是利润概念。资本家或经济学家通常认可这个公式：商品价值＝成本价格＋利润，在此，利润与剩余价值是等同概念。马克思指出，不同的是，利润具有一个神秘化的形式，而这个神秘化的形式产生于资本主义生产方式。在成本价格的表面形式上，不变资本与可变资本的区别被抹杀了，剩余价值的起源和它存在的秘密也被抹杀了。换句话说，利润实际上是剩余价值的表现形式，而剩余价值必须通过分析才得以从利润中剥离出来。"在剩余价值中，资本与劳动的关系赤裸裸地暴露出来了；在资本和利润的关系中……资本表现为一种对自身的关系。"[①] 对于资本而言，最重要的任务就是降低成本，提高劳动生产率以获取高额利润。正是这个宗旨导致资本主义生产总过程中的诸多悖反现象及不合理的、非正义的现象。

一、不变资本的节约与可变资本的浪费的相悖性

马克思指出，现代生产方式的节约以劳动的社会结合为前提条件，即资本节约的实现源于劳动的社会性发展。资本的节约规模与程度取决于劳动的社会结合规模与程度。但凡生产，无不期望成本最低，收益最高。前资本主义生产方式关于成本节约取得的效果非常有限。因为传统社会只有

[①] ［德］卡尔·马克思：《资本论》（第3卷），人民出版社2004年版，第56—57页。

在兴建大型工程时，才会出现劳动的社会结合，如长城、金字塔的修建，而这种大兴土木的活动通常不是出于国民经济建设的目的，即不是真正意义上的生产活动。只有在资本主义生产方式下，不变资本的节约才成为生产活动中的关键因素，才成为大规模生产的重要特征。资本主义生产方式下的"生产条件"意味着："这些条件是作为社会劳动的条件，社会结合的劳动的条件，因而是作为劳动的社会条件执行职能的。"① 现代大工业生产以分工、协作和机器生产为前提，以资本的集中和劳动的集中为前提，这就是资本主义的生产条件。生产、劳动的社会化程度越高，生产条件的节约程度（资本的利润）将越高。

马克思反复强调，资本主义生产的节约来源于劳动的社会性质。这主要表现在如下方面：其一，工人的聚集和协作，即劳动的社会结合，是实现由生产资料的集中及其大规模应用而产生的全部节约的重要前提。其二，生产、经营活动中的改良，主要源于由大规模结合的总体工人的生产所提供的和所给予的社会的经验和观察。其三，生产废料的转化与利用，也是大规模社会劳动的结果。生产废料再转化为新的生产要素，必须是大规模生产而产生的废料，才能对生产过程具有重要意义，即才具有利润空间。其四，产业的进步带来的不变资本的节约，也需归功于劳动的社会性质，即一个产业部门利润率的提高，要归功于另一个产业部门劳动生产力的发展。如因先进机器的使用提高了煤矿企业的利润率，随之煤矿产业的利润率的提高可归功于机械产业的进步。资本家的获益来源于生产力的发展，这可归结为劳动的社会性的发展。在这里，资本家利用的是整个社会分工制度的优化。②

不变资本节约程度的提高，必然导致利润率的提高，这正是马克思要批判的地方。因为这个节约源于劳动的社会化程度，即它是劳动的历史发

---

① ［德］卡尔·马克思：《资本论》（第3卷），人民出版社2004年版，第93页。

② 参见［德］卡尔·马克思：《资本论》（第3卷），人民出版社2004年版，第93—96页。

展结果，也是整个社会进步的结果，但利润却为资本完全攫取，劳动者及社会主体并未从中获益。而且，这种节约将加深劳动与利润的分离程度，加深劳动者与劳动资料的异化关系。构成不变资本的各种生产资料，代表着资本的力量，它的节约实际上表现为和工人无关的、相异的条件。生产资料上的这种节约，"同劳动所固有的其他力量相比，在更大程度上表现为资本的一种固有的力量，表现为资本主义生产方式所特有的并标志着它的特征的一种方法"①。从劳动者的角度，"社会劳动的这种普遍联系，就表现为某种对工人来说完全异己的东西"②。不变资本的节约与人无关，它作为资本主义生产方式的特点，只是表现为资本家的职能，因而在资本主义生产方式范围内，它似乎是合理的，但如果站在更高发展阶段的生产方式，它就是非正义的。

马克思加倍批判的，是资本主义生产方式为节约而导致对人力资源使用上的奢侈与浪费。"资本主义生产方式按照它的矛盾的、对立的性质，还把浪费工人的生命和健康，压低工人的生存条件，看作不变资本使用上的节约，从而看作提高利润率的手段。"③首先，资本对生产必要条件的过度节约。以煤矿企业为例，由于竞争，煤矿主为节约费用，把必要的生产设施与安全设施压至极限，导致矿难大量发生。1860年前后英国煤矿因事故平均每周死亡15人，1852—1861年的10年内共死亡8466人。而且这个数字已是较小的数字，因为此前大量的死亡事故没有呈报。而自从监察员视察制度建立之后，事故的次数已经大大减少，这说明，事故本可以避免，但资本关心的只是利润，而非人命，它不在乎利润是否有血腥味。其次，劳动保障的措施及法律保护严重欠缺。"即使是真正的工厂也缺乏保

① ［德］卡尔·马克思：《资本论》（第3卷），人民出版社2004年版，第99页。
② ［德］卡尔·马克思：《资本论》（第3卷），人民出版社2004年版，第100页。
③ ［德］卡尔·马克思：《资本论》（第3卷），人民出版社2004年版，第101页。

障工人安全、舒适和健康的一切措施。"① 如1855年的工厂视察员报告指出，横轴常常导致人命伤亡，为避免此项危险所需要的安全设备既便宜又不妨碍生产，但工厂主们仍然反对关于横轴应有安全设备的法律规定。而且工厂主们常常联合起来，通过法律手段来限制或解除对劳动的一切特殊保护。② 在利润面前，一切劳动保障都是浪费。再次，资本为追求空间的节约，往往罔顾工人的健康。大量工人的集中劳动，是资本家利润增长的源泉，但是，为了提高利润，资本家力图节约空间，即节约建筑物，总是力图把最大量的工人塞进最狭窄的空间，并忽视通风设备。在这样恶劣的环境下长时间劳动，必然导致工人容易罹患各种职业病，尤其是呼吸系统及相关疾病，并导致其免疫力下降，从而使死亡人数增加。卫生部门的报告描述了当时的情形："各个工场的卫生状况是大不相同；但几乎所有的工场都十分拥挤，通风很差，对健康极其有害。"③ 再如排字工人的工作场所，不但拥挤、缺少通风设备，要长时间做夜工，而且还要承受煤气灯、燃烧煤气锅炉所产生的高温、有毒环境，处境极为悲惨。④ 恶劣的生产条件导致死亡人口增长。如1860年英国卫生局的调查表明，相对于英国农业区的肺病死亡率，需要室内劳动的产业部门的死亡率通常高达1.6倍至2.6倍。⑤ 可见，空间的节约，如果没有劳动时间的缩短和特别的预防措施作为补偿，工人将为利润的提高付出健康与生命的高昂代价。马克思痛陈资本主义生产方式下的节约与浪费的悖反：

> 资本主义生产对已经实现的、对象化在商品中的劳动，是异常节约的。相反地，它对人，对活劳动的浪费，却大大超过任何

---

① ［德］卡尔·马克思：《资本论》（第3卷），人民出版社2004年版，第104页。

② 参见［德］卡尔·马克思：《资本论》（第3卷），人民出版社2004年版，第104—105页。

③ ［德］卡尔·马克思：《资本论》（第3卷），人民出版社2004年版，第108页。

④ 参见［德］卡尔·马克思：《资本论》（第3卷），人民出版社2004年版，第109页。

⑤ 参见［德］卡尔·马克思：《资本论》（第3卷），人民出版社2004年版，第107页。

别的生产方式，它不仅浪费血和肉，而且也浪费神经和大脑。在这个直接处于人类社会实行自觉改造以前的历史时期，人类本身的发展实际上只是通过极大地浪费个人发展的办法来保证和实现的。因为这里所说的全部节约都源于劳动的社会性质，所以，实际上正是劳动的这种直接社会性质造成工人的生命和健康的浪费。①

劳动的社会化程度本为人类社会进步的成果，它本来标志着人类文明的进步程度，但在资本主义生产方式下，它却成为劳动者的对立面，成为劳动者阶层的异己力量。这再次证明资本主义生产关系的非正义性。"劳动本身由于协作、分工以及劳动和自然科学的结合而组织成为社会的劳动。"② 只有让劳动者与全体社会成员都参与分享因劳动的社会化而产生的经济效益，才合乎理性与正义。

二、马克思关于利润率形成及其规律的伦理批判

马克思对于平均利润率的形成与利润率趋于下降的规律进行了深入研究，揭示了其背后隐藏的诸多不合理的地方。由于各生产部门的资本有机构成、周转速度等存在差异，这导致不同部门的利润率差别。为了取得有利的投资场所和获得较高的利润率，资本之间必然展开激烈的竞争。各生产部门竞争的结果是不同生产部门的利润率趋于平均化，形成平均利润率。平均利润率进一步掩盖了剩余价值的真正来源，即由于等量资本可获得等量利润，似乎资本家的利润量只是与资本的数量有关，利润完全来源于投资，而与劳动再无关系了。利润概念遮蔽了剩余价值概念，这是马克

---

① ［德］卡尔·马克思：《资本论》（第 3 卷），人民出版社 2004 年版，第 103—104 页。
② ［德］卡尔·马克思：《资本论》（第 3 卷），人民出版社 2004 年版，第 296 页。

思反复阐述的结论，除此之外，马克思还阐明了以下事实：

生产与消费的矛盾。生产与消费表现为供给与需求的关系，它们表面上只是单个的生产者与消费者的关系，但本质上却是社会性的关系。供给等于某种商品的卖者或生产者的总和，需求等于这同一种商品的买者或消费者的总和。这两个总和作为两个统一体，两种集合力量来发生相互作用。故讨论生产与消费的关系，必须置于社会性生产与消费的大前提下展开。马克思指出，社会消费力"既不是取决于绝对的生产力，也不是取决于绝对的消费力，而是取决于以对抗性的分配关系为基础的消费力"①。这句话有三重含义：第一，资本主义现有的分配关系是对抗性质的，因为它使社会上大多数人的消费缩小到只能在非常狭小的区域以内变动的最低限度。第二，这个消费力还受到资本追求积累的欲望、扩大再生产欲望的限制。第三，随着市场的扩张，市场的调控能力越来越有限，因而，生产力越是发展，它就越和消费关系的狭隘基础发生冲突。

这个冲突被归结为商品生产过剩。真的是生产过剩吗？"生活资料和现有的人口相比不是生产得太多了。正好相反。要使大量人口能够体面地、像人一样地生活，生活资料还是生产得太少了。"②在当时的欧洲，虽然资本主义已充分发展，但生产力的发展仍然远远比不上今天的欧洲，总量上仍嫌不足。而且，由于资本的集中，必然导致财富的集中，也就导致消费的集中。只有少数人尽享生产力发展的成果，而多数人仍然生活在温饱状态甚至贫困之中。所以，如果劳动资料和生活资料仅仅作为剥削工人的手段，那就周期性地生产得太多了；不是财富（社会总财富）生产得太多了，而是资本主义的对立形式上的财富（表现为产品形式的财富）周期性地生产得太多了。马克思指出，生产的扩大与缩小，如果不是取决于生

---

① ［德］卡尔·马克思：《资本论》（第3卷），人民出版社2004年版，第273页。
② ［德］卡尔·马克思：《资本论》（第3卷），人民出版社2004年版，第287页。

产和社会需要之间的关系——所谓社会需要，指社会地发展了的人的需要——那么，资本主义生产的界限就凸显出来了。"资本主义生产不是在需要的满足要求停顿时停顿，而是在利润生产和实现要求停顿时停顿。"①资本主义生产方式越是发展，其非人的性质也就越明显。生产的目的是消费，即生产的目的应当是人的需要。如果人的需要被弃之不理，则生产的非人的性质越发展，其非正义性将越明显，危机也就无从避免了。

　　资本主义生产周期性危机的发生，确实是资本的生产过剩表现，即生产资料作为资本执行职能的生产过剩，这导致剥削程度的下降。资本已不能按照"健康的、正常的"生产过程发展所需要的剥削程度②来剥削劳动。当这个剥削程度下降到临界点，就会引起资本主义生产过程的混乱、停滞和危机。值得注意的是，生产过剩状态往往伴随着相当可观的相对过剩人口。因为劳动生产率的提高、资本积累加速、不变资本比例扩大等因素都会导致相对过剩人口的产生。危机的结果是消灭多余的资本，重新实现生产与消费的平衡。马克思指出，资本主义生产方式的独特性质是"把现有的资本价值用作最大可能地增殖这个价值的手段。它用来达到这个目的的方法包含着：降低利润率，使现有资本贬值，靠牺牲已经生产出来的生产力来发展劳动生产力"③。如果周期性生产危机通过消灭多余的资本来修复生产关系，那么危机也就具有合理性，但是，它的修复功能又是有限的，它并不能解决相对过剩人口问题，从而导致双重灾难：生产力的浪费与牺牲；工人阶级，尤其是失业工人的贫困或悲惨生存状态。

　　如何避免或减少生产危机的发生，尤其是减少危机对弱势的工人阶级

---

　　① ［德］卡尔·马克思：《资本论》（第3卷），人民出版社2004年版，第288页。
　　② 马克思所言资本主义生产过程"健康的、正常的"发展所需要的剥削程度，指的是利润量应随资本投入量的增加而增加，而非相反。参见《资本论》（第3卷），人民出版社2004年版，第284页。
　　③ ［德］卡尔·马克思：《资本论》（第3卷），人民出版社2004年版，第278页。

的影响与打击，就是值得关注的问题。

资本家团结的秘密。资本家之间存在着紧张的竞争关系，但为什么在劳资关系的冲突中会自动团结起来与工人阶级对抗呢？竞争使资本在不同生产部门之间流通，通过资本在不同部门之间根据利润的升降进行的分配，供求关系之间就会形成这样一种比例，使不同的生产部门都实现了相同的平均利润。资本主义在一国社会内部越是发展，资本就越能够实现这种平均化。作为个体的资本家，只会对他个人使用的工人的剥削表现出特别关心，即他只关心如何获得额外的剩余价值。一个部门的资本，也与总资本不同，只对本部门直接雇用的工人的剥削表现出特别的关心，即试图通过立法或行业约定手段，或者通过推广新技术新方法等手段提高生产率，从而保障本部门本行业的利润率。当利润变成平均利润之后，可得到结论："每一单个资本家，同每一个特殊生产部门的所有资本家总体一样，参与总资本对全体工人阶级的剥削，并参与决定这个剥削的程度，这不只是出于一般的阶级同情，而且也是出于直接的经济利益，因为在其他一切条件（包括全部预付不变资本的价值）已定的前提下，平均利润率取决于总资本对总劳动的剥削程度。"[①]对劳动的剥削使资本家产生了共同利益，从而很自然地结成联盟。"在这里得到了一个像数学一样精确的证明：为什么资本家在他们的竞争中表现出彼此都是假兄弟，但面对整个工人阶级却结成真正的共济会团体。"[②]

为追求额外利润，资本之间进行着你死我活的竞争，而竞争的结果却是平均利润的形成，于是资本家们在劳动的所有权阵地前，又结成了生死与共的兄弟情谊。为了生存与发展，劳动的力量也只能通过结集而抗争。亚当·斯密早已指出，工人的结合常常一败涂地，而资本的秘密联合却是

---

① ［德］卡尔·马克思：《资本论》（第 3 卷），人民出版社 2004 年版，第 219 页。
② ［德］卡尔·马克思：《资本论》（第 3 卷），人民出版社 2004 年版，第 220 页。

效果卓著。① 马克思在论证了工人阶级通过合法手段无法捍卫合法权益之后，如宪章运动的失败，只能发出革命的倡议。因而，在劳资纠纷中，革命手段实际上具备着某种道义性。要告别革命，唯一途径就是建立公平的、合理的经济秩序与社会秩序。那么，如何在法治社会与和谐社会的历史前提下，处理好劳资矛盾与冲突，保障资本与劳动的合法权益，就是当前社会的重大课题。如何界定劳动与资本权益的边界，如何通过社会化的形式，如股权分配、劳动保障、保险机制等，全面而充分地实现劳动的权益，保障资本的权益，正是建立合理的、正义的经济秩序与社会秩序的重要内容。

三、马克思关于金融资本的伦理批判

继生产过程、流通过程之后，马克思展开对信用制度、银行制度为代表的金融资本的批判，从而全面地、彻底地完成他的资本批判之旅。股票、证券等虚拟资本是现代商业社会的产物，随着资本主义生产方式的发展及全球化进程，越来越深刻地影响着国民经济的发展与变化。马克思的金融资本批判，对于各国之金融危机或金融困境仍然发挥着重要的启示作用。

马克思首先考察了商业资本的历史进程。马克思认为，在前资本主义社会中商业资本的本质是掠夺与侵占。传统社会中，货币财产主要集中在商人手中，"生产越是不发达，货币财产就越集中在商人手中，或表现为商人财产的独特形式"②。集中在商人手中的货币可称为商业资本。在前资本主义生产方式中，资本还未成为统治地位的力量，即货币尚未支配生产

---

① 参见［英］亚当·斯密著，郭大力、王亚南译：《国民财富的性质和原因的研究》（上卷），商务印书馆 2010 年版，第 61—62 页。

② ［德］卡尔·马克思：《资本论》（第 3 卷），人民出版社 2004 年版，第 364 页。

活动，为什么也存在商业资本呢？这是因为集中在商人手中的货币已表现为资本的历史形式，即商业活动的结果是占有剩余劳动，并使货币在商人手中积累起来，这是原始积累本身或前奏。马克思指出："商人资本的存在和发展到一定水平，本身是资本主义生产方式发展的历史前提。"① 这是因为，只有商业资本的存在与发展才能满足资本主义生产方式对贸易的需求。资本主义生产是以大规模销售为目的的生产，只有大规模的商业活动才能实现生产与贸易的转化。而且，商人资本的一切发展都会促使产品越来越多地转化为商品，促使生产活动越来越以交换为目的。随着商业开始掌握产业的支配权，它将使生产越来越从属于交换，并逐渐地侵蚀生产本身，使整个生产部门依附于它，最终促成旧的社会形式解体。16—17世纪，商业的突然扩大和新世界市场的形成，对于封建生产方式的衰落及资本主义生产方式的勃兴产生了至关重要的影响。因此，商业资本的存在与发展是资本主义生产方式的必要的历史前提，但是，商业资本作为资本的表现形式，一开始便显示了它侵占与掠夺的本性。"只要商业资本是对不发达的共同体的产品交换起中介作用，商业利润就不仅表现为侵占和欺诈，而且大部分是从侵占和欺诈中产生的。"② 一方面，商人为获取高额利润，常常采取欺诈手法，"无商不奸"大约是全世界通用的公理。另一方面，商业资本占据了剩余产品大部分的或绝大部分的价值，并且，通过流通，商业资本攫取了不同地区、不同国家的价格差额。故在古代和近代的商业民族的发展中，商业资本与暴力掠夺、海盗行径、绑架奴隶、征服殖民地直接结合在一起。③ 掠夺就是资本的本性。

马克思分别研究了利息、信用、虚拟资本和银行制度等现代社会商业与金融体系的主要范畴及其功能。

---

① ［德］卡尔·马克思：《资本论》（第3卷），人民出版社2004年版，第364页。
② ［德］卡尔·马克思：《资本论》（第3卷），人民出版社2004年版，第368页。
③ 参见［德］卡尔·马克思：《资本论》（第3卷），人民出版社2004年版，第368—370页。

　　关于生息资本。当资本家分为货币资本家和产业资本家，将使一部分利润转化为利息，这就出现了利息的范畴；而这两类资本家之间的竞争，产生了利息率。利息实际上是利润（剩余价值）的一部分，是产业资本家使用借入资本时，必须支付给货币资本家的收益。总利润于是分割为利息和企业主收入，这是质的分割，即两部分存在着质的区别，是互相独立的、互不依赖的部分。利息是资本自身的果实，是生产过程之外的资本所有权和果实，而企业主收入是处于生产过程中并发挥着作用的资本的果实。这个分割就导致货币资本家与生产资本家的互相对立，以及两者在再生产过程中发挥着完全不同的作用。产业资本家把资本投于生产中，而货币资本家仅仅是把资本贷放出去以获取利息。利息作为剩余价值的一种形式于是呈现出双重表现：一方面，利息是占有无酬劳动的手段，它作为独立的权力与活劳动相对立，即作为他人的财产与工人对立；另一方面，利息自身的形式却没有产生与雇佣劳动的对立，因为雇佣劳动是与直接剥削它的产业资本相对立的。

　　"执行职能的资本家代表他人所有的资本，同雇佣工人相对立，而货币资本家则由执行职能的资本家来代表，参与对劳动的剥削。"① 这就是人们见到的现实：产业资本家与工人的对立是直接的，故成为工人阶级反抗的直接对象，而货币、金融资本家与工人的对立是间接的，必须经过分析才能发现这种对立，工人作为个体并未感受到金融资本的剥削与压迫，故金融资本从来都游离于阶级斗争之外。利息作为单纯的资本所有权无偿占有了他人的劳动，但是，利息却表现为与劳动无关的特性。在社会资本的总运动中，利息只是表现为两个资本家之间的关系，利息参与了剥削却远离阶级斗争。

　　马克思指出："在生息资本上，资本关系取得了最表面和最富有拜物教

---

① ［德］卡尔·马克思：《资本论》（第 3 卷），人民出版社 2004 年版，第 427 页。

性质的形式。"① 在 G–G′ 的资本与利息的运动形式中，已完全看不到劳动与生产的影子，只看到钱生钱的过程，社会关系最终转化为货币同它自身的关系。在这里，通过货币贷放形式，货币自身实现了自行增殖，似乎货币的自身运动就能创造价值。生产活动与商业活动的辛劳和风险，与利息无关，利息只要求实现它的物权。故生息资本表现为最纯粹的自行增殖的形式。马克思指出了利息范畴隐藏的颠倒关系：利息本是利润的一部分，是执行职能的资本家从工人身上榨取的剩余价值的一部分，现在反而表现为资本的真正果实，表现为原初的东西；利润转化为企业主的收入之后，却表现为只是在再生产过程中附加进来的或增添进来的东西。在这里，看到了生产关系最高程度的颠倒和物化。资本的生息形态——一种简单的形态，使资本成为它自身再生产过程的前提；货币或商品具有独立于再生产过程而增殖本身价值的能力，利润的源泉再也看不出来了。故资本的神秘化取得了最显眼的形式。②"在生息资本的形式上，资本拜物教的观念完成了。按照这个观念，积累的劳动产品，而且是作为货币固定下来的劳动产品，由于它天生的秘密性质，作为纯粹的自动体，具有按几何级数生产剩余价值的能力。"③ 生息资本具有巨大的吸引力，所有人都愿意把手中的闲散资本变成生息资本，故各种民间的、官方的金融活动必然随着资本充裕而蓬勃发展。信用制度与虚拟资本也随之兴盛，并且，信用制度、银行制度和股票公司的发展成为现代资本主义生产方式发展的社会化程度的重要标志。

马克思认为，以股票发行为代表的虚拟资本的发展，一方面造成了所有权和经营权的分离，推动了生产的垄断发展，另一方面造成新的投机与欺诈盛行，并导致金融贵族的统治。"虚拟资本一词来源于18世纪南海投机泡沫时人们所说的虚拟价值，即实际资本在货币表现上的一个升值。以

---

① ［德］卡尔·马克思：《资本论》（第3卷），人民出版社2004年版，第440页。

② 参见［德］卡尔·马克思：《资本论》（第3卷），人民出版社2004年版，第440—442页。

③ ［德］卡尔·马克思：《资本论》（第3卷），人民出版社2004年版，第449页。

后，人们将货币、非劳动所得等皆称为虚拟资本。"① 由于信用体系不是以货币流通为基础，而是以票据流通为基础，通过票据的反复的贴现、抵押、借贷等流通活动，就创造出虚拟资本。与信用制度相关联的，就是银行业的发展。

马克思认为债券、股票、汇票等带利息的有价证券或所有权证都属于虚拟资本的范畴。"这些虚拟资本，一方面不对应现实的资本甚至也不代表现实的资本（在股票形式下，它代表投入的现实资本；在国债券形式下，它代表的以前的投入资本可能已经消失因而不代表现实资本），只代表着收益权或对货币的要求权。另一方面，虚拟资本有其市场价值，它的市场价值基本上与实际资本运动无关（又不是完全无关，如股票与企业的业绩相关）。虚拟资本本身已经变成商品，它的市场价值主要由资本市场上的货币资本和虚拟资本的供求决定，因而它的市场价值变动不定，使这种金融商品交易带有很大的投机性质和预期成分。同普通商品相比，虚拟资本和普通商品一样有买卖分离的风险，但它代表更大的虚拟财富（市场价值表示）和更多的货币要求权，因此风险更大。"②

马克思严厉批判了资本主义信用体系及虚拟资本的欺诈与投机性质。由于虚拟资本将价值与价格完全分离了，各种票据、证券与所有权证都具有了价格的形式，而且能够与货币交换，这就导致资本主义的经济发生变化，使实体经济与虚拟经济互相交错、交融。虚拟资本与虚拟经济导致欺诈与投机的盛行，即少量的货币经过反复的流通，可以成倍地增长为一个无法确定的极大的存款总额，而少量的信用，经过反复的签发汇票，可以变成数倍的信用。"例如在苏格兰，流通的货币（而且几乎完全是纸币！）从来没有超过 300 万镑，而银行存款却有 2700 万镑。"③ 再如一家商行在伦

---

① 王德祥：《论马克思的金融危机理论》，载《经济评论》2000 年第 3 期，第 19 页。
② 王德祥：《论马克思的金融危机理论》，载《经济评论》2000 年第 3 期，第 19 页。
③ ［德］卡尔·马克思：《资本论》（第 3 卷），人民出版社 2004 年版，第 457 页。

敦开了 20 万镑信用的账户之后，通过与营业伙伴互相签发汇票，就可以产生 60 万镑信用。① 银行资本就是依靠这些虚拟资本和很少部分代表现实价值的资本的保证，来反复进行贷款、抵押、贴现等业务活动而营利。这实际上就是来反复进行投机和欺诈的活动。"一切便利营业的事情，都会便利投机。营业和投机在很多情况下紧密地结合在一起，很难说营业在哪一点终止，投机从哪一点开始。"② 因而，"英国从 1844 年到 1847 年的繁荣时期，是和第一次大规模的铁路欺诈活动结合在一起的"③。欺诈与投机似乎成为经济繁荣的代名词。

信用投机与欺诈最鲜明的特征是，少数人拿多数人的或社会性的财产进行投机与冒险。由于信用不是货币，而是对未来收益的要求，故信用的运用必然存在风险，如果能小心谨慎地规避风险，权衡利弊，便能最大限度地保证信用体系的健康良序发展及投资者的利益。但是，信用体系的建立，是以闲散资本的存在，也就是以社会资本的存在为前提，故信用的运用，是为"单个资本家或被当作资本家的人，提供在一定界限内绝对支配他人的资本，他人的财产，从而他人的劳动的权利"④。信用的本质是对社会资本的支配权，是对社会劳动的支配权。信用制度的发展，产生了一个新的阶层，马克思称之为"一种新的金融贵族，一种新的寄生虫"⑤，他们通过各种金融活动进行谋利，这其实是拿他人的财产或社会性的财产来进行投机和冒险，"并在创立公司、发行股票和进行股本交易方面再生产出了一整套投机和欺诈活动。这是一种没有私有财产的私人生产"⑥。信用事业的发展，必然导致两个方面的后果：其一，这些投机与欺诈活动，无论

---

① 参见［德］卡尔·马克思：《资本论》（第 3 卷），人民出版社 2004 年版，第 465 页。

② ［德］卡尔·马克思：《资本论》（第 3 卷），人民出版社 2004 年版，第 458 页。

③ ［德］卡尔·马克思：《资本论》（第 3 卷），人民出版社 2004 年版，第 462 页。

④ ［德］卡尔·马克思：《资本论》（第 3 卷），人民出版社 2004 年版，第 497 页。

⑤ ［德］卡尔·马克思：《资本论》（第 3 卷），人民出版社 2004 年版，第 497 页。

⑥ ［德］卡尔·马克思：《资本论》（第 3 卷），人民出版社 2004 年版，第 497 页。

成功或失败，都将导致资本的集中，从而导致最大规模的剥夺。"在这里，剥夺已经从直接生产者扩展到中小资本家自身。"① 其二，这种剥夺在资本主义制度本身之内，以对立的形态表现出来，即社会财产为少数人占有，而信用使这少数人越来越具有纯粹冒险家的性质。②

马克思对银行制度也进行了深刻的批判。银行资本同样是虚拟的。"银行家资本的最大部分纯粹是虚拟的，是由债权（汇票）、国债券（它代表过去的资本）和股票（对未来收益的支取凭证）构成的。"③ 马克思认为，银行通过货币与信用的经营与运作，攫取了现实的利润与积累的相当大的一部分。"这些人总是以货币的形式或对货币的直接索取权的形式占有资本和收入。这类人的财产的积累，可以按照极不同于现实积累的方向进行，但是无论如何都证明，他们攫取了现实积累的很大一部分。"④ 攫取货币资本积累的，是什么人呢？有私人货币资本家、国家、团体及中介，整个信用制度急剧扩大使他们获利极大，"总之，全部信用，都被他们当作自己的私有资本来利用"⑤。这也就是说，社会资本在信用制度的运行中的很大一部分收益被少数人占有。

值得注意的是，马克思批判国家权力与银行的结盟。因为这种联盟会加剧资本的集中。如伦敦最大的英格兰银行，这是拥有半国家机关地位及巨大权力的银行，它从 1797 年至 1817 年这 19 年共获得利润总额 29.28 千万英镑，而其资本是 11.64 千万英镑，即在 19 年中攫取了近三倍的利润。⑥ 马克思指出，国家权力与资本的结合，导致新的危险，"那种以所

---

① ［德］卡尔·马克思：《资本论》（第3卷），人民出版社2004年版，第498页。
② 参见［德］卡尔·马克思：《资本论》（第3卷），人民出版社2004年版，第498页。
③ ［德］卡尔·马克思：《资本论》（第3卷），人民出版社2004年版，第532页。
④ ［德］卡尔·马克思：《资本论》（第3卷），人民出版社2004年版，第542页。
⑤ ［德］卡尔·马克思：《资本论》（第3卷），人民出版社2004年版，第541页。
⑥ 参见［德］卡尔·马克思：《资本论》（第3卷），人民出版社2004年版，第617页。（此处引文中的19年，应为计算错误，正确数字为21年。作者注。）

谓国家银行为中心，并且有大的货币贷放者和高利贷围绕在国家周围的信用制度，就是一个巨大的集中，并且它给予这个寄生虫阶级一种神话般的权力，使他们不仅能周期地消灭一部分产业资本家，而且能用一种非法危险的方法来干涉现实生产——而这伙匪帮既不懂生产，又同生产没有关系"①。金融资本最终成为整个资本主义生产的最大获益者及最强大的统治力量。

经过对资本主义生产及再生产过程的全面考察，对信用、虚拟资本、银行资本的全面批判，马克思得到如下结论：

> 从人类精神的一般劳动的一切新发展中，以及这种新发展通过结合劳动所取得的社会应用中，获得最大利润的，大多数是最无耻和最可鄙的货币资本家。②

实际上，马克思非常客观地评价了信用制度与银行制度。他认为，信用制度和银行制度把社会上一切可用的，甚至可能的、尚未积极发挥作用的资本交给产业资本家和商业资本家支配，加速了生产力的物质上的发展和世界市场的形成，因而，信用制度与银行制度都是资本主义生产方式固有的形式，是促使资本主义生产方式发展到它所能达到的最高和最后形式的动力。同时，信用制度和银行制度扬弃了资本的私人性质，是新的生产方式产生的必要阶段。③与此同时，马克思反复地批判信用制度、银行制度及虚拟资本的投机、欺诈本性，认为它们"把资本主义生产的动力——用剥削他人劳动的办法来发财致富——发展成为最纯粹最巨大的赌博欺诈制度，并且使剥削社会财富的少数人的人数越来越减少"④。即信用制度与

---

①［德］卡尔·马克思：《资本论》（第3卷），人民出版社2004年版，第618页。

②［德］卡尔·马克思：《资本论》（第3卷），人民出版社2004年版，第119页。

③参见［德］卡尔·马克思：《资本论》（第3卷），人民出版社2004年版，第686页。

④［德］卡尔·马克思：《资本论》（第3卷），人民出版社2004年版，第500页。

银行制度的发展，造成资本的加速集中，造成社会财富越来越集中于少数人手中，而这少数人利用社会财富、社会劳动进行投机与赌博活动，收益尽收囊中，风险尽归社会全体成员，这是极大的不公平不正义。尤其是，当金融资本与国家权力结盟，加倍地巩固和扩张了资本的统治力量，加速财富向少数人集中的趋势，这是更大的不公平不正义。如何保障信用与金融市场的健康发展，保障信用工具与金融工具的目标是增进国民财富，仍然是当前重大的现实问题。尤其是，如何切实地保障全体社会成员的共同利益、公共利益不受侵占与剥夺，还富于民，是社会主义的货币与金融领域的根本问题，当然也是货币与金融领域的最大正义所在。

第二节　马克思的分配理论

利润的生产与分配是经济生活的全部内容。资本主义生产方式比较好地解决了发展生产力，创造利润的问题，在此基础上，分配问题就成为现代社会及当代社会的中心问题。马克思依然是在批判古典政治经济学及其他各种社会主义类型的分配理论的基础上，展现他的分配正义理论。

一、马克思对古典政治经济学收入范畴的批判

古典政治经济学形成于资本主义早期，这一时期资本是稀缺资源，储蓄和投资是经济增长的关键，因而，古典政治经济学主要关注生产问题，或曰国民财富的增长问题，它不太关心收入分配的公平问题。亚当·斯密和李嘉图都信奉市场的自我调节能力，强调自由放任的经济政策。他们相信，随着生产力的发展，国民财富的增长，工资将会逐渐提高，分配问题将不是问题。故古典政治经济学派的分配理论以所有权为基础，以是否促进经济增长为根本标准。只有约翰·穆勒研究了分配正义问题，他希望通过政府行为与慈善活动缓解市场经济造成的新的社会贫困和不平等，他"代表了古典经济学对经济正义的最大关注，但穆勒基本上是从补救市场分配的缺陷和道德同情出发的，没有对公民平等权利的认识，也没有为分配正义提供理论基础"①。

① 时学成：《分配理论演变：从古典、新古典到马克思》，载《生产力研究》2010年第12期，第31页。

古典政治经济学提出利润、工资与地租三个基本的收入范畴，指出它们分别来源于资本、劳动与土地三项所有权，从而确立了现代分配理论的基本框架。马克思继承了这个分析框架，但他批判了这个理论的根本错误——掩盖了剩余价值的真正来源。"资本—利润（企业主收入加上利息），土地—地租，劳动—工资，这就是把社会生产过程的一切秘密都包括在内的三位一体的形式。"① 通过这些概念或范畴的排列组合，造就了所谓自然的、合理的分配秩序。

马克思指出，资本、土地与劳动是三个完全不相干的范畴。"每年可供支配的财富的各种所谓源泉，属于完全不同的领域，彼此之间毫无关系。"② 它们互相之间的关系，就像公证人的手续费、甜菜和音乐之间一样，原本是完全异质性的。资本不是物质性的东西。资本代表了某种生产关系，而且是特定历史社会形态下的生产关系，"资本不是物质的和生产出来的生产资料的总和。资本是已经转化为资本的生产资料，这种生产资料本身不是资本，就像金或银本身不是货币一样"③。资本的本质是权力，是建立在所有权上的可合法占有他人无偿劳动的权力，也是现代社会最强大的统治力。土地是无机的自然界本身，土地的肥力不同，将造成同量的劳动与资本表现为不同量的劳动产品。土地是生产过程的必要因素，在农业中土地蕴含的自然力直接影响着生产结果，在工业活动中，土地的面积、地理位置、自然属性等也直接或间接影响着利润。而劳动，只是一个抽象概念。在这个公式中，劳动并不指称具体的身体的劳作，而是指一般的人类劳动。它是"人借以实现人和自然之间物质变换的人类一般的生产活动"④，它既包括过去人类劳动的凝结，也包括现实劳动的共同存在。可见，

---

① ［德］卡尔·马克思：《资本论》（第3卷），人民出版社2004年版，第921页。

② ［德］卡尔·马克思：《资本论》（第3卷），人民出版社2004年版，第922页。

③ ［德］卡尔·马克思：《资本论》（第3卷），人民出版社2004年版，第922页。

④ ［德］卡尔·马克思：《资本论》（第3卷），人民出版社2004年版，第923页。

这是三个完全没有内在关系的范畴或领域，但它们为什么变成三位一体公式的要素呢？这缘于资本、土地与劳动是生产活动的三个基本要素，虽然土地是具体的、自然的要素，而资本与劳动是抽象的概念。正是这三个生产要素的结合，才完成了资本主义的生产过程。也正是这三个要素的结合才产生了价值，包括剩余价值。马克思为什么批判这个公式？马克思并非否认资本与土地在生产过程中的要素意义，而是批判这个公式掩蔽了剩余价值的来源，并把不合理的关系变成合理的、正义的关系。

　　资本、土地与劳动结合的共同产物是价值。社会总产品在扣除必要劳动后，剩下的是剩余劳动，即剩余价值，但剩余价值完全被资本攫取。资本使资本家以利润的形式吸取剩余价值的一部分，土地使土地所有者以地租的形式吸取剩余价值的另一部分，劳动则使工人以工资的形式获得一部分可供支配的价值，故从表现上看，资本家、土地所有者与工人各得其所，处于完全合理的、和谐的状态。但是，马克思指出，工人获取的价值与剩余价值是完全不同的范畴，二者处于对立、对抗状态。工资范畴本身具有道德的、人道的尺度，然而，在资本主义生产关系中，在利润与工资的二元关系中，工资的标准被压抑至生存与繁衍后代的最低限度，即压制到维持役畜的生存水平的最低限度，利润与工资因而变成反比关系，即对立、对抗关系。但在"资本—利润、土地—地租、劳动—工资"这个三位一体的公式中，所有的矛盾都消失了，所有的非正义都合理化了。

　　"资本—利润、土地—地租、劳动—工资"这个三位一体的公式，提出三组相互对应的关系，这抹杀了生产活动过程中各种生产要素的组合意义、劳动创造新价值的意义、社会化劳动的意义等重要的内容，而这些内容本身是资本主义生产方式存在及发展的历史前提与条件。这个公式使"各种生产关系越来越互相独立，各种价值组成部分越来越硬化为互相独立的形式"①。当剩余价值转化为利润，利润转化为平均利润，经由生产过

─────────

① ［德］卡尔·马克思：《资本论》（第3卷），人民出版社2004年版，第938页。

程与流通过程的共同决定作用，利润成为主要范畴与资本，而且是与总资本直接相关的范畴，劳动的意义已经隐退。当利润分割为企业主收入和利息，就完成了剩余价值形式的独立化，完成了实体化和硬化过程。而利润转化为地租，即剩余价值的一部分转化为地租，剩余价值的社会关系就消失了，似乎剩余价值直接来源于土地这个自然要素。因此，这个三位一体的收入源泉的公式，完成了剩余价值不同部分的互相异化与硬化，割断了其内部联系，使剩余价值的源泉完全被遮蔽了。"资本主义生产方式的神秘化，社会关系的物化，物质的生产关系和它们的历史社会规定性的直接融合已经完成：这是一个着了魔的、颠倒的、倒立着的世界。"①资本先生与土地太太成为社会至高无上的统治者。

亚当·斯密与李嘉图都推崇劳动创造了新价值，但是他们都没有彻底地坚持劳动价值论，而是认同这个三位一体的收入源泉公式，这主要是缘于古典经济学的所有权理论。他们认为资本、劳动与土地都是所有权形式，因而各自应得到其所得。这个公式论证了资本主义的正义伦理，也维系了资本主义的共同体，因而备受推崇。"这个公式也是符合统治阶级的利益的，因为它宣布统治阶级的收入源泉具有自然的必然性和永恒的合理性，并把这个观点推崇为教条。"②但是，这个公式只是维护了所有权的平等，而且是形式上的平等。而所有权的形式平等带来的日益严重的实质上的分配不公、贫富分化、财富集中等重大问题，是古典政治经济学无法预见也无法克服的问题。

---

① ［德］卡尔·马克思：《资本论》（第 3 卷），人民出版社 2004 年版，第 940 页。
② ［德］卡尔·马克思：《资本论》（第 3 卷），人民出版社 2004 年版，第 941 页。

二、分配关系与生产关系

马克思认为，生产关系决定了分配关系。[①] 分配正义的实现取决于生产关系的变更。"分配的结构完全决定于生产的结构。分配本身是生产的产物，不仅就对象说是如此，而且就形式说也是如此。"[②] 必须先有生产，才能对生产的产物进行分配，即生产决定了分配的对象；而参与生产的方式也决定了分配的特殊形式，即决定了参与分配的形式。

马克思在《1857—1858年经济学手稿》中分别讨论了分配优先于生产的几种假象。其一，对于个体，分配似乎表现为社会规律，这个规律决定了他在生产中的地位，因而分配似乎先于生产。比如土地所有者，社会分配规律将允许他不用劳作而自动取得地租，即允许他不劳而获地生活。再如一无所有的工人，没有资本也没有地产，自出生便被社会分配规律指定他从事雇佣劳动。实际上，这种天生的命运仍然是资本、土地作为独立的生产要素存在的结果，即个体必须服从先在的生产关系。其二，法律将影响分配关系。比如通过立法手段，宣布地产归属的永久化。再比如通过立法，将某些人群变成奴隶，如将俘虏、无力还债者变成奴隶，或用法律的形式形成并维护等级制度，使特权与劳动变成世袭的、命运的安排，这难道不是分配关系优先于生产关系吗？从个体的命运观察确实如此，但从整个社会关系的演化、变迁的宏观视野观察，又必须承认法律关系其实只是分配关系的一个实现工具。是生产关系决定了分配关系，并通过法律的形式将分配关系固定化、永久化。其三，在民族与国家之间，似乎也是分配

---

① 这一结论似乎稍显武断。生产过程主要包括生产、交换、分配与消费四个环节。故单纯的产品分配关系包含在生产关系中，所以分配关系是表现生产关系的一个方式。但是，由于分配问题成为现代社会的中心问题，也就逐渐从生产关系中分离出来并似乎获得了某种独立性。因此，为了更明了地表达马克思对分配问题的见解，故采取这一略显简单化的判断。

② 《马克思恩格斯全集》（第30卷），人民出版社1995年版，第36页。

优先于生产，并决定生产。比如古代的民族征服过程，出现了三种可能：征服民族把自己的生产方式强加于被征服民族，如英国人对爱尔兰的征服（这是现代殖民地通常的结果）；征服民族让旧生产方式维持下去，自己满足于征收贡赋，如罗马人；或者是发生一种相互作用，产生一种新的、综合的东西，如日耳曼的征服。① 在这里，马克思忽略了第四种情形，即征服者主动放弃自己的落后的生产方式转而接受先进的生产方式，如中国社会在夏商周时期，甚至更早的时期，如炎黄争霸时期，通常以游牧民族的胜利为开端，以游牧民族向农耕民族转化为结局。但是，以上所有情况中，生产方式仍然对新的分配关系产生着决定作用，即无论最后导致何种分配形式，都是最终取决于生产关系。再有，在全球化的进程中，马克思的原理是否适用？目前就全球经济发展而言，是国际分工导致国际分配。比如中国作为制造业大国，但许多产业在国际分工中却居于产业链的中低端。虽然付出牺牲环境的巨大代价，但在产品收益的国际性分配中，中国制造业的获利受到较大限制，发达国家则占有较大比重的利润。如何看待国际分工？答案仍然是，世界性的生产关系结构决定了国际分工的结构。发达国家利用其资本优势、技术优势、发达的营销模式及垄断能力等巨大的优势地位，决定了国际分工的格局，当然也就决定了国际性的利润分配格局。

在资本主义生产方式中，仍然是生产关系决定分配关系。资本主义生产方式是一种特殊的、具有独特历史规定性的生产方式。它把既定的社会生产力的发展结果作为自己的历史前提，并在此基础上产生与发展了新的、独特的生产关系与社会关系。资本主义的分配关系作为新的社会关系，就与其生产关系相一致。资本主义生产关系有两大根本特征，它们同时表现为资本主义生产的前提条件，一是雇佣劳动制度，二是资本的集

---

① 参见《马克思恩格斯全集》（第30卷），人民出版社1995年版，第38页。

中。这两大特征其实以这样一种分配为前提：劳动者被剥夺了劳动条件，一无所有，而劳动的条件都集中在少数人手中，同时，另外一些人对土地拥有排他的所有权。这就是资本原始积累的结果。马克思由此说明了存在两种分配关系，一种是生产条件的分配，是"在生产关系本身内部由生产关系的一定当事人在同直接生产者的对立中所执行的那些特殊社会职能的基础，这种分配关系赋予生产条件本身及其代表以特殊的社会的质。它们决定着生产的全部性质和全部运动"①。这种分配关系其实是宏观分析的结果，它指的就是新的生产方式建立的历史前提。在既定的历史前提下，在生产资料归属已定的前提下，新的生产过程才得以展开。另一种是生产成果的分配，它属于微观的法权关系，即分配关系指的是对产品中归个人消费的部分的各种索取权。

对于这两种分配关系，马克思持有何种态度呢？对于原始积累的结果，即对于决定生产资料归属的分配关系，马克思持强烈的批判态度。前文已进行过分析，在此不再重复。对于世界市场形成后，资本主义生产方式逐渐占据统治地位，并导致全球化进程中的掠夺与剥削，马克思同样持坚决的批判态度。

马克思对于法权范围内的分配关系持客观的评价态度。他说："所谓的分配关系，是同生产过程的历史地规定的特殊社会形式，以及人们在他们的人类生活的再生产过程中相互所处的关系相适应的，并且是由这些形式和关系产生的。这些分配关系的历史性质就是生产关系的历史性质，分配关系不过表现生产关系的一个方式。"② 这段话经常被人们引用以论证马克思的分配理论。那么，这段叙述说明的是哪一种分配关系呢？根据前后文关系，可以断定它论述的是资本主义生产方式内部的分配关系。马克思

①　[德]卡尔·马克思：《资本论》（第3卷），人民出版社2004年版，第995页。
②　[德]卡尔·马克思：《资本论》（第3卷），人民出版社2004年版，第999—1000页。

在《资本论》第三卷第五十一章专门讨论"分配关系和生产关系",在说明资本主义生产方式的两个特征之后,提出"我们再来考察一下这种所谓的分配关系本身。工资以雇佣劳动为前提,利润以资本为前提"①。在叙述了利润与地租的本质之后,马克思提出了上述论断,并且在上述文字之后即刻表述"资本主义的分配不同于各种由其他生产方式产生的分配形式"②。无疑,马克思的这段经典论断说明的是资本主义生产方式内部的分配关系。马克思没有带任何批判的色彩,他只是客观地表达了一定的分配只是历史地规定的生产关系的表现。由于资本主义生产方式的产品是商品,其生产的直接目的和决定动机是剩余价值,因此,最大限度地追求剩余价值与利润,就是资本主义生产的根本目的。恰是这个客观的判断引发了马克思是否具有分配正义思想、是否以正义为尺度来批判资本主义、剥削是否正义的等相关讨论。

应当认为,马克思在论述分配关系与生产关系时,确实没有进行价值判断,因为这是一个客观事实。在资本主义生产方式中,马克思是否批判资本的剥削为不正义,这个问题前文已叙述,即马克思认为在资本主义生产方式中,资本的目的就是获取利润。仅就其目的而言,这是合理的,也是正义的,即符合马克思正义原则的历史唯物主义原则。但是,就资本攫取无偿劳动这个事实而言,马克思的尖锐批判已经表明马克思认为其具有非正义性的伦理态度。马克思在深入地分析分配关系的内在结构及其发展倾向时,更是进行了浓墨重彩的批判,即批判作为资本职能执行者的资本家不但掠夺、剥削剩余价值,而且是采用不人道的方式来榨取剩余价值,甚至还利用国家权力为其榨取活动服务。此处,马克思批判的尺度是人本原则及无产阶级权益优先原则。实际上,马克思并不完全排斥资本主义的

---

① [德]卡尔·马克思:《资本论》(第3卷),人民出版社2004年版,第998页。

② [德]卡尔·马克思:《资本论》(第3卷),人民出版社2004年版,第1000页。

评价尺度。自启蒙运动以来，自由、平等、正义、民主、解放等都是得到普遍认同的现代型的价值理念范畴，但马克思似乎经常批判这些概念。其实，马克思批判的是建立在资本主义所有权基础上的资本主义的意识形态体系。因为资本主义所有权制度保障的是形式上的自由、平等与正义，实现的是非常有限的民主与解放，而这些与启蒙运动所允诺的真正的人的自由与解放相去甚远。因而，马克思一方面充分地肯定资产阶级革命所带来的生产关系和社会关系的进步与革新，但另一方面又全面地批判资本主义生产秩序和社会秩序存在的不合理、不正义的欺骗性质。在这个意义上，马克思可谓是启蒙思想的继承者，并且是继续启蒙的先行者。

三、马克思关于正义的分配制度设想

在批判资本主义生产关系与分配关系的基础上，马克思提出了关于新型分配制度的设想。这主要体现在《哥达纲领批判》。

马克思提出他设想的社会为"劳动资料是公共财产，总劳动是由集体调节的"①。在这个社会中如何公平地分配呢？集体的劳动所得就是社会总产品，在分配之前应当扣除如下项目：第一，用来补偿消耗掉的生产资料的部分。第二，用来扩大生产的追回部分。第三，用来应付不幸事故、自然灾害等的后备基金或保险基金。剩下的总产品中的另一部分是用来作为消费资料的。在把这部分进行个人分配之前，还得从里面扣除：第一，同生产没有直接关系的一般管理费用。同现代社会比起来，这一部分一开始就会极为显著地缩减，并随着新社会的发展而日益减少。第二，用来满足共同需要的部分，如学校、保健设施等。同现代社会比起来，这一部分一开始就会显著地增加，并随着新社会的发展而日益增长。第三，为丧失劳

---

① 《马克思恩格斯选集》（第 3 卷），人民出版社 1995 年版，第 302 页。

动能力的人等设立的基金，总之，就是现在属于所谓官办济贫事业的部分。① 只有做了上述的扣除之后，才能进行个别生产者之间的分配。在这里，马克思把资本主义社会界定为现代社会，而设想的是共产主义社会。

在消费资料的分配之前，需要扣除的是两大部分，第一部分是为实现再生产和扩大再生产而进行的扣除，它属于生产过程，必须在生产过程中完成。第二部分属于公共事业、公共福利性质的扣除。这部分的设立，源于现代社会的发展趋势与特点，比如救济一项。在传统社会中，官方的救济对象通常是突发性的自然灾难造成的大量灾民，对于其日常生活状态出现的贫困、疾病等情形的救助，通常属于民间行为，即由个人或教会组织等自主进行。随着城市化进程，人口日益集中，救济贫困、失业、养老等才成为政府组织的日常事务，也就成为必须扣除的项目。马克思非常正确地预见到，新社会关于医疗卫生、教育等公共福利的支出将显著增加，这已经由当代社会的发展趋势所验证，但是，马克思认为新型社会中公共管理方面的支出将显著缩减，这似乎被证明是错误的观点。因为随着现代社会的发展，公共性将日渐加强，文化、交通、公共安全等方面的公共设施的建设及管理的费用通常需要大幅增加。无论如何，马克思还是非常正确地指出了，在进行消费资料的分配之前，必须进行的扣除，而这种扣除，就是生产资本的积累与社会公共资本的积累。（马克思没有对新型社会的积累进行概念界定，故本文使用通用的资本积累的概念。）

对于生活资料、消费资料的分配，马克思提出了两个原则，即社会主义实行按劳分配，而共产主义实行按需分配。② 在社会主义阶段，由于刚刚脱胎于资本主义社会，应采取按劳分配原则，"每一个生产者，在作了

---

① 参见《马克思恩格斯选集》（第3卷），人民出版社1995年版，第302—303页。

② 马克思原文中使用的是"共产主义社会"及"共产主义社会高级阶段"两个概念，但学术界通常把马克思的两个原则与社会主义及共产主义两个阶段对应，故本文采取这个已被普遍认可的概念。

各项扣除以后，从社会领回的，正好是他给予社会的。他给予社会的，就是他个人的劳动量"①。按劳分配原则的理论基础是平等。每个人都享有平等和同工同酬的权利。但是，这种平等权利原则仍然属于资本主义法权范围。因为这种平等权利不承认阶级差别、群体差别、地区差别、家庭差别等一切社会条件的差别。它承认的是劳动者的自然差别及个体性差异，如个人天赋、家庭出身、性别等方面的差异所造成的不平等。故"这种平等的权利，对不同等的劳动来说是不平等的权利"②。要校正这些弊端，权利就必须是不平等的。

马克思进而提出共产主义阶段按需分配的原则。"在共产主义社会高级阶段，在迫使个人奴隶般地服从分工的情形已经消失，从而脑力劳动和体力劳动的对立也随之消失之后；在劳动已经不仅仅是谋生的手段，而且本身成了生活的第一需要之后；在随着个人的全面发展，他们的生产力也增长起来，而集体财富的一切源泉都充分涌流之后，——只有在那个时候，才能完全超出资产阶级权利的狭隘眼界，社会才能在自己的旗帜上写上：各尽所能，按需分配！"③马克思指出按需分配的前提条件有三个：第一，社会财富的极大丰富，能充分满足人的正常需要；第二，脑力劳动与体力劳动的统一，人不再被分工所奴役；第三，劳动成为自我实现的手段，人的全面发展成为自我需求。

如果以正义的最原初定义，应得——各得其所得，来观照马克思的分配原则，必然发现马克思的分配思想恰是对正义的诠释。马克思批判资本主义三位一体的收入源泉公式及其分配结果，是因为它没有实现工人阶级的"应得"，其创造的剩余价值被资本无偿地剥夺了。在社会主义阶段，按劳分配保障了劳动者的"应得"，做了多少贡献就获得多少工资回

① 《马克思恩格斯选集》（第 3 卷），人民出版社 1995 年版，第 304 页。

② 《马克思恩格斯选集》（第 3 卷），人民出版社 1995 年版，第 305 页。

③ 《马克思恩格斯选集》（第 3 卷），人民出版社 1995 年版，第 305—306 页。

报，但是，这种形式平等的"应得"仍然是不平等的表现，仍然不能充分、合理地满足人的正常需要，于是马克思提出按需分配的最高分配原则，即在生产力的发展达到某种高度，生产关系与社会关系的发展也达到相应程度之后，可实行按劳动者的需要来分配，这是真正的最高层面的"应得"。这就是真正的分配正义，既保证了公正，又保证了平等，并杜绝了浪费。由于这种分配是建立在人的全面发展、自我实现的条件下，它就保证了效率要求。故按劳分配与按需分配原则是马克思衡量合理的、正义的生产秩序与社会秩序的根本尺度及其最终实现的标志。

现在的问题是，按劳分配与按需分配是一个从低到高递进的关系，在二者的中间过渡阶段，按劳分配原则将面临什么样的实际问题？由于按劳分配承认个人天赋等天然特权，在实践中还存在家庭、地区、行业等种种差别，这必然导致个体在收入上的差距，这些差距在市场经济条件下将有可能重新演化为资本的形态。同时，在社会主义初级阶段，资本、技术等各种生产要素仍然参加分配，这必将导致资本积累及其扩张的结果。故理论及实践都存在着社会主义条件下的再资本化与贫富分化问题，以及社会阶级的再次分化问题。这些是马克思没有预见到的问题，也是按劳分配与按需分配原则无法直接解决的问题，这需要通过再分配的途径来解决。

这里需要引入二次分配及三次分配的概念。国民收入的分配包括初次分配、再分配以及第三次分配即伦理分配。所谓初次分配是指发生在企业内部的分配，即劳动力所有者和资本所有者之间的分配，其依据是要素贡献大小即效率原则。由于要素所有者根据要素贡献所获得的分配收入必须有一部分通过税收的形式转移到政府手中，因此，一国的国民生产总值是在政府、企业、个人三者之间进行的。就此而言，初次分配的状况必须考虑政府、企业、个人三者在国民生产总值中的份额。① 再分

① 参见吴练达、高璇：《从三次分配看中国分配问题的严重性》，载《河北经贸大学学报》2012 年第 2 期，第 34 页。

配则是指国民收入在初次分配的基础上，各收入主体之间通过各种渠道实现现金或实物转移的一种收入再次分配过程。通过国民收入的再分配，不直接参与物质生产的社会成员或集团，从参与初次分配的社会成员或集团那里获得收入。再分配的主体是政府，它需要运用税收、转移支付、提供社会保障和社会福利等手段调节收入与财富的分配，达到社会公平分配的目标。慈善公益事业较为发达的国家，除了初次分配和二次分配之外，还通过多种途径和多种方式的捐助活动，实现了财产直接或间接地转移，客观上起到国民收入再分配的作用，因而被称为第三次分配。第三次分配以自愿为前提，是国民依其所信奉的伦理观念而自发进行的再分配活动。目前再分配问题是理论界的热点，第三次分配问题也开始受到关注。如果说初次分配强调效率原则，这其实就是坚持马克思的按劳分配原则，而再分配强调公平原则，这其实就是赞同马克思的按需分配原则。

接下来的问题是，在社会主义阶段如何实现按劳分配？马克思反复批判资本主义生产方式导致剩余价值被资本无偿占有，在社会主义公有制基础上，生产主体，如企业，该如何解决剩余价值的分配问题呢？按照马克思的设想，分配之前必须预先为实现再生产和扩大再生产而进行扣除，关键的问题是，扣除的比例是多少？马克思论证了这个结论：劳动者应当享有合理的剩余价值额，但是，马克思从来没有指出，多少比例才是合理的，当然，这也许是一个无法明确回答的问题。而企业在市场经济体制下，为生存与发展必然要加大积累的比例，这就导致现今难以言说的现象：在政府、资本与劳动者三方的收入比重中，中国劳动者的劳动报酬比重远低于美国劳动者。如2006年中国与美国的劳资分配比较提供了如下数据：劳动者报酬所占国民收入的比重，中国为56.97%，而美国为79.30%；劳动者报酬占国民生产净值的比重，中国为47.53%，而美国为

72.54%；劳动者报酬占 GDP 的比重，中国为 40.61%，而美国为 63.95%。[1]
从初次分配的比较来看，强调按劳分配的社会主义中国的劳动者的劳动报
酬在国民收入的主要指标中都远远低于资本主义的美国。从 1949 年之后
中国社会经济发展变化，尤其工资收入发展变化的总体观察而言，中国初
次分配的实践状态，已有很大改善，但是，离马克思的分配正义理想尚有
较大差距。

目前中国社会的分配呈现出政府收入比重过大、再分配不够合理的特
点。剩余价值如果经由政府组织再分配给国民，这未尝不符合马克思的本
意。马克思关于分配之前需要扣除用来满足共同需要的内容，已经涉及再
分配问题。空想社会主义与马克思的相关理论及实践，使医疗卫生、教
育、养老等重大民生问题成为政府行为的主要内容，并成为衡量政治合理
性的重要指标。但遗憾的是，理论界对于马克思的再分配问题关注不多，
实践中，人们也主要关注初次分配问题而严重地忽视了再分配问题，并由
于体制的僵化，制度的不完善及公权力的异化等原因，加重了再分配的不
公平现象。比如，中国在 20 世纪 90 年代民众医药费用的自付比重过高，
以至于世界卫生组织公布的《2000 年世界卫生报告》所列的 191 个成员国
中，中国在卫生费用负担公平性方面排在倒数第 4 位，[2]此即为典型。当然，
面对批评，中国也在行动。"自 2003 年以来，中国公共财政在医疗卫生领
域中的变革，有力地扭转了这一局面。"[3]顾昕考察了 1990—2017 年中国卫
生总费用的构成、增长及其占 GDP 比重等情况之后指出，中国卫生总费
用水平呈逐年递增之势，但从国际比较的视角看，中国卫生总费用占 GDP

① 参见李济广：《劳资分配比例的中外比较》，《统计研究》2008 年第 10 期，第 112 页，
表 2 内容。
② 参见顾昕：《公共财政转型与政府卫生筹资责任的回归》，《中国社会科学》2010 年第 2
期，第 119 页。
③ 参见顾昕：《公共财政转型与政府卫生筹资责任的回归》，《中国社会科学》2010 年第 2
期，第 119 页。

的比重一向偏低，只是近年来才接近全球平均水平。[①] 在卫生总费用构成中，公共开支在中国卫生总费用中的占比在 1997—1999 年处于谷底，仅为 18.0% 的水平；自 2000 年以来，公共支出占比开始逐年攀升；从 2014 年到 2017 年，这一占比基本维持在 57% 的水平上下，在国际上已接近发达国家水平；中国政府财政预算对于医疗卫生事业的投入水平依然比较低。[②] 可见，近年来中国在医疗卫生事业方面的进步很大，但是，问题依然存在，某些时段或某些方面曾经存在较为严重的问题也不应否认。再分配的目的本是通过税收和财政支出来"削峰扶低"，缩小居民的收入差距，最大限度地维护社会公平，但中国社会的再分配却没有很好地实现这一目标，甚至在某些领域或某些时段，加重了两极分化现象，这实在是有违马克思分配正义的初衷。近年来诸多民生政策的改革与调整，中国社会的再分配已经出现良性变动趋势。公权力如果确实地代表着人民大众的利益，就应当承担起重构合理的、正义的生产关系及社会关系的重任，这就是马克思正义伦理的本义所在。

---

① 参见顾昕：《公共财政转型与政府卫生筹资责任的回归》，《中国社会科学》2010 年第 2 期，第 119 页。

② 顾昕：《公共财政转型与政府医疗投入机制的改革》，《社会科学研究》2019 年第 2 期。第 143—145 页、148。

第六章

马克思正义伦理思想的现代回响

　　通过对《资本论》及其手稿的解读，可以发现，马克思的正义伦理着落在正义秩序的批判与建构上。新兴资产阶级及其知识分子主导的启蒙运动向世人作出自由、平等、博爱的承诺，并引申出公平正义的承诺。马克思充分地肯定了新思想新伦理的进步意义，但同时又揭示和批判了其中的虚伪性。马克思提出全新的社会重构方案，其中也就隐含了伦理重建方案。经过分析解读之后，需要对此作出整体性的轮廓勾勒，以进一步探讨其理论价值与现实意义。

微信扫码，立即获取

☆ PPT总结分享
☆ 更多延伸阅读资源

第一节 马克思正义伦理思想的回眸与展望

一、马克思正义伦理思想的总问题素描

本文将援引阿尔都塞的"总问题"概念来对马克思的正义伦理思想作出整体性描述。但在进入正题之前，要回答一下为什么不使用比较常见的"范式"概念。范式概念由库恩首创。库恩指出，范式就是一种公认的模型或模式，"我选择这个术语，意欲提示出某些实际科学实践的公认范例——它们包括定律、理论、应用和仪器在一起——为特定的连贯的科学研究的传统提供模型"①。范式实为一种对本体论、认识论和方法论的基本承诺，是科学家团体所共同接受的一组假说、理论、准则和方法的总和，这些东西在心理上形成科学家的共同信念。因此，库恩的范式强调的是科学共同体的形成与发展，即范式作为一套实际的科学习惯和科学传统，构成了一个科学共同体的纽带，并构成本学科的特点与发展基础。因此，范式概念更适合于观察某一学科或科学共同体，以及观察一般哲学理论如何转向实际科学理论的途径问题。人们通常把范式理解为，或引申为某种理论体系，当然，库恩的范式概念可以如此理解，但它主要是指某种共同的、已被广为认同的理论体系。因而，本文更愿意借用阿尔都塞的"总问题"概念。

阿尔都塞提出："为了认识一种思想的发展，必须在思想上同时了解

———————————

① ［美］托马斯·库恩著，金吾伦、胡新和译：《科学革命的结构》，北京大学出版社2003年版，第9页。

这一思想产生和发展时所处的意识形态环境，必须揭示出这一思想的内在整体，即思想的总问题。"① 这也就是说，把所考察的思想与其当时的意识形态环境联系起来，方能更好地理解所考察思想的独特性与历史意义。总问题与思想家本身是什么关系？"哲学家一般并不思考总问题本身，而是在总问题范围内进行思考。"② 不妨理解为，思想家的总问题往往不能成为自我意识。思想的本质与思想的自我意识之间可能存在着距离，"思想"通常没有意识到自己的理论前提，即没有意识到业已存在但未被承认的总问题，"而这个总问题却在思想的内部确定着各具体问题的意义和形式，确定着这些问题的答案。"③ 故阿尔都塞认为，总问题通常不是一目了然，而是隐藏在思想的深处，并在思想的深处起作用，需要不顾思想的否认和反抗，才能把总问题从思想深处挖掘出来。那么，通过马克思的著作，可以把握到马克思的总问题，包括正义伦理总问题。

阿尔都塞为什么抛弃"总体"这一常用概念？他认为，当时黑格尔的"总体"概念比较强大，但却是含糊其词，而"总问题"概念却便于人们认识事实，把握思想的整体及其内在结构。"如果用总问题的概念去思考某个特定思想整体……我们就能够说出联结思想各成分的典型的系统结构，并进一步发现该思想整体具有的特定内容。"④ 阿尔都塞的理论被批评为用结构主义来伪造马克思主义，但是，如果不把结构主义等同于语言学分析，那么，用结构观察的方法来研究马克思的理论还是非常值得肯定的。研究思想的总问题，并非关注总体思想的抽象，而是要研究这个思想本身及其特定的结构、矛盾，并以此来把握理论本身及把握事实。

前文已就马克思正义伦理的基本特征、基本原则与总关切点进行了

① ［法］路易·阿尔都塞著，顾良译：《保卫马克思》，商务印书馆 1984 年版，第 50 页。
② ［法］路易·阿尔都塞著，顾良译：《保卫马克思》，商务印书馆 1984 年版，第 49 页。
③ ［法］路易·阿尔都塞著，顾良译：《保卫马克思》，商务印书馆 1984 年版，第 49—50 页。
④ ［法］路易·阿尔都塞著，顾良译：《保卫马克思》，商务印书馆 1984 年版，第 47 页。

讨论。马克思正义伦理思想建立在实践论地基上，以唯物史观为根本方法论，从而自动获得了科学性与价值性相统一的理论特征。或者说，马克思的正义伦理思想作为一种社会正义理论，相对于其他纯粹伦理学理论而言，最鲜明的特点是具有强烈的现实性与改造性，尤其是这种改造是最彻底的改造，它要求颠覆生产关系来改造社会秩序。马克思发现并关注的是以文明自居的资本主义社会中日益加剧的贫富分化现象及其导致的社会结构的变更，这些现象又导致阶级斗争与冲突的范围日益扩大和程度日益严重，并可能导致社会共同体的解体。追求人类解放的伟大情怀引导着马克思开始思考与关注无产阶级的根本命运和人类社会的历史命运。马克思的正义原则序列可归结为历史唯物主义原则、人本原则、无产阶级权益优先原则，这三大原则提纲挈领地指示了考察马克思政治经济学的路径。劳动二重性、剩余价值、可变资本等范畴可视为马克思新创的伦理概念。它们是政治经济学体系的科学概念，但是，如果没有包含着对无产阶级最大限度的关怀，只怕无从产生这些新范畴，因而它们同时又作为马克思正义思想的核心的伦理范畴而成立。关于分配问题这一现代社会的中心问题，马克思科学地回答了分配关系与生产关系、所有权之间的内在关联。马克思极敏锐地发现了生产过程中存在着两种分配关系：一为生产条件的分配，一为生产成果的分配。古典政治经济学关注的，以及世人普遍关注的是生产成果的分配，而此项分配取决于既定的法权关系，因而，对其只能进行有限度的调整，而且，法权体系的支配者（即统治阶级）常常不自觉地把法权工具变成强权的附庸。马克思因而革命性地揭示了分配问题的根源与解决之道，只有变更建立在资本主义私有制基础上的生产关系，才能彻底解决分配问题，解决贫富分化与阶级冲突问题。

以上总结可大致说明马克思的正义伦理思想确实是一个复杂的思想整体，是一个总问题。它内部存在着复杂的多重结构，即马克思放弃资本主义意识形态的正义范畴，建立新的范畴（如剩余价值等范畴）来说明资本主义的剥削现象，并提出建立个人所有制、实行按劳分配与按需分配来描述新型社会的正义。这个正义伦理结构又是建立在生产力与生产关系、经济基础与上层建筑之间复杂关系的特定理论结构之上。阿尔都塞认为，思想的总问题依赖于主导结构来实现统一。那么，马克思正义伦理这一复杂的思想整体的主导结构是什么？应当是劳动正义与分配正义这一对主导矛盾。传统经济学把正义限定于分配正义这一领域，因为在既定的生产关系中，尤其是在既定的资本主义所有制的法权体系中，正义仅仅是与法律条文、人道主义相关的概念，即正义作为意识形态概念，它只有维护既定生产关系的功能。分配正义既然受制于法权体系，那么，它就变成人道主义的副产品，即分配正义在整个社会结构中居于次要的地位，非正义现象只能依赖于市场的自动调节。穆勒曾提出以法律或功利主义的原则来修正分配关系，这是一种非常有限度的调整。马克思的贡献是，提出劳动正义的主张。马克思看到了分配问题的根源在于生产关系的变更。古典政治经济学提出劳动价值论，正确地说明了人类劳动对于现代生产方式的根本性意义，但是，古典政治经济学在解决劳动与资本的冲突时，选择了维护资本的立场，因为在资本主义兴起历程中，资本发挥了新兴力量的革命性作用。马克思反对人被物的力量所奴役，他认为人才是社会的根本，作为多数人的劳动阶层已经不可否认地成为现代社会的主导性的结构力量，因此，人的需要、人的价值应当被肯定。马克思通过对劳动的确认、对资本的批判的双重路径，使劳动正义范畴得以确立。劳动正义从而颠覆了分配正义，取得了主导地位。从这一主导结构出发，马克思科学地提出了解决劳动与资本矛盾，重建正义秩序的整全方案。

马克思意图颠覆旧的分配正义伦理并确立新的劳动正义伦理，而且，他成功地实现了目标，因此，应当进一步讨论马克思的工作对于现代伦理发展的贡献。

二、马克思正义思想的伦理贡献

马克思的正义思想的核心在于重建社会秩序，这一主张对于现代伦理的转型产生着重要影响。罗尔斯在《正义论》的开篇申言："正义是社会制度的首要德性，正像真理是思想体系的首要德性一样。一种理论，无论它多么精致和简洁，只要它不真实，就必须加以拒绝或修正；同样，某些法律和制度，不管它们如何有效率和安排有序，只要它们不正义，就必须加以改造或废除。"① 以罗尔斯为代表的西方现代伦理往往被认为是对规范伦理学的回归，并且是对传统的回归，或者说是对自亚里士多德以来，经洛克、霍布斯、卢梭、康德、黑格尔，到马克思的传统复归。也有学者认为罗尔斯的理论并非复归传统，而是对传统的发展。无论哪一种观点，都承认罗尔斯的正义论对于现代伦理学进程的作用，而罗尔斯关于"正义是社会制度的首要德性"的论断可谓其标志。这一论断与马克思的正义思想存在着重大关联。

什么是制度的德性？这实际上是三个问题。什么是德性？德性（arete）有时被译为美德，在希腊语中原指事物的特性、品格、特长、功能，亦即一事物成为该事物的本性。在道德领域，德性主要指称向善的、为善的品质或力量。亚里士多德说："可以这样说，每种德性都既使得它是其德性的那种事物的状态好，又使得那事物的活动完成得好。比如，眼睛的德性既使得眼睛状态好，又使得它们的活动完成得好（因为有双好眼睛的意思就是看东西清楚）。同样，马的德性既使得一匹马状态好，又使得它跑得快，令骑手坐得稳，并迎面冲向敌人。"② 这就把德性表述为使事物成为完美事物的特性或规定。因而，德性之本原并不局限于道德的领域，故不妨

---

① ［美］约翰·罗尔斯著，何怀宏等译：《正义论》，中国社会科学出版社2009年版，第3页。
② ［古希腊］亚里士多德著：《尼各马可伦理学》，廖申白译注，商务印书馆2003年版，第45页。

把德性比较宽泛地理解为卓越的品质或功能。什么是制度？"制度是人们在共同生活中构建的一套保证使共同体得以存在并实现其目标的权力设置和行为规则、程序的总和；或者是人们在共同生活中通过相互交往而逐渐形成的有权威性的惯例的总和。……制度从其组成来说，存在着以下两类因素：一是制度实体。任何一个制度都是把行为者的行为约束在一定范围内的实体性存在，它们都拥有某种正规强制性或权力，生活于制度中的人都能感受到制度的约束力。二是规则、程序、惯例。"① 有学者指出，社会制度包括四大系统，"社会制度是指社会的各种具体的制度，包括相应的机构和设施"，"主要由概念系统、规范系统（活动规则）、组织系统、物质设备系统四方面要素构成"。② 关于制度，不同学科的界定并不一致，但都存在共同点，即强调制度由一系列规则或规范构成。正是这些规则或规范使制度具备了德性的可能。什么是制度的德性？"它是指制度设计的合理性和制度对人们有规导力，能够使人们在其中形成对制度的运行方式及人们行为的理性期待，从而产生情感的沟通和行为之间的相互指涉响应，并形成相互信任。"③ 换句话说，有德性的、合理的制度使人获得对自己及他人行为的理性期待，并形成对制度的信任与依赖感。制度是为了人而存在，就应当把对基本的人伦关系结构的保障加以制度化，使其获得优先性。因此，制度要具备德性，关键在于制度本身的合理性及其作为基本前提的价值性。

正义何以成为社会制度的首要德性？万俊人教授认为，这与现代社会结构的公共化转型密切相关。社会起源的原因通常被归诸两个目的：一是

---

① 詹世友、钟贞山：《"正义是社会制度的首要美德"之学理根据》，载《道德与文明》2010年第3期，第11页。

② 袁亚愚、詹一之主编：《社会学——历史·理论·方法》，四川大学出版社1989年版，第88—89页。

③ 詹世友、钟贞山：《"正义是社会制度的首要美德"之学理根据》，载《道德与文明》2010年第3期，第11页。

安全和福宁；二是福利和幸福。所谓安全和福宁，即秩序、规范的保证，这依赖于社会或国家政治的合法性，以及获得社会普遍道义论的正当性的论证和支持；所谓福利和幸福，即社会生活的善，它依赖于社会或国家政治行为的合理性证明及道德目的论的有效支持。[1] 这实际上可归结为社会生活的两个根本性元素：秩序与生产。建立秩序与组织生产也就进一步提出合法性与合理性的关系，同时，合法性与合理性又是互相关联的。在传统社会中，社会秩序与生产活动之间存在着较远的距离，即尚未产生直接的相互影响，生产的方式与组织形式的变化未能直接地影响着社会秩序的变动。但现代社会的转型，作为一种结构性转型，却使秩序与生产——社会秩序与物质生产之间产生了直接的、相互作用的关系。"亚当·斯密和马克思是最先洞察到这一社会结构转型并对之作出深刻分析的划时代的思想家代表。不同的是，斯密更关注这一社会结构转型的经济动力和经济规则，而马克思则更关注这一发轫于市场经济的社会结构转型所带来的社会政治后果，因而给予它以历史辩证法的批判性分析和阶级革命的理解。稍后韦伯又从宗教伦理和文化的内在价值论视角，揭示和解释了西方现代经济社会结构转型的精神伦理意味；他同斯密和马克思一起完成了对西欧社会转型或欧洲现代性生成的整体图像刻画。"[2]

　　这种转型被界定为社会公共结构的转型，其后果是现代社会对公共性的要求日益提高，公平正义成为现代社会制度的第一品质要求。"斯密的经济学、马克思的历史唯物主义政治哲学和韦伯的伦理社会学，从不同的侧面刻画了近现代西方资本主义社会发展的历史轨迹，从经济基础到上层建筑和社会意识形态的各个层面，揭示了这一发展过程所展示的社会公共结构的转型特征：市场经济的自由扩张、阶级的分化与紧张及其由此带来

---

① 参见万俊人：《论正义之为社会制度的第一美德》，载《哲学研究》2009 年第 2 期，第 85 页。
② 万俊人：《论正义之为社会制度的第一美德》，载《哲学研究》2009 年第 2 期，第 87 页。

的革命性社会运动，以及现代经济伦理所折射出来的现代经济社会的同质化伦理精神，都显示了现代社会结构不断开放、不断公共化和普适化的发展趋势。这一发展趋势带来的重大社会后果是，现代社会的公共化程度越高、越充分，其对于社会制度、社会秩序和社会稳定的要求便越高、越强烈。正是在这一语境中，现代社会的制度设计、选择、安排、调整的重要性和首要性便逐渐凸显出来，现代社会生活对社会制度规范的依赖也日益增强。因此，如何确保社会基本制度的公平正义，便显得空前突出。易而言之，正义之被视为社会制度的'第一美德'，乃是对这一问题的根本解答。"[1] 衡量现代社会及其发展的基本尺度也就可以归结为正义秩序与福利幸福这两个相关的指标。

马克思的正义批判的意义不仅在于揭示了现代社会结构的公共性转型，而且在于推动了现代社会制度建构的正义化进程。公共性实际上就是现代性的构成部分，之所以在这里特别强调公共性，是因为公共性成为考察现代社会的结构转型以及制度建构的尺度。马克思的批判，使工人阶级为代表的人民大众的利益成为公共利益，并成为现代社会制度建设的根本目标。马克思通过阶级性来表达公共性。马克思发现资本主义社会日益分裂为两大对立的阶级：无产阶级和资产阶级。资产阶级拥有强大的资本，但人数愈来愈少；无产阶级人数愈来愈多，但必须忍受资本的统治。资本变成取消人的主体性，加速人的异化的强大力量。尤其是，资本家通过强大的资本力量掌握了国家机器，并运用国家机器为本阶级服务，这使资本主义国家的政治制度、法律制度乃至整个上层建筑都沦为资产阶级的工具，从而丧失了制度本身的公共性质及公平正义的承诺。从这个意义上可认为，马克思通过强调阶级性、阶级利益来彰显公共性。"无产阶级的阶级性之所以是那个时代哲学的显著特征，是因为这种阶级性代表了那个时

① 万俊人：《论正义之为社会制度的第一美德》，载《哲学研究》2009 年第 2 期，第 89 页。

代的最广泛和最真实的公共性……当时代发展到无产阶级的阶级性只有熔铸到日益显露的公共性中才能实现自身利益和更多人利益时，公共性超越并涵摄（无产阶级）阶级性。"① 可见，马克思并没有提出明确的公共性主张，但是，马克思批判了资本主义制度公共性的虚构，提出了更真实的公共性问题——阶级性及阶级利益。马克思否定了资产阶级国家代表全民利益的虚假性及其正义意识形态的虚幻性，提出了无产阶级作为社会主体其利益得到保障才是正义实现的主张，从而使平衡及保障各方利益，即保障秩序与福利，成为判断国家制度优劣的根本标准。这是一个全新的制度标准，也是一个全新的正义标准，正是基于此，"正义是社会制度的首要德性"主张方能顺利地提出并展开。

---

① 袁玉立：《公共性：走进我们生活的哲学范畴——马克思主义哲学的一个新视点》，载《学术界》2005 年第 5 期，第 32 页。

第二节　罗尔斯对马克思正义伦理的回应

马克思对自由主义的批判，由于其批判的力度和深度，似乎使自由主义面临着生死存亡的危机。但是，只要资本主义社会还未消亡，自由主义就会继续发展。这就是当代新自由主义兴起的根本原因。为了应对马克思的批判，新自由主义必须要对此伸张自己的合理性，它通常采取的态度是，要么吸取马克思的合理意见，要么进行回击以捍卫古典自由主义的主张。"当代自由在面向马克思的批判之时，一种是吸收马克思对资本主义的病理性诊断，试图完善自由主义以适应资本主义的发展，主要有德沃金和罗尔斯等具有平等倾向的自由主义。另一种是侧重于回击或者攻击马克思的理论，在攻击中捍卫自由主义的阵地，抵御历史唯物主义的进攻。这一派中，较为杰出的代表有波普尔、哈耶克、诺齐克等新古典主义者。"[①]要考察马克思的正义批判的回音，就必须考察这两种态度。鉴于篇幅，本文将选定罗尔斯与波普尔的回应。原因是，罗尔斯是从正面回应马克思的批判，并试图吸收或接受马克思的重要原则以改进资本主义的统治秩序的典型，而波普尔则从资本主义自身的发展批驳了马克思关于资本主义贫富分化、阶级冲突的论断，其批驳更贴近政治经济学的视角。首先，要考察、比较的是罗尔斯的正义论。

---

① 林进平：《马克思的"正义"解读》，社会科学文献出版社 2009 年版，第 138 页。

一、罗尔斯正义理论总问题的转向

罗尔斯的伦理学代表了现代伦理学的转向。这种转向表现在理论范式的转换，更重要的是，表现为总问题的转换。

万俊人教授指出，罗尔斯的《正义论》预示了两个连续递进的伦理学理论范式的转换：一是使西方伦理回归"规范伦理学"的传统理路。20世纪初至20世纪中叶，西方伦理学受科学认知主义的影响，分析伦理学与元伦理学兴起并成为主导范式，罗尔斯的正义理论扭转了这一发展方向。二是借助并改造了近代西方的契约论传统，在此基础上重建"普遍理性主义规范伦理学"，即建构一种基于社会基本制度正义的"制度型的"规范伦理学，它搁置了风俗礼仪或道德要求，强调提升现代民主社会的结构的合法性与合理性，它的核心理念是基于社会平等道义的"作为公平的正义"。罗尔斯在《正义论》发表之后，为面对各方批评，致力于不断限制自己的论题和范围，最后将自己的"公平的正义"的主题定位于政治自由主义的范围之内。但总体上，罗尔斯正义理论的社会道义伦理取向和政治伦理意味并未根本改变，因而不妨将这一转向视为西方当代伦理学和社会科学界"现代伦理法律化"的主要标志之一。[①]伦理、道德法律化或制度化，这是一个根本性的转变。自由、平等、博爱、公平、正义等都是人类社会最美好的价值，启蒙运动及资本主义革命使这些美好的理想成为全人类的共同追求，但是，新兴的资本主义社会并没有真正维护或实现这些美好的价值或伦理，建立在私有财产基础之上的资本主义法权关系保护的只是虚伪的正义承诺，这正是马克思毕生所批判的。罗尔斯开创性地把正义提升为社会制度的首要德性，使社会制度安排本身的公平、正义成为社会制度建设的内在目标及可能达到的最高目标，以此为前提，社会制度的运作实

---

① 参见万俊人：《论正义之为社会制度的第一美德》，载《哲学研究》2009年第2期，第83页。

践和社会生活秩序的公平、正义将是可以期待的。可见，罗尔斯力图把正义、平等、自由等伦理要求转变成法律规范或制度体系，不但是对马克思正义批判的积极回应，而且是对旧的伦理体系的重构，如果借用阿尔都塞的总问题概念，那么，罗尔斯的正义理论可视为正义总问题的转换。

罗尔斯正义理论总问题的核心议题是如何实现权利的公平分配。这就使传统的"应得"观念撤退至正义范畴的边缘，而"平等"进入正义范畴的中心位置。西方传统文化中的正义概念"更强调各得其所，或各得其所应得、各做其所应做"[①]。如毕达哥拉斯提出，正义基本上就是对等，即同样地对待对方。柏拉图认为正义就是给予每个人应得之物，即各得其所。亚里士多德则把正义分为普遍的正义与特殊的正义两类，普遍的正义指公民与社会的关系，它以守法为基本原则；特殊的正义指公民各人之间的关系，以各取所值，各得其所应得为原则。正义为均等和相称之意。因此，西方传统的正义概念强调的是"各自""应得"，即强调权利与自然正义；利益分配由既定的法权体系决定，国家或政治组织并不直接参与利益分配，也不试图影响利益分配格局。

罗尔斯把权利的分配变成社会制度或政治组织的主题。罗尔斯解释正义之主题时说："我们现在的题目是社会的正义，对我们来说，正义在此的首要主题是社会的基本结构，或者更准确地说，是社会主要制度分配基本权利和义务，决定由社会合作产生的利益之划分的方式。"[②]当正义进入社会制度的视野，将发生双重的变革：一方面，社会制度及其国家机构的功能发生了改变，从社会的"守夜人"角色变成了管理者、分配者或平衡者，这进一步导致国家或政治组织的合法性与合理性的全面变革。另一方面，正义的性质与功能发生了改变，它从个体（公民）的精神品质变成了

[①] 何怀宏：《正义在中国：历史的与现实的——一个初步的思路》，载《公共行政评论》2011年第1期，第4页。

[②] ［美］约翰·罗尔斯著，何怀宏等译：《正义论》，中国社会科学出版社2009年版，第6页。

社会品质，从个体的行为准则变成了社会规范准则；它的自然性逐渐为社会性代替。如果以消极自由和积极自由的区分类比，传统的正义观属于消极的正义观，它只要求根据自然的事实与法定权限维护社会秩序，而制度正义属于积极的正义观，它要求根据正义原则主动地调整社会利益结构，即要求通过全面的修正或改革社会法律与政治体系来协调利益冲突。"一个社会体系的正义，本质上依赖于如何分配基本的权利义务，依赖于在社会不同阶层中存在着的经济机会和社会条件。"① 因而，社会正义的本质变成了政治组织对基本权利、义务的划分，以及决定社会合作的利益和负担的分配。

罗尔斯认为，必须进行权利分配的根源是平等理念。不妨把罗尔斯正义理论总问题转向的核心概念界定为"平等"。罗尔斯把主要制度理解为政治宪法和主要的经济和社会安排，这个安排的对象是社会的基本结构。为什么需要对社会的基本结构进行重新安排？罗尔斯坦言，这个基本的社会结构包含着不同的社会地位，不同出身地位的人们有着不同的生活前景，这些前景，部分是由政治体制和经济、社会条件决定的，即社会制度导致不同群体的起点的差异，这是一种特别深刻的不平等。它影响着大多数人的最初机会，同时，这类平等不应该诉诸功绩或应得来辩护。因此，社会正义原则首先要面对的就是这些不平等。

罗尔斯的正义理论把正义纳入制度范畴，彰显人的平等与共同生存之理念，从而实现了正义总问题的转向。马克思关于分配问题的正义批判中，最深刻的莫过于指出生产资料的分配不正义才是贫富分化的根源，罗尔斯力图改善社会地位、经济与社会条件造成的不平等及其引发的生活前景的差异，应当说，他是认真地面对了马克思的批判。罗尔斯的正义原则，进一步展现了他的回应。

---

① ［美］约翰·罗尔斯著，何怀宏等译：《正义论》，中国社会科学出版社 2009 年版，第 8 页。

二、罗尔斯的正义原则与马克思的正义批判

马克思的正义批判可归结为两大要点：一是指出分配不公的根源。分配问题实际上存在着生产资料的分配和生产成果的分配两种有根本性区别的分配。古典经济学或政治学通常只关注生产成果的分配，人们没有认识到或不愿意承认生产资料的分配问题。资本主义所有制使不同的个人或群体立足于不同的生产资料积累的原点上来参与分配，这必然导致贫富两极分化，导致资本的集中与垄断的加剧，同时导致阶级的分化与冲突。二是指出资本主义法权体系在分配方面的无能。由于资本主义法律与政治制度以传统的自然权利为基础，其本质是维护既定的统治秩序，则其功能主要表现为维护有产阶级的权益。所谓平等的权利，自由与博爱原则最后均沦为欺骗，无产阶级不得不接受无法改善命运或世世代代永远贫穷的宿命。马克思的批判是如此深刻而中肯，罗尔斯的正义理论必须要做出合理的安排与论证来回应。罗尔斯在论述其正义理论的主题时，就主动地把平等问题确定为其主要关切点。而通过罗尔斯著名的正义原则，将同样发现罗尔斯对马克思的诘难进行了深思熟虑的思考。

在《正义论》中，罗尔斯首先把正义原则陈述为："第一个原则：每个人对与其他人所拥有的最广泛的平等基本自由体系相容的类似自由体系都应有一种平等的权利。第二个原则：社会和经济的不平等应这样安排，使它们（1）被合理地期望适合于每一个人的利益；并且（2）依系于地位和职务向所有人开放。"[①] 第一个原则与自由相关，即公民的基本自由，如政治自由、良心自由、思想自由、个人自由等一系列自由都应当是平等的。第二个原则涉及收入和财富的分配，即应坚持地位开放及兼顾所有人的利益。两个正义原则呈现词典式次序排列。罗尔斯进一步指出，两个正

---

① ［美］约翰·罗尔斯著，何怀宏等译：《正义论》，中国社会科学出版社2009年版，第47页。

义原则隐含了两种优先规则。第一种优先规则就是自由的优先性，即自由只能为了自由的缘故而被限制；第二种优先规则是正义对效率和福利的优先性，即正义原则优先于效率原则和追求最大利益总额原则，公平的机会平等原则优先于差别原则。这些论述比较复杂易致歧义，后罗尔斯在《作为公平的正义——正义新论》重新表述为："（1）每一个人对于一种平等的基本自由之完全适当体制都拥有相同的不可剥夺的权利，而这种体制与适合于所有人的同样自由体制是相容的。（2）社会的和经济的不平等应该满足两个条件：第一，它们所从属的公职和职位应该在公平的机会平等条件下对所有人开放；第二，它们应该有利于社会之最不利成员的最大利益（差别原则）。"[①] 其中，第一个原则优先于第二个原则，公平的机会平等原则优先于差别原则。[②]

　　这两大正义原则针对的对象是什么？罗尔斯提出，社会的基本善是权利、自由、机会、收入和财富，社会基本结构的主要任务就是分配这些基本善，而且应当平等地分配，即"所有社会价值——自由和机会、收入和财富、自尊的社会基础——都要平等地分配"[③]。平等的分配概念涉及效率原则，在平等与效率的排序问题上，罗尔斯认为主要有自然的自由体系、自由的平等和民主的平等三种解释。自然的自由体系认为满足了效率原则的、其各种地位向所有有能力的人开放的社会基本结构将实现正义的分配。罗尔斯认为这种方案只关心以公平的方式分配财富和收入、权利和责任，但不关心分配的结果。这个体系最初的隐含的分配原则是"前途向才能开放"，以指定的平等自由背景和自由的市场经济为先决条件，它要

---

　　① ［美］约翰·罗尔斯著，姚大志译：《作为公平的正义——正义新论》，上海三联书店2002年版，第70页。

　　② 罗尔斯的这两大原则常常被简化为：一是保障平等的基本自由和政治权利原则，二是偏爱最不利者。（参见何怀宏：《正义在中国：历史的与现实的——一个初步的思路》，载《公共行政评论》2011年第1期，第3页。）

　　③ ［美］约翰·罗尔斯著，何怀宏等译：《正义论》，中国社会科学出版社2009年版，第48页。

求的只是一种形式的机会平等，即所有人都至少有同样的合法权利进入所有有利的社会地位，因而，这个体系最明显的不正义之处在于，它允许分配的份额受到非常任性专横的因素的不恰当影响，而这不符合现代道德观念。自然的自由体系其实就是建立在古典政治经济学基础之上的正义观，它建立在自洛克以来古典自由主义的平等观念，即"权利平等"观之上。这种平等观消灭了封建的等级制度和特权，把人视为完全自由的个体。这是一种有极大进步的平等观，但是，它的局限性在于，权利平等仅仅是形式平等，个人的前途必然受制于自然的和社会的偶然性影响，即平等的权利会导致不平等的结果。当它受到批评之后，"自由的平等"试图通过新的解释来修正它，即在前途向才能开放的主张之外，再加上公平的机会平等原则的进一步限定。它要求各种地位不仅在形式上开放，而且应保证所有人都有公平的机会达到它们。这就是新自由主义者的平等观念——"机会平等"观，这种平等观试图通过教育改革、实施社会再分配及其他社会改革措施解决社会性偶然因素对人的不利影响。可是，罗尔斯认为这种解释仍然存在着缺陷，虽然它排除了社会性偶然因素的影响，但它还是认可自然禀赋的优越能力有优先的晋升机会，即认可天赋能力导致的不平等。从现代道德观念看，没有理由让天资的分布决定机会的分布。

罗尔斯指出，要修正这两种解释，推进平等，"就需要对社会体系增加进一步的基本结构性条件。必须把自由市场的安排放进一种政治和法律制度的结构之中，这一结构调节经济事务的普遍趋势、保障公平的机会平等所需要的社会条件"[1]。"我们可能还是值得回顾一下防止产业和财富的过度积聚以及坚持所有人受教育的机会平等的重要性。"[2]应当说，从权利平等到机会平等，自由主义实际上在努力地应对马克思关于形式正义的质

---

[1] ［美］约翰·罗尔斯著，何怀宏等译：《正义论》，中国社会科学出版社2009年版，第57页。
[2] ［美］约翰·罗尔斯著，何怀宏等译：《正义论》，中国社会科学出版社2009年版，第57页。

疑。新自由主义认同必须约束自由市场，更重要的是，认识到必须通过社会基本结构的调整来实现正义。这个认识离马克思彻底颠覆资本主义的生产方式的要求比较遥远，但是，它已经充分地认识到社会基本结构，包括经济结构、政治结构与社会结构的总体安排对于经济发展趋势、阶级构成发展趋势的意义，以及对于正义伦理建构的意义。罗尔斯的正义理论继承了古典自由主义与新自由主义关于公平与平等的理念的合理内容，但是，罗尔斯并不满意新自由主义的方案，一是因为它认可天赋原因造成的不正义，二是因为它的理论含混不清，没有也无法落实到社会基本结构的建构实践之中。故罗尔斯提出"民主的平等和差别原则"予以纠正。

罗尔斯认为，机会公平原则应与差别原则相结合。差别原则意味着通过挑选一种特殊地位（最不利者）来消除效率原则的不确定性，"社会结构并不确立和保障那些状况较好的人的较好前景，除非这样做适合于那些较不幸运的人的利益"[①]。在产权民主的社会里，企业家阶层比工人阶层拥有较好的前景，这种生活前景的最初的不平等唯有差别原则才能进行有效辩护，即只有这种生活前景的差别有利于那些处于较差状况的群体时才是可以接受的。差别原则与效率原则的关系是：差别原则并没有否定效率原则，因为否定效率原则将导致更糟糕的缺陷；如果社会基本结构是正义的，差别原则与效率原则相容，因为差别原则的充分满足意味着每个人都受益；如果社会基本结构是不正义的，差别原则与效率原则不完全相容，那么，正义优先于效率。

在社会制度中如何妥善地解决利益分布与机会平等问题，罗尔斯的理论存在着两个梯度。第一梯度，罗尔斯认同启蒙运动中的平等观念，所有人都享有基本的权利与自由，即利益的广泛分布应当得到赞许，"首先，制度的建立旨在推进所有人共享的某些基本利益；其次，各种职务和地位

---

① [美]约翰·罗尔斯著，何怀宏等译：《正义论》，中国社会科学出版社 2009 年版，第 59 页。

都是开放的"①。第二梯度，为解决利益分化、贫富分化问题，罗尔斯不再强调所有人的利益，转而强调最不利者的利益，即强调社会的经济的不平等应实现特别的安排，"使它们：（1）适合于最少受惠者的最大期望利益；（2）依系于在机会公平平等的条件下职务和地位向所有人开放"②。回顾一下马克思在《哥达纲领批判》中的明确主张，阶级差别与自然天赋将导致天然特权，"要避免所有这些弊病，权利就不应当是平等的，而应当是不平等的"③。两相对照，二者的共通之处不言而喻，即都同意通过不平等的安排来实现权利的平等。

罗尔斯认为，差别原则改变了社会基本结构的目标，使整个制度结构不再强调社会效率和专家治国的价值。那么，才能不再仅仅因为才能本身而被赞赏，也不再被认为仅仅与个人私利相关，即才能必须能够促进公共利益才能得到赞赏，"较大的能力可作为一种社会的资产用来促进公共利益，但同时也适合于每个有较高的自然资质的人的利益，使他追求一种较好的生活计划"④。他还提出，"把天赋的分布看作是在某种意义上的一种共同资产，可以共享由这种天赋分布的互补性带来的较大社会与经济利益"⑤。他又强调，"把自然能力的分配在某种意义上看作是一种集体资产，以致较幸运者只有通过帮助那些较不幸者才能使自己获利"⑥。反复的论证与强调反映了罗尔斯持与马克思相似的观点，正义的根本作用在于维护共同体的生存与发展。在公平的正义中，人们需要实现共同生存，自然都"同意相互分享各自的命运"⑦，那么，自然的差别与社会的差别将因其促进

①［美］约翰·罗尔斯著，何怀宏等译：《正义论》，中国社会科学出版社2009年版，第64页。
②［美］约翰·罗尔斯著，何怀宏等译：《正义论》，中国社会科学出版社2009年版，第65页。
③《马克思恩格斯选集》（第3卷），人民出版社1995年版，第305页。
④［美］约翰·罗尔斯著，何怀宏等译：《正义论》，中国社会科学出版社2009年版，第82页。
⑤［美］约翰·罗尔斯著，何怀宏等译：《正义论》，中国社会科学出版社2009年版，第78页。
⑥［美］约翰·罗尔斯著，何怀宏等译：《正义论》，中国社会科学出版社2009年版，第139页。
⑦［美］约翰·罗尔斯著，何怀宏等译：《正义论》，中国社会科学出版社2009年版，第78页。

了共同利益、公共利益而受到肯定。由上观之，在共同体或公共利益的根本目标上，提出出发点的平等要求，并进而提出差别原则以补充公平的机会平等原则与基本权利原则，从而实现社会基本结构或社会体系的自我纠正与完善，罗尔斯形成了一系列值得期待的主张。这一系列主张在实践中究竟产生了多少作用，在多大程度上改变了马克思所批判的分配不正义，暂且不论，但应当承认，这一系列主张确实很充分地回应了马克思关于生产条件、自然天赋的区别导致的不平等的深刻批判，甚至在某种程度上回应了马克思关于按需分配的理想。

对于马克思关于资本主义法权体系的批判，罗尔斯又是如何思考的？马克思批判了资本主义法权体系或政治体系在推进平等、自由与正义方面的虚幻性质，要求通过生产关系的变更重建政治制度。罗尔斯并不同意如此颠覆、重建的方案，他认为，通过基本政治制度的改革与修正，可以满足对平等、自由与正义的要求，即通过建立一种正义的制度，就足以满足现代社会的正义目标。罗尔斯首先诉诸程序正义（形式正义）来论述他的观点。纯粹的程序正义是，把社会体系设计成这样，无论最后的结果是什么，只要它在某种范围以内，就都是正义的。纯粹的程序正义中，不存在判定结果是否正当的独立标准，而是存在一种正确的或公平的程序，这种程序如果被遵守，其结果必然是正确的或公平的。纯粹的程序正义具有巨大的实践优点：不需要考察关于社会地位、个体差异及日常生活的具体情况这些复杂的因素。在此前提下，纯粹的程序正义完成了分配的正确性：在纯粹的程序正义中，利益分配把特定的欲望与需求排除了；对产品的分配按照公共的规范体系进行，这一公共规范体系决定着生产的内容、数量与方式；合法的要求也由公共的规范体系决定，对这些要求的尊重将产生分配的结果。因此，在这种程序正义中，分配的合作体系的正义性决定了分配的正确性。① 换句话说，社会的基本善中，自由与机会由基本制度的规范确定，收入和财富的分配也由其调节。但是，纯粹的程序正义运用范围有限，它只适合于竞技性状态，而不能运用于日常生活。现实生活的复杂因素、状况等具体的、现实的条件带来的种种限制和阻碍决定了纯粹的程序正义是不可能实现的，因而，社会基本结构就是不完善的程序正义的一个实例。虽然在社会体系中实现纯粹的程序正义是不可能的，但纯粹的程序正义仍然具有重大的现实意义，它为分配的合理性提供了一个可靠的标准，即在现存的生产关系中，通过良好的程序设计可最大限度地提高分配正义的程度。也只有在此基础上，公共利益或共同利益才能成为社会基本政治制度的标准或原则，"根据这一原则，我们评价制度要看它们能够在多大程度上有效地保障所有人平等地追求其目标所必需的条件，或能够在多大程度上有效地推进对每个人都同样有利的共同目标"②。

　　罗尔斯把社会基本结构的主要制度界定为立宪民主制度，其核心是正义的宪法，而"一部正义宪法应是一个旨在确保产生正义结果的正义程序"③。正义的宪法及其正义的制度应按照如下四个阶段生成与实施：第一阶段，设计一种正义程序，宪法必须包括平等的公民权的各种自由并保护这些自由。第二阶段，从正义的、可行的程序安排中挑选出那种最能导致正义的、有效的立法和程序安排。这个安排应使作为正义结果的法规尽可能与正义原则一致，而不是与功利原则一致。这个阶段大约属于立宪会议阶段。第三阶段即立法阶段，要求法规不仅必须满足正义原则，而且必须满足宪法所规定的种种限制条件。此阶段任务是通过反复酝酿找到最佳宪法，并且明显不正义的法律与政策应被排除。第四阶段，法官和行政官员

---

　　① 参见［美］约翰·罗尔斯著，何怀宏等译：《正义论》，中国社会科学出版社2009年版，第66—68页。

　　② ［美］约翰·罗尔斯著，何怀宏等译：《正义论》，中国社会科学出版社2009年版，第74页。

　　③ ［美］约翰·罗尔斯著，何怀宏等译：《正义论》，中国社会科学出版社2009年版，第155页。

把制定的规范运用于具体案例，而公民们则普遍地遵循这些规范。这四个阶段还需要与正义原则及相关事实相对照，才能更好地进行正义程度的观察。首先，这四个阶段应符合两大正义原则。在讨论、设计正义程序及立宪会议阶段，主要遵循平等的自由原则，即个人的基本自由、良心和思想自由应得到保护，同时，政治运行过程总体上应是一个正义的程序。只有如此才能从宪法上确认公民的共同可靠的平等地位，使政治正义成为可能。在立法阶段，第二个正义原则要发挥作用，即社会与经济政策必须在公正的机会均等和维持平等自由的条件下，最大限度地提高最不利者的长远期望。在宪法与法律的运用阶段，法官、行政官员及公民们都应当尽可能地了解、遵从及推进两大正义原则。其次，在正义制度产生与运用的四个阶段中，应正确面对三种事实：社会理论的首批原则及其推论；关于社会的一般事实，如经济发展的规模、水平、自然环境等；关于个人的特殊事实，如个人的社会地位、自然禀赋、特殊兴趣等。罗尔斯在证明其正义原则时，提出无知之幕、原初状态的假设，故必须把三种事实纳入正义制度的产生与运用体系，才能使其理论获得足够的现实意义。罗尔斯认为，在四个阶段中都应该审慎地把原则与事实相结合，不同阶段应明智地运用不同正义原则及面对不同的事实与问题，同时还应把任何可能导致偏见、曲解和敌视的知识排除。最后，罗尔斯强调，这四个阶段的序列是运用正义原则的方法，它提出一系列的观察点，期望从不同的观察点来解决不同的正义问题。

罗尔斯进一步确认，资本主义政治制度的主要缺陷是不能保证国家法权体系对公平价值的维护，"从历史上看，立宪政府的主要缺点之一是一直不能保证政治自由的公平价值，必要的正确措施一直没有被采取。确实，这些措施似乎从来没有被认真地考虑过。资产和财富分布上的不均等——这大大超过了与政治平等相容的范围——一般都被法律制度所宽容。——公共财富一直没有被用来维持那些政治自由的公平价值所要求的制度。从根本上说，这种缺点出在这样一种情况中，民主政治过程充其量只是一种受控的竞争过程……政治制度中的不正义结果比市场的缺陷更为严重，持续时间更长。政治权力急速地被集中起来，而且变得不平等；那些既得利益者经常能通过使用国家和法律的强制工具来保证他们的有利地位"①。这些表述与马克思的表述多么相似。罗尔斯认为，要纠正这些缺陷，根本途径在于建立符合正义原则的民主立宪政治，具体的、直接有效的方法则是提高参与程度。正义程序的规则的实施，将保证参与原则的实现，这就迫使当权者关心选民的现实利益，即代表们必须在实质意义上代表他们的选区和选民。如是，罗尔斯全面地回应了马克思对资本主义法权体系的批判。

三、罗尔斯回音之辨

罗尔斯认真地面对马克思的批判，并许之以深思熟虑的回答。应当说，罗尔斯的回答是深刻而有价值的，但是，罗尔斯的回答是否解决了马克思的质疑呢？这是需要辨析的。

罗尔斯的正义理论的目标是良序社会。他把良序社会描述为："在那里，（1）每个人都接受、也知道别人接受同样的正义原则；（2）基本的社会制度普遍地满足、也普遍为人所知地满足这些原则。"② 为什么正义原则成为所有人的共识而基本的社会制度又必须满足这些原则呢？这是因为社会是一个合作体系。"每个人的幸福都依赖于一种合作体系，没有这种合作，所有人都不会有一种满意的生活，因此利益的划分就应当能够导致每个人自愿地加入合作体系中来，包括那些处境较差的人们。"③ 所谓合作体

① [美]约翰·罗尔斯著，何怀宏等译：《正义论》，中国社会科学出版社2009年版，第177页。
② [美]约翰·罗尔斯著，何怀宏等译：《正义论》，中国社会科学出版社2009年版，第4页。
③ [美]约翰·罗尔斯著，何怀宏等译：《正义论》，中国社会科学出版社2009年版，第12页。

系即强调互利互惠的特性，这是针对功利主义的弊端而提出的设想。罗尔斯把功利主义的理论预设界定为"欲望体系"，他指出功利主义的目标是"社会的原则也是要尽可能地推进群体的福利，最大限度地实现包括它的所有成员的欲望的总的欲望体系"①。又提出，"在古典功利主义的理论中，组织良好的社会则被设想为一种对社会资源的有效管理，这种管理最大限度地增加……欲望体系的满足"②。因为功利主义只关心满足的总量增长，却不关心总量如何在个人之间的分配，这正是马克思所批判的。马克思关心的是无产阶级这个社会多数人的福利问题，这似乎比较接近功利主义的观点，但马克思与功利主义的区别在于，分配正义实际上成为了马克思理论发展的中心问题。罗尔斯与马克思持相同立场，认为功利主义应当被符合正义原则的、更合理的理论体系所取代。因而，罗尔斯否定了功利主义的地基——欲望体系，不再把社会视为由原子式的、按照自利原则行动的个体的无序组合，而是视为有理性的、有选择能力与合作能力的个体的有序组合。

在把社会视为合作体系，而且预设每个人都有相应的理性能力、具备相应的知识的前提下，罗尔斯提出以形式正义来推进实质正义。因为形式正义是对原则的坚持，或对体系的服从，而实质正义也有赖于符合相应的正义原则的社会基本结构，因此，形式正义的作用体现在两方面：其一，作为规则性的正义，它排除了一些重要的非正义。其二，形式正义作为遵守体制要求的力量，其本身又依赖于制度的实质性正义和改造它们的可能性，因而，形式正义本身体现了实质正义的实现程度，而且形式正义的进

---

① ［美］约翰·罗尔斯著，何怀宏等译：《正义论》，中国社会科学出版社2009年版，第19页。
② ［美］约翰·罗尔斯著，何怀宏等译：《正义论》，中国社会科学出版社2009年版，第26—27页。

步推动着实质正义的实现。^① 在这里，罗尔斯的理论前提与目标都与马克思的正义批判存在着距离。马克思批判了资本主义制度，它是建立在市民社会基础上的国家与制度。市民社会在马克思那里主要表现为自私的、原子式的个体存在。学者林进平的著作在讨论罗尔斯如何回应马克思的批判时提出，罗尔斯的理论试图避免马克思所批判的自由主义的利己主义缺陷^②，那么，罗尔斯对合作体系的前提预设是否足以避免自由主义的缺陷呢？应当说，良序社会、合作体系都是比较理想化的、纯粹化的概念，与现实、事实之间还是存在着重大差距，但是，它们与形式正义结合起来考察，确实能够构成比较有效的观察、批判或指导社会现实的有力理论，即构成某种具备较强解释力的理论范式。

马克思的理论表现为整全性的理论体系，即试图全面地解释经济、政治与社会现象，并在此基础上重构经济体系与政治体系。而罗尔斯的正义理论的一大特点是，它不要求对社会问题进行一种整全性的回答，而是把其理论的问题域设定在政治哲学与伦理学范围内，试图正确地回答正义的实质问题、形式问题及二者结合的问题。只有充分地认识到两种理论之间的重大差别，才能准确地评价罗尔斯对马克思的回应。马克思立足于实践，运用历史唯物主义的方法，对资本主义社会进行了最深刻的剖析，指出资本主义社会的核心问题是资本的集中趋势导致贫富分化、阶级分化的社会问题，垄断加剧导致的经济危机，以及经济危机与社会矛盾叠加导致的潜在的社会危机。故马克思提出的解决方案是，必须全面变革生产关系，废除资本主义的私有制的经济基础及其上层建筑，重建合理的、正义的经济、政治和社会秩序。既然罗尔斯仅立足于政治哲学或伦理学领域，他的理论必然是对马克思理论的局部性回应，故罗尔斯着重回应了马克思

---

① 参见［美］约翰·罗尔斯著，何怀宏等译：《正义论》，中国社会科学出版社 2009 年版，第 45—46 页。

② 参见林进平：《马克思的"正义"解读》，社会科学文献出版社 2009 年版，第 141 页。

的正义批判。罗尔斯试图通过正义原则序列及其运用来推动以资本主义民主宪法为核心的政治体系与法律体系的正义进程，并通过提升政治体系与法律体系的正义性来修正或排除社会经济结构的严重不正义。他的理论重心是通过提升社会最不利者群体的处境，促进社会合作，从而实现自由与正义的社会秩序。可见，罗尔斯并不愿意全面变革生产关系，他只要求在现存的生产关系中推进正义；罗尔斯也意识到马克思批判之深刻，因而他也试图对经济关系或经济结构进行修正，但是，仅仅通过调整法权体系的方式来修正，这只是一种改良主义的有限的修正。

需要对私有财产权进行分析。马克思认为不正义的分配根源在于资本主义生产关系，只有变更资本主义私有制的经济基础，才能真正解决分配问题。对于这个根本性的变革主张，罗尔斯是如何回应的？学者林进平认为，罗尔斯为了回应马克思对私有财产权的批判，试图把私有财产从人的基本权利中放逐出去[1]，但却没有就此结论进行论证。这一说法似乎不太充分，因为罗尔斯不可能把私有财产权从人的基本权利中放逐出去，否则，也不称其为自由主义了。如罗尔斯在列举社会的基本善时并没有排除收入与财富，如果否定私有财产权作为基本人权，收入与财富的合法性也难以保障。罗尔斯赞成通过税收、二次分配等法律或行政手段对收入与财富进行调节和限制，应当认为，罗尔斯意在竭力限制私有财产权的扩张性。林进平的观点证明，罗尔斯确实尽了最大的努力来回应马克思的批判及试图最大限度地修正资本主义制度的结构性缺陷。罗尔斯的努力能否取得成效？"尽管罗尔斯用正义原则所形成的社会制度规约私有财产这一世俗的猛兽，把社会经济的不平等规约在政治平等之中，但却难保私有财产这一强大的世俗猛兽不会冲突正义原则所设置的藩篱，或社会经济的不平等不会冲越权利平等和政治平等的界限。毕竟社会的真正基础并不是罗尔斯的

---

[1] 参见林进平：《马克思的"正义"解读》，社会科学文献出版社 2009 年版，第 143—144 页。

正义原则，而是使罗尔斯的正义原则成为必要的社会生产。"① 在资本主义生产方式前提下，在权利领域与资本领域之间、平等与效率之间，也许矛盾和冲突是不可避免的，故罗尔斯的修正必然是有限的，但不可否认，在既定的资本主义生产方式中，他的理论确实极大地推进了正义秩序的建构进程。对此，罗尔斯有着清醒的认识，他认为某种理论如果能够指出一个社会应当避免的严重错误，就证明它就是一种有价值的理论。

---

① 林进平：《马克思的"正义"解读》，社会科学文献出版社 2009 年版，第 147 页。

第三节　波普尔对马克思正义伦理的回应

　　马克思在《资本论》及其手稿中，通过对资本的批判及对劳动的确证，解决了如下问题：第一，什么是正义？何种正义？或者说，正义的真正的本质、要义是什么？资产阶级的正义观的合理性与局限性在哪里？而更高社会阶段的正义应当是什么？第二，谁之正义？或者说，社会正义伦理的主体是什么？古典政治经济学在增进国民财富的概念下认可人民大众的权益，但马克思进一步指出，无产阶级作为现代社会最重要的主体性力量，其权益的优先保障才是判断现代正义伦理的根本尺度。马克思的批判与确证工作，为新型社会经济秩序与社会秩序的建构指明了正确的方向，但是，如何在社会主义的实践中真正实现及维护正义，却存在诸多困惑与难题。这就是马克思主义政治经济学或马克思主义正义伦理必须回答的第三个问题：如何实现正义秩序？

　　邓小平提出"共同富裕"的目标，实为重申马克思的正义要求，然而，这个问题并没有得到满意解决，甚至成为中国社会内在的结构性难题。2012年9月14日发布的中国首部《社会管理蓝皮书——中国社会管理创新报告》称，一些不稳定因素正处于从潜在风险向公共危机转化的临界点上；首当其冲的是，中国贫富差距正在进一步扩大，逼近社会容忍线。[①]从我国基尼系数的变化可一窥端倪。改革开放早期，我国的基尼系数不

---

① 参见李荣梅：《新形势下党的群众工作面临的主要挑战分析》，载《中共济南市委党校学报》2014年第5期，第16页。

高①，但 2016 年我国基尼系数达 0.465（这是国家统计局官网目前可查的最新数据），而欧洲国家与日本的基尼系数大多只在 0.24 到 0.36 之间。基尼系数是观察收入分配差距的重要指标。中国的基尼系数观察，一般从 1978 年的城镇基尼系数 0.16 及农村基尼系数 0.212 开始，尚为合理，自 1994 年开始越过 0.4 的警戒线（除 1999 年），并总体呈逐年上升趋势，2004 年超过了 0.465。此后，国家统计局不再公布国内的基尼系数。此后面世的基尼系数主要是经济学者或相关学术机构的估计或估算，且系数值通常比较高，提示了中国居民的收入差距悬殊。应当是为了回应各种民间数据，统计局一次性公布了 2003—2017 年的数据，后再未更新。综合相关数据，可以看到，2003—2016 年，中国的基尼系数处于 0.4—0.5 之间。2008 年中国基尼系数曾一度上升至 0.491，此后开始逐年回落。虽然连年下降，但最低值的 2015 年中国基尼系数仍然高于 0.4 这一国际社会公认的贫富差距警戒线。

为什么以正义为根本价值追求的社会主义实践，却出现了严重违背正义原则的贫富两极分化且呈现出难以根本性扭转的局面？因而，如何实现正义秩序是马克思主义正义伦理面临的最重要的现实问题。

本章选取波普尔及其理论与马克思的正义伦理对照分析，原因有二：一是波普尔对马克思的历史主义方法论、政治经济学理论进行了批判；二是波普尔援引当代资本主义的发展现实对马克思关于资本主义社会中财富与苦难的分析及预测理论进行了反驳，这与本文主题尤为相关。

波普尔于 1945 年出版《开放社会及其敌人》，1957 年出版《历史主义贫困论》两部专著，对马克思的历史主义方法论及其诸多结论进行了评价

---

① 1978 年国家统计局的估算结果是：城镇基尼系数是 0.16，农村基尼系数是 0.212。世界银行 1983 年对 1979 年中国全国的基尼系数估算结果为 0.33，世界银行 1997 年的一份研究报告表明 1981 年中国全国的基尼系数是 0.288。（参见李实、赵人伟：《中国居民收入分配再研究》，载《经济研究》1999 年第 4 期，第 5 页。）

与批判。波普尔是当代西方自由主义思想家，他毕生研究两个主题，一是科学哲学，一是历史哲学。两次世界大战的洗劫引发他对历史的反思，而法西斯和过于激进的左翼政党都使他感到恐惧，故他一生反对任何极权主义。他把激进的左翼政党等同于极权主义，这固然是不正确的，但是他的理论因别具一格的研究手法，却值得关注。而且他的著作发表于二战之后，既经历了马克思身后的社会主义革命实践的高潮，也经历了资本主义经济发展的危机与复兴、快速发展的过程，社会现实的发展确实在某种程度上足以检验马克思的结论，因而，波普尔的诘难值得重视。鉴于篇幅，本文不对波普尔的方法论批判展开论述而只是做一个简单的概括。

波普尔专文批判马克思的历史主义方法论，对此，国内学界已多有批驳，在此无须赘言，但波普尔对本质主义的批判与本文的主题密切相关，需要进行分析。本质主义，既有本体论意义又有方法论意义，在本体论上，本质主义强调普遍对象的重要性，即强调抽象本体。波普尔认为，不考虑本体论，单就方法论而言，本质主义方法论是不可取的，它应该被唯名主义方法论所取代。本质主义关注如何寻找共相，而唯名主义方法论关注的是描述事物是怎样行动的，它并不拘泥于概念或术语的固定的意义。本质主义方法论起源于亚里士多德，他认为科学研究必须深入事物的本质才能解释它们。其提问题的典型方式是："什么是物质？""什么是正义？""什么是自由？"这类问题的解决，即对事物本质的揭示，被认为是科学研究的必要前提或主要任务。而方法论上的唯名主义者提问题的典型方式是："这个物质是怎样行动的？""这个物质具有什么功能？"波普尔认为，方法论上的唯名主义已经在自然科学领域获得胜利，它也应该在社会科学领域获胜。本质主义作为传统社会的思维方式，是非常贫乏的。探寻事物的本质是否具有意义，本体论是否具有价值，无须多加论述，因为认识物质的本质及其共相对于把握事物的运动与发展所具有的意义几乎是不言自明的。①

一、关于资本主义成熟时期的马克思理论有效性的考察

马克思身后，世界范围内的经济与政治形势发生剧变，第二次世界大战的发生、社会主义革命的高潮等等，都推动了更多的民族国家的现代转型，尤其是发达国家的经济与社会结构发生重大变化，因而，有必要从理论与实践的双重层面重新审视马克思的理论对于现实的意义。

波普尔认为，马克思的理论只是对处于婴儿时期的"无约束的资本主义"的有效描述，随着资本主义进入干预主义阶段，马克思的判断与预测都将失效。"作为对无约束的资本主义的一种描述，对马克思的这部分分析很难再说什么。但是，当作为一个预言来考虑时，它就很难站得住脚。"②波普尔的逻辑是：否定劳动价值理论，从而否定马克思的剥削理论和财富与苦难同步增长的预言，在此基础上，以干预主义的成功否定马克思的社会革命理论。

波普尔认为，当代资本主义的发展已经破除了马克思关于资本主义命运的最基本的结论，即在资本主义条件下，财富与苦难同步增长的规律。这个结论确实是马克思关于资本主义的伦理秩序的重要判断。马克思认为，资本主义的竞争和生产资料的积累，导致两个结果：一是资本家为了生存，不得不积聚越来越多的资本以投入生产，通过购买更多的新机器以

---

① 本段涉及的本质主义方法论、唯名主义方法论、方法论上的唯名主义者等概念及内容，参见卡尔·波普尔著、陆衡等译《开放社会及其敌人》（第 1 卷），中国社会科学出版社 1999 年版第 66—68 页；［英］卡尔·波普尔著，何林、赵平译：《历史主义贫困论》，中国社会科学出版社 1998 年版，第 26—28 页。我在使用以上概念时，综合了两本专著的内容，进行了必要的处理，以便于阅读和理解。

② ［英］卡尔·波普尔著，郑一明等译：《开放社会及其敌人》（第 2 卷），中国社会科学出版社 1999 年版，第 266—267 页。

提高工人的生产率，这导致资本与财富越来越集中在少数资本家手中。二是无产阶级的苦难在不断增长，即对雇佣工人的剥削的增长，这种剥削不仅表现在数量上，而且表现在程度上。波普尔提出，马克思的劳动价值论与剩余价值论存在错误，故只需否定劳动价值论，就足以推翻上述结论。

波普尔的主要论点是：（1）马克思的价值理论并不足以解释剥削。（2）为这种解释所必需的附加假定过于充足，以致价值理论被证明是多余的。（3）马克思的价值理论是一种本质主义的或形而上学的理论。马克思提出，商品的价格由其价值决定，而价值由社会必要劳动时间决定。波普尔认为，商品的具体价值不是买卖双方能够看见的或确认的，即商品的社会必要劳动时间不是商品买卖的直接依据。商品的价格通常会发生上下波动，按照马克思的观点，价格的波动将趋于围绕商品的价值这个中心，即价格围绕价值的波动表现为一种供求机制，"在自由竞争的条件下，这种供求机制趋于对价值规律施加压力"[①]。马克思在论述工人的工资（劳动价格）问题时指出，工人的工资一直保持在近乎维持生计的低水平，原因是资本主义的积累机制创造了过剩人口，过剩人口成为劳动供求规律运动的背景，即过剩人口的存在使工人的工资发生上下波动。波普尔认为，对于任何市场定价，包括工资的定价在内，实际上通过供求规律来解释，即价值规律必须通过供求规律来解释，而供求规律如果足以解释市场现象，那么，劳动价值论就是多余的。如果供求规律能够充分地解释一切"剥削现象"，即与资本家的财富并存的工人的苦难，则马克思的剥削理论也显得多余。[②] 而且马克思极力要摧毁客观的"价值"的神秘特征，试图以劳动时间来获得实在性，这并没有成功。比如生产率的提高使工人的工资提高

---

① ［英］卡尔·波普尔著，郑一明等译：《开放社会及其敌人》（第2卷），中国社会科学出版社1999年版，第274页。

② 参见［英］卡尔·波普尔著，郑一明等译：《开放社会及其敌人》（第2卷），中国社会科学出版社1999年版，第275页。

而劳动时间减少时，工人的切身感受与马克思的理论之间距离遥远，即马克思的理论与直观的社会经验之间实在是相去甚远。

波普尔的批判似乎很有道理。如果供求规律能够回答工资问题，那么价值规律就显得多余；从直观感受的角度来看，在生产率大幅提高的前提下，确实是在工资普遍上涨的同时而劳动时间将缩短。这使马克思的劳动价值理论与剩余价值理论在发达资本主义国家的直观经验中呈现出形而上学的特点。但是，《资本论》及其手稿主要是针对资本主义生产方式而进行的研究，马克思的理论主要是宏观分析与理论抽象的结果，虽然理论与直观经验之间存在一定距离，但这并不能否定劳动价值论与剩余价值理论。供求规律确实是市场条件下直接发挥作用的规律，但这并不意味着马克思进一步进行理论抽象之后提出的劳动价值论没有意义。

波普尔也承认，马克思关于过剩人口的存在必然导致不致饿死的工资，导致生活水平的差异，这种现象是真实存在的。只要存在自由的劳动市场和过剩人口，即广泛的和长期的失业，工资就不能增长到高水平，马克思断言在一个高利润和财富不断增长的世界里，不致饿死的工资和苦难的生活是工人的永恒命运，这个论断是正确的。故马克思解释"剥削"现象的努力值得最大的尊敬。[①] 因为《资本论》确实真实地呈现了他所处时代的可怕的经济图景。马克思政治经济学理论最根本的意义在于，通过宏观分析与理论的抽象，最大限度地呈现了劳动者的历史贡献及其遭受的不公正不合理的待遇。在这里需要强调的是，马克思的政治经济学理论在实践中发挥了至关重要的作用，它为无产阶级革命进行了理论辩护。"全世界无产阶级联合起来"的口号与实践，间接地推动了发达国家与地区的经济秩序与社会秩序的合理化建构。波普尔承认："资本主义之所以能够转

---

① 参见［英］卡尔·波普尔著，郑一明等译：《开放社会及其敌人》（第 2 卷），中国社会科学出版社 1999 年版，第 279—280 页。

变成一种新的经济制度，在很大程度上是'阶级斗争'，即工人的联合造成的。"①

　　波普尔站在资本主义成熟阶段的历史维度，他的观察与见解也有中肯之处。其中，波普尔关于剥削与干预主义的理论值得关注。

　　波普尔提出了一个重要的问题，劳动生产率的提高对于剥削问题具有何种意义？马克思提出商品的价值取决于社会必要劳动时间。生产过程的时间又可划分为必要劳动时间和剩余劳动时间，前者是劳动者为自己的生存而生产，后者为利润而生产。剩余价值的量取决于剩余劳动时间的长短，而剩余劳动时间的增长源于劳动生产率的提高。这就意味着，劳动生产率越高，则剩余劳动的时间越长，可供剥削的时间也就越长。波普尔故而提出："资本主义剥削的基础是高度的劳动生产率。"②与传统社会的手工作坊相比较，在资本主义大机器生产的方式下，资本主义剥削的可能性建立在劳动生产率的成倍提高与社会化生产的基础之上。波普尔肯定了马克思对劳动生产率与剥削之间内在联系所做的研究。"马克思的最大成就是……得出这一结论，即一旦新机器的引进成倍提高了劳动生产率，就有产生新的剥削形式的可能性，这种形式由自由市场代替了野蛮的力量，并建立在对公正、法律面前人人平等和自由的'形式的'遵守之上。"③因而，在资本主义生产方式前提下讨论剥削问题，就必须思考剥削的程度与劳动生产率之间的关系。波普尔接着提问，如果剩余价值源于剩余劳动，那么资本家为什么不通过雇佣更多的劳动提高利润？马克思可能如此回答，因为竞争迫使资本家把资本投向机器，故不可能提高工资所占的那部分资

---

① [英] 卡尔·波普尔著，郑一明等译：《开放社会及其敌人》（第2卷），中国社会科学出版社1999年版，第299页。
② [英] 卡尔·波普尔著，郑一明等译：《开放社会及其敌人》（第2卷），中国社会科学出版社1999年版，第272页。
③ [英] 卡尔·波普尔著，郑一明等译：《开放社会及其敌人》（第2卷），中国社会科学出版社1999年版，第273页。

本。这个答案可推导出这样的结论，资本家的利润并不完全来源于剩余劳动。波普尔因而认为："似乎马克思观察到的'剥削'现象，正如他所认为的那样，不能归因于完全的竞争的市场机制，而应归因于其他因素——尤其是归于低生产率和不完全的竞争市场的混合状态。"① 波普尔没有对这个结论展开叙述，这个结论也并不完全符合马克思的本意，因为马克思并没有类似的明确的论断。但是，波普尔的结论却有着深刻的意义。从资本主义发展的历程中观察，在生产率越低下，竞争越不充分的条件下，资本家才会竭尽全力地采用降低工资与延长工时的剥削手段，工人可体验到的剥削程度越高，或者说可直观感受到的剥削程度越高，即工人的苦难越深重。而生产率的成倍提高与比较充分竞争的条件下，工人阶级将受惠于待遇的提高、工作时间自由度增加、工作环境改善等更加文明与人性化的剥削方式，工人阶级的苦难将大大降低。因而，切实地消除人民苦难的途径是提高生产率。

波普尔坚持认为，马克思的理论只适用于"无约束的资本主义"时期，而国家干预的新制度将改善整个无产阶级的命运。干预主义的诞生缘于两个原因：一是民主的发展。由于法律开始承认工会、工人政党的合法性，这使集体议价、罢工成为可能。二是市场的发展面临着自由与干预的选择。波普尔称之为"自由的悖论"，即国家是否需要保护自由？国家应该维护何种自由？当完全自由的、不受控制的市场发展到一定阶段，必然使经济自由主义面临着自由与控制的悖论。如果国家不进行干预，那么其他越来越强大的社会组织，如垄断集团、托拉斯、工会等，就可能进行干预，市场的自由必然被破坏。如果不小心地保护自由市场，整个经济体系必然不再替其唯一合理的目标服务，即不再以满足消费者的需求为目标。

---

① ［英］卡尔·波普尔著，郑一明等译：《开放社会及其敌人》（第 2 卷），中国社会科学出版社 1999 年版，第 277 页。

因此，市场必然受控制，而且必须受到合理目标与方式的控制，如进行不妨碍消费者自由选择的控制或为促进自由竞争而控制等。①波普尔认为，无论维护何种自由，都只能导致国家干预，导致有组织的政治权力、国家和工会参与经济领域。波普尔的观点代表了自由主义的转向。在市场经济不发达阶段，斯密所代表的原始的经济自由主义要求，为了维护自由市场，政治权力不应干预，一切应交由"看不见的手"来调节。至市场经济成熟时期，波普尔代表的自由主义则主张，为了维护自由，国家必须干预市场。

总而言之，波普尔认为，马克思关于工人阶级的苦难及其命运的描述已经失效，工人阶级的命运已经发生重大改变。"无约束的资本主义已经一去不复返。自马克思的时代以来，民主的干预取得了巨大的进步，改进的劳动生产率——资本积累的结果——实质上使消除苦难成为可能。"②波普尔批评马克思"从未梦想过干预主义"③，并且也没有探讨对贸易周期进行系统干预的可能性，更糟糕的是，后人把马克思的理论变成教条，以此反对干预主义的实验。马克思与波普尔在这个问题上存在对立观点，马克思要求重建生产关系和社会关系，从根本上改变无产阶级的命运，而波普尔站在维护现存生产关系的立场，提出民主与干预的方式来改善无产阶级的命运。在社会主义初级阶段，最主要的任务既然是调整、改善生产关系与社会关系，那么波普尔的理论就值得思考，即只有提高生产率、推进民主进程，才能从根本上消除无产阶级的苦难。

---

① 参见［英］卡尔·波普尔著，郑一明等译：《开放社会及其敌人》（第 2 卷），中国社会科学出版社 1999 年版，第 281 页。

② ［英］卡尔·波普尔著，郑一明等译：《开放社会及其敌人》（第 2 卷），中国社会科学出版社 1999 年版，第 291—292 页。

③ ［英］卡尔·波普尔著，郑一明等译：《开放社会及其敌人》（第 2 卷），中国社会科学出版社 1999 年版，第 285 页。

二、正义秩序议题中的政治权力与经济权力关系之辨

当代资本主义国家在社会结构方面的发展与变化的最重要的特征是，民主制度与政治干预主义的发展。民主与政治干预活动都是人的主体精神的体现，或曰建构主义的体现。资本主义国家的民主制度与政治干预在形式上都突出了国民主义的色彩，即强调全民性、平等性等特征。当代资本主义国家民主制度与政治干预主义的发展，首先源于现代经济生活的巨大变迁、城市化的进程等历史前提，其次源于社会主义运动在世界范围内的发展。社会主义运动促使美国、欧洲的统治阶层意识到改良的必要性，而改良主义导致资本主义制度实现了自我修正。"蓬勃发展的社会主义运动则证明，纯粹的社会对抗并不是这种大规模群众运动的基础。当据此预测到资本主义制度必然崩溃的时候，资本主义者开始意识到了引入一种改良性的制度安排的重要性。而他们没有想到的是，这种改良性的制度安排将使得资本主义变得更能被人们所接受了。"[①]

美国及欧洲为首的发达国家在民主建设与政治干预方面取得重大成效。普选权逐渐确立，并得到宪法与法律体系的保障，从而使欧美国家真正进入民主化时代。人民大众的权益得到确实地重视及保障，这一切集中地体现在以"福利国家"为代表的政治干预的发展上。福利国家主要试图解决三大问题：一是对工人阶级再生产的某些费用进行社会化分担，如教育、医疗卫生等费用的社会化；二是对生产过程的工作条件进行监督和管理，如对安全生产、工作时间、职业健康等方面的要求；三是给予工人通过法定途径争取合法权益，如允许工会的存在、给予罢工的权力等。

既然把当代资本主义稳定而公平合理（相对于资本主义原始积累时期

---

① ［英］唐纳德・萨逊著，丁怡译：《欧洲福利国家：历史演变与改革现状》，载《社会保障研究》2008 年第 1 期，第 24 页。

而言）的秩序归结于民主化与政治干预的结果，那就引发出新的问题：社会主义与干预主义是否相融？以中国为例，改革开放之后为什么一度出现较为严重的贫富分化现象？为什么中国的经济秩序与社会秩序一度出现较为普遍的失范现象？

干预主义已经成为现代社会建构与发展的内在驱动力，它主要采取政治干预与经济干预两种方式。国家政治干预主要是通过立法、司法活动或政府行为介入经济领域与社会领域，而国家经济干预主要是通过宏观调控、财政手段等方式影响经济生活。无论是政治干预还是经济干预，都属于通过国家政治权力及政治组织而进行的国家主导性活动，故也可从广义上统称为政治干预。① "在整个世界上，有组织的政治权力已开始执行广泛的经济功能。"② 干预主义具有不同的形式，有法西斯的极权主义形式，以苏联为代表的计划经济形式，还有以英国、美国及瑞典为代表的"小民主国家"的民主干预主义。③ 中国的改革开放与市场经济建设已取得重大成就，打破了僵化的苏联体制，力图使市场机制与宏观调控实现最佳结合，虽然对于是否形成"中国模式"还存在争议，但也不妨视为政治干预的一种新类型。

干预主义并不意味着必然导致合理的、正义的秩序，如法西斯式的干预主义即为反证。那么，从干预主义通向良好秩序的关键是什么？是民主。干预主义需要解决的核心问题是政治权力与经济权力的关系。只有民主（包括民主的制度、体系、方式方法等）才能较好地解决政治权力与经

---

① 政治干预的主体，除了国家相关的政治组织、经济组织之外，还有其他类型的组织，如工会、托拉斯等。本文只讨论国家主体形式的政治干预。

② ［英］卡尔·波普尔著，郑一明等译：《开放社会及其敌人》（第 2 卷），中国社会科学出版社 1999 年版，第 224 页。

③ "小民主国家"的民主干预主义为波普尔提出的概念，但他没有进行明确界定，依照他的理论，这应当是指对社会进行小范围的、局部性的改良为前提的干预主义，不是乌托邦式的或整体性的干预，而且它最重要的特征是强调形式民主。

济权力的博弈。虽然法治也是解决这一难题的必要条件，但法治的实现即意味着良法之治，这本身隐含着民主的要求，故本文不对法治条件进行分析，只集中研究民主与干预主义的关系。

波普尔批判了马克思主义的两种观念：一是政治无能的观点；二是忽视特权的危害性。波普尔没有严格区分马克思与其他马克思主义者——如恩格斯、列宁等人——观点的异同，而是经常把他认为的马克思主义的理论都放到马克思的名下进行评价。本文在讨论波普尔的观点时，为突出论文的主题，没有对波普尔的论据进行一一甄别，即没有先行甄别马克思与其他人的观点，而只是就波普尔所提出的马克思本人的观点，或比较接近马克思意愿的观点进行探讨。

波普尔批判了马克思的国家观及政治无能的观点。波普尔认为马克思关于社会变革的顺序是正确的，即马克思认为：工业革命一开始主要是作为一场物质生产资料，即机器的革命而展开的；这场革命接着导致一种社会的阶级结构的变革，从而导致一种新的社会制度；政治革命和其他法律体系的变革，只是作为第三步来临。① 但是，波普尔并不认可马克思的国家观。马克思认为，法律或司法行政体系必须被理解为建立在经济体系的现实生产力基础之上，并反映这种生产力的上层建筑。波普尔认为，虽然社会变革的顺序确实是从经济体系的变革发展到社会制度的变革，但是，这并不意味着马克思关于法律和社会体系作用的观察是正确的。波普尔进一步提出，马克思的国家观在某些方面是制度主义的理论，而在另一些方面又是本质主义的理论。马克思试图弄清法律制度在社会生活中的实际功能，这属于制度主义，但马克思并没有提出国家、法律制度或运行着的政府应该具有什么职能，应该进行何种必要的制度改革，而只是关心"何谓

---

① 关于这三个步骤的描述参见［英］卡尔·波普尔著，郑一明等译：《开放社会及其敌人》（第2卷），中国社会科学出版社1999年版，第193页。

国家"，故这是本质主义的理论。本质主义的理论导致政治无能论，即认为"一切政治、一切法律和行政的制度，以及一切政治斗争，从不具有基本的重要性。政治都是无能的。它们从不能根本改变经济现实"①。虽然实践中出现了自相矛盾的情形，因为"很少有哪种运动像马克思主义一样能够激励政治行动的兴趣"②，但波普尔认为马克思关于无产阶级革命能够"缩短和减轻分娩的痛苦"③的解释及其理论的号召力可以解释这个矛盾。马克思的国家本质主义将导致的第二结果是，把一切政府，包括民主政府，都视为统治阶级对被统治阶级的专政；所谓民主，在特定的历史境况下只不过碰巧是阶级专政的最方便的形式。对于马克思的国家理论，波普尔的结论是，马克思的"一切政治都是无能的理论，尤其是他的民主观，在我看来不仅是错误的，而且是致命的错误"④。

波普尔接着批判了社会主义实践中最大的、潜在的危险，即国家权力、政治权力的危险性，而这种危险并没有为马克思主义者所重视或承认。首先，波普尔质疑马克思关于社会主义是无阶级、无剥削状态的描述，他认为社会主义革命胜利后将会产生新的阶级分化。"世界上并不存在这样的理由，一旦反对共同阶级敌人的斗争的压力消失了，组成无产阶级的个人还会保持阶级联合。"⑤因为潜在的利益冲突将导致无产阶级分裂成新的阶级，并发展成新的对抗，而最有可能的结果是，产生一种新型的

---

① ［英］卡尔·波普尔著，郑一明等译：《开放社会及其敌人》（第2卷），中国社会科学出版社1999年版，第191页。

② ［英］卡尔·波普尔著，郑一明等译：《开放社会及其敌人》（第2卷），中国社会科学出版社1999年版，第191页。

③ 参见［德］卡尔·马克思《资本论》（第1卷）序言，人民出版社2004年版，第10页。波普尔在讨论马克思的经济决定论及关于社会主义的预言时多次提到马克思的这个说法。

④ ［英］卡尔·波普尔著，郑一明等译：《开放社会及其敌人》（第2卷），中国社会科学出版社1999年版，第193页。

⑤ ［英］卡尔·波普尔著，郑一明等译：《开放社会及其敌人》（第2卷），中国社会科学出版社1999年版，第220页。

官僚制度的寡头政治，即"通过尽可能地保留革命的意识形态，利用这些思想情感……为他们服务；作为他们运用权力的一种辩解、一种稳定权力的手段"①。其次，他批判了马克思主义者的实践性错误：马克思主义者在行动中通常假定，政治权力可以控制经济权力，但是他们从不明白增强国家权力的内在危险性，也不明白政治权力像经济权力一样危险。这导致国家计划经济实践的悖论，即计划太多，国家权力太大，从而将最终导致自由的丧失与计划的终结。这种错误的根源在于，马克思主义者忽略了一切政治的最基本的问题是如何对控制者和国家所代表的权力的危险积聚进行控制，并且不明白民主作为唯一已知的实现这种控制的手段所具有的意义。波普尔认为，干预主义已成为现代社会发展的固有特征，国家获得新的经济权力也将难以抗拒，因而，认识政治权力（国家）与民主、自由的关系就至关重要。

波普尔的批判需要逐一分析。

马克思的学说提出或隐含政治无能的观念了吗？马克思的历史唯物主义关于社会变迁、生产关系这一宏大议题的分析是正确的、有效的。马克思认为，法律和社会体系作为上层建筑，从根本上受制于经济基础，"物质生活的生产方式制约着整个社会生活、政治生活和精神生活的过程。……随着经济基础的变更，全部庞大的上层建筑也或慢或快地发生变革"②。马克思在不同著作中多次表达了这个观点。这被称为经济决定论。如果仅仅局限于这个观点，可顺理成章地断定马克思持政治无能论，但是，马克思并非没有关注上层建筑的作用。除了对生产关系历史变迁的宏观考察之外，马克思针对资本主义的制度与法律体系的功能与作用也进行了考察。《法兰西内战》比较集中地表达了马克思的思考。马克思认为，

① ［英］卡尔·波普尔著，郑一明等译：《开放社会及其敌人》（第2卷），中国社会科学出版社1999年版，第221页。

② 《马克思恩格斯选集》（第2卷），人民出版社1995年版，第32—33页。

资本主义国家的政权组织和政治、法律制度等上层建筑的根本作用是维护资本主义的统治。根据马克思的阶级理论，可进一步推导出，马克思认为上层建筑的根本作用就是维护既定生产关系中统治阶级的利益和秩序，即国家政权、法律体系从根本上受制于经济条件的变迁，但在既定的生产关系中，以国家政权和法律体系为代表的上层建筑也发挥着强大的维护功能。因而，马克思并没有认定政治、政权、国家权力的无能，他只是批判资本主义国家政权及其相关制度的剥削性质。

马克思强烈地批判了资本主义国家的政治、法律制度的专制、压迫性质及政治权力沦为资产阶级特权工具的现实。马克思早在《黑格尔法哲学批判》中指出，市民社会是政治国家的基础，市民社会与政治国家的分离具有重要意义。马克思的市民社会主要指物质交往关系及其社会组织，实际上就是指自主的经济领域及社会领域，在传统社会中，市民社会被纳入政治国家的范围，资本主义兴起之后，二者开始分离。市民社会与政治国家的分离导致了整个社会政治制度的根本变革，其中最重要的是代议民主制的产生：第一，它促使社会由等级制发展到代表制。第二，它使权力的分立成为必要。第三，它确立了人权与公民权的原则，并且使公民权成为人权的一部分。[1]市民社会的产生，使人民权利成为自启蒙运动以来最耀眼的理念，然而，市民社会作为经济基础起作用，这就意味着资本将成为经济力量并成长为权力，其结果是政治权力变成经济权力的附庸。马克思在《法兰西内战》中全面展开对帝国形态的政治制度的批判，"国家政权在性质上也越来越变成了资本借以压迫劳动的全国政权，变成了为进行社会奴役而组织起来的社会力量，变成了阶级专制的机器"[2]。马克思基于现代阶级斗争理论指出，随着资产阶级与无产阶级的同时发展，劳动与资本

---

[1] 参见伍俊斌：《马克思市民社会理论评析》，载《福建论坛》2010年第6期，第78页。

[2]《马克思恩格斯选集》（第3卷），人民出版社1995年版，第53页。

的斗争将愈加剧烈，无产阶级开始联合，统治阶级则"残酷无情地大肆利用这个国家政权作为资本对劳动作战的全国性武器"①。因而，资本主义的国家政权的面貌和性质也发生了显著的变化：它变成一种维护现存社会秩序从而也就是维护有产阶级对劳动者阶级的压迫和剥削的权力。它忘记了人民权利的许诺，变成了社会的主人，变成了资本奴役劳动的工具。马克思毫不留情地断言：这个"高高凌驾于社会之上的国家政权，实际上正是这个社会最丑恶的东西，正是这个社会一切腐败事物的温床。"②

马克思进一步批判了附着在资本主义政治制度之上的资本主义民主与自由的虚假性。因为正如波普尔所承认的，马克思所生活的时代是一个无耻的和残酷剥削的年代，而伪善的资产阶级辩护士们却以人类自由的原则、人有决定自己命运的权利、人有自由订立一切他认为有利于自身利益的契约的权利为借口，为这种无耻的剥削进行辩护。③马克思于是划分了形式的自由与实质的自由，他期望的是实现实质的自由，即经济自由。

马克思的研究是本质主义的路线吗？是的，马克思致力于批判资本主义政治、法律制度的奴役性质——资本对劳动的奴役与压迫，这确实是本质主义的研究。但是，如波普尔所言，只有功能主义的理论才有意义，而本质主义的理论没有现实意义吗？错。本质主义的研究工作当然具有现实意义。如果没有马克思对资本主义制度奴役本质的批判，资本主义制度为什么要进行自我修正？正是这种本质主义的批判，指出了资本主义政治、法律体系修正的必要性及正确方向，即如何真正地实现、保障国民的经济权益及政治权益。

马克思在讨论巴黎公社时提出关于新型政府的设想。首先，新型政府

---

① 《马克思恩格斯选集》（第3卷），人民出版社1995年版，第54页。

② 《马克思恩格斯选集》（第3卷），人民出版社1995年版，第54页。

③ 参见［奥］卡尔·波普尔著，郑一明等译：《开放社会及其敌人》（第2卷），中国社会科学出版社1999年版，第195页。

（公社）是真正的国民政府。^①它要"消灭那种将多数人的劳动变为少数人的财富的阶级所有制"^②，它不但使劳动在经济上获得解放，而且改变了国家政权的统治与压迫本性，通过协调或重建资本与劳动的关系，从而变成社会本身的生命力。其次，新型政府应当是真正民主的政府。它要实现真正的人民当家做主，实现真正的民主选举，"普遍选举权不是为了每三年或六年决定一次由统治阶级中什么人在议会里当人民的假代表，而是为了服务于组织在公社里的人民"^③。马克思提出，可以随时罢免不尽职的代表或国家工作人员是实现民主的保证。最后，新型政府应当是廉价的政府。通过取消常备军、国家官吏、降低公职人员薪金、减税等一系列措施，减少对社会供养的要求。^④

马克思关于新型政府的设想，反映了马克思对民主的期望，以及对特权的警惕。这种设想就是本质主义的致思结果。谁能否认这种要求与设想的现实意义？比如《哥达纲领批判》提出的关于税收及社会福利的重要主张，已在福利国家得到充分实现，那么，又如何能否定马克思式的本质主义的路线呢？但是，我们不得不面对的问题是，为什么在社会主义的实践中，却出现了波普尔所批评的政治特权现象，即特权集团滥用国家权力为己谋利，致使财富的过度集中，贫富分化严重的现象？政治权力集中的潜在危险已变成现实危险。关于这个问题，波普尔曾作出比较中肯的分析："我非常同情马克思减少国家影响的期望。无疑，干预主义的最大危险——尤其是一切直接干预的危险——是导致国家权力和官僚制度的增强。大多数干预主义者都没有留意到这点，或是对之视而不见，这就更增

---

① 参见《马克思恩格斯选集》（第3卷），人民出版社1995年版，第63页。马克思在此提出"真正的国民政府"概念。

②《马克思恩格斯选集》（第3卷），人民出版社1995年版，第59页。

③《马克思恩格斯选集》（第3卷），人民出版社1995年版，第57页。

④ 虽然马克思的设想过于超前，但廉价政府的主张至今仍有重大现实意义。

加了危险性。"① 马克思要求预防国家权力和官僚制度的潜在危险，为什么在社会主义的实践中没有有效避免？

且看波普尔是如何回答的：马克思发现了经济权力的重要性，但夸大了它的地位。于是，马克思对政治权力采取轻蔑态度，从而使他忽略了发展一种使大多数弱者过得更好的最重要的手段的理论。由于马克思忽略了形式自由的基本作用，看不到形式自由对于实质自由的重大意义，故马克思"从未理解国家权力在为自由和人道服务中所能够和必须履行的职能"②。这使马克思的观点和自由主义的信仰相类似，即马克思提出了"机会均等"的信仰，但他并没有提出在现存制度下如何减少弱势群体的不幸的理论。因此，相对于国家权力而言，经济权力是更加基本的权力，是错误的教条。政治权力才是更基本的权力，"政治权力能够控制经济权力"③，并且，"政治权力是经济保护的关键"④。比如，为了保护经济上的弱者，可以推广一种合理的政治纲领，可以制定法律限制剥削、限制工作日，可以运用法律给工人提供伤残、失业和养老保险，等等。不是经济权力可以支配政治权力，而是政治权力可以控制经济权力。

波普尔坚持："对物质权力和物质剥削的控制仍然是核心的政治问题，为了建立这种控制，我们应该建立'纯粹形式的自由'。一旦我们达到这点，并学会了如何将它们用于政治权力的控制，那么一切都会取决于我们。……因为在一种民主制度中，我们掌握了控制这些恶魔的钥匙。……

① ［英］卡尔·波普尔著，郑一明等译：《开放社会及其敌人》（第2卷），中国社会科学出版社1999年版，第300页。

② ［英］卡尔·波普尔著，郑一明等译：《开放社会及其敌人》（第2卷），中国社会科学出版社1999年版，第202页。

③ ［英］卡尔·波普尔著，郑一明等译：《开放社会及其敌人》（第2卷），中国社会科学出版社1999年版，第201页。

④ ［英］卡尔·波普尔著，郑一明等译：《开放社会及其敌人》（第2卷），中国社会科学出版社1999年版，第202页。

我们应该建立各种制度，对经济权力进行民主控制，并保护我们不受经济剥削。"① 波普尔还强调："法律体系能够建成保护自身的强大武器。此外，我们可以影响公众意见，在政治问题上坚持一种更为严厉的道德准则。"②

波普尔的逻辑是，马克思对政治权力与形式自由的蔑视，导致他没有提出如何通过民主的方式来限制剥削与消除剥削的理论，并且，以他亲历的时代经验，他也不会认同这种理论。马克思的局限性导致马克思主义者在社会主义的革命与实践中，同样完全地忽视了民主与形式自由的作用。这就是集权主义与财富分化的根源。

波普尔把经济权力比国家权力更基本的教条视为马克思的观点，这并不妥当。马克思只提出经济基础决定上层建筑，这是两组不同的概念。国家权力属于上层建筑范畴，但经济权力并不等同于经济基础，经济基础是生产关系的总和，是制度化的物质社会关系，经济权力本质上是体系化的某种社会关系，但它作为一种权力，就意味着它已经影响着上层建筑或成为上层建筑的一部分了。

波普尔关于政治权力、形式自由的功能主义解读却有着重要的现实意义。马克思致力于批判资本主义的政治制度，故没有系统地论证并提出如何在现存生产方式下减少并消除剥削的理论，并且由于马克思主要采取本质主义的路径进行批判，没有系统地研究民主制度的运行机制及其功能，这确实导致在社会主义革命与实践中，人们更关注本质问题而忽视功能与形式问题，以至于马克思明确地提出选举人可以依法撤换被选举人的重要原则都没有在实践中得到实施。由于人们过度地关注"谁来掌握权力？""谁应该行使权力"的问题，从而忘记了，在既定的生产关系与社

① ［英］卡尔·波普尔著，郑一明等译：《开放社会及其敌人》（第2卷），中国社会科学出版社1999年版，第204—205页。

② ［英］卡尔·波普尔著，郑一明等译：《开放社会及其敌人》（第2卷），中国社会科学出版社1999年版，第205页。

会关系中，"权力如何被行使"和"行使多大权力"这些更关键的问题。

刘小枫教授曾提出工具理性化的官僚制与政党意识形态化的官僚制的区别，这也许可算是对波普尔提出的功能主义与本质主义路线问题的回应。刘小枫教授认为，欧美资本主义民主社会中的官僚制度是资本主义工业化进程中形成的工具理性化的官僚制，而改革开放之前的中国的工农政党化的官僚制是社会主义工业化进程中形成的政党意识形态化的官僚制。政党意识形态化的官僚制是价值理性化的官僚制，它受政党伦理的规范约束，同时，它使国家机器与社会在政党意识形态中融为一体，即国家与市民社会的分离（包括分离的趋势）再度消失。共产主义意识形态的理念结构中隐含着经济平等与政治不平等（阶级斗争论）之间的紧张关系。这导致社会主义国家内部的权力与利益冲突建立在社会经济、政治不平衡基础之上。社会不平等首先不是在财产分配、经济身份上体现出来，而是在政治身份上体现出来，即政治身份成为获取权力和利益的资本。[1] 马克思主义的政治理论主要是本质主义理论，故导致国家建制以价值理性化为主导，而欧美国家的政治理论主要是功能主义理论，故导致国家建制以工具理性化为主导。社会主义国家制度强调了价值理性，忽视了工具理性的作用，从而导致新的不平等，即政治特权催生了经济特权，再度造成政治与经济之间、平等与自由之间的紧张关系。工具理性的欠缺，制度建设的缺陷，形式民主建设缺失，如罢免制、财产公开制等重要监督程序的欠缺等，正是这些原因导致社会主义干预的失灵及秩序的失范。

在既定的生产关系中，马克思的理论彰显的是价值理性，而工具理性比较欠缺，从而使马克思的观点更多地以信仰的形式呈现。波普尔的这个判断不可谓不深刻。那么，如何通过政治手段，即通过制度与法律体系的

---

[1] 参见刘小枫：《现代性社会理论绪论——现代性与现代中国》，上海三联书店1998年版，第429—432页。

健全来控制权力（包括政治权力与经济权力），将在相当长的时间内成为当今世界的共同主题。

要而言之，马克思成功地回答了关于正义的两个根本问题："什么是正义？""谁之正义？"马克思没有系统地论述正义理论，而是通过对资本主义正义理论及其实践的批判表达了他的观点。马克思基于启蒙理性的价值维度，批判了当时资本主义制度中非正义的历史现实及资产阶级政府关于平等、自由、幸福生活的虚假的正义许诺，他要求实现真正的平等与自由，要求在经济平等与政治平等的双重前提下实现国民的幸福生活。因而，马克思的正义思想被认定为超越正义是有道理的。马克思基于本质主义与整体性研究的路径，回答了正义的根基性问题，即正义的本质与主体。正义是历史的，时代变迁决定了正义观念的变迁。资本主义生产方式的发生发展，现代性的展开，使平等、自由理念以启蒙运动的形式获得确立，而资本的积聚与人群的集聚之趋势，资本与劳动的紧张关系，使公平正义成为根本的社会问题，它不再是单纯的个体德性问题，而是全体社会成员必须面对的社会伦理问题。无产阶级通过阶级斗争的正义实现方式，使正义秩序的建构成为国家建构的核心问题。自由主义、社会主义、法西斯主义等，虽然给出的答案与药方各异，但无论何种流派，何种立场，都必须回答正义秩序的本质与主体这一根本性问题。马克思的工作，促使资本主义国家通过制度与法律体系修正其正义伦理的缺陷，这是必须肯定的贡献。同样，在社会主义的革命与建设的实践中，在正义秩序的建构上，马克思的理想与价值取向应当坚持，但是，我们也不得不承认，马克思之后的马克思主义者忽视了工具理性的价值。由于实践中没有很好地把握马克思主义理论的界限，存在着把批判性的结论立即付诸实践的迫切心理，导致社会主义建设进程中对正义伦理的建构与调整的忽视，从而加剧了中国社会的贫富分化等非正义现象。故"在既定的生产关系中，如何实现正义？"成为当前最迫切的现实问题。那么，罗尔斯与波普尔的观点也许值得借鉴，在既定的生产关系中，只能通过制度建设与法律体系建设，加强社会发展进程中所必需的工具理性程度，才能推进正义伦理的价值目标。没有完善的民主，没有良好的政治与法律制度及其实现，美好的目标也可能无法达成。

第七章

马克思正义伦理思想的当代价值

穿越时空，与马克思对话，重新挖掘、梳理马克思的正义伦理思想，旨在为当今的实践提供借鉴与指导。中国要构建一个正义社会，建立健全正义秩序，必须从政治、经济、文化、社会、心理等各领域及各层面全面展开。这是一项宏伟的事业，由于篇幅所限，本文试图选取分配正义之维度，从全球分配之视野，来探讨马克思的正义思想对当代中国分配问题的指导意义。

微信扫码，立即获取

☆ PPT总结分享
☆ 更多延伸阅读资源

第一节　世界财富分配的特点、变化及挑战

正义是与平等密切相关的范畴。在传统社会中，不平等是合理的，是公正的，即血缘、出身等因素导致的政治地位及经济地位的不平等是合理的、公正的，是应当接受且普遍被接受的，或者说，是符合传统社会的正义秩序与正义观念的。资本主义兴起，要求建立新的正义秩序并确立新的正义观念。这种新的正义秩序与正义观念要求集中反映在平等与权利上，即人人生而平等，每个人都自然地拥有天赋人权。天赋人权包括人身自由权、政治权利、经济权利、文化教育权利等所有的人应当享有的权利，而且是平等地享有所有权利。随着资本主义制度在欧洲的逐渐确立，这些全新的平等与权利原则也开始逐渐实现，然而，这是一种不全面、不彻底的实现，它带来了新的矛盾、不自由与不平等。这就是被马克思强烈批判的资本主义式的虚伪的自由、平等与权利。

资本主义经济危机的深化，世界无产阶级运动的发展，新技术革命的催化，尤其是两次世界大战的深远影响，使权利与平等两大原则在战后获得巨大胜利。欧美国家的平等人权，获得了充分的、巨大的进步，比如选举权与被选举权、言论自由权、享有各种社会保障及福利的权利、平等受教育权等重要的公民权利都获得了全面实现与保障。在亚洲、非洲、拉美等地区，权利与平等两大原则虽然没有获得充分而全面的实现，但也都有很大进步，在形式上、法律上或名义上都被各个国家确立。资本主义的全球化浪潮，使平等与权利两大原则在全球范围内获得胜利，相对于传统社会，这是一个巨大的进步，然而，我们如果深入到全球经济与政治的肌理

中，深入剖析，却会发现其间仍然存在着巨大的问题与隐忧。这就是财富分配的不平等、两极分化问题及其隐藏的危机。

一、当代全球财富分布的现状及财富结构的变更

二战后，全球经济迅速恢复与发展，虽然其间经历了很多曲折与危机，但总体上呈现经济总量不断增长，财富总量不断上升的特点。新兴经济体的表现比较受瞩目。21 世纪以来，全球经济总体向好，其间，2008 年经济危机导致了停滞与倒退，之后全球经济已逐渐摆脱危机的困扰。2020 年新冠肺炎疫情导致全球遭受重创，但后期如何发展还有待观察。伴随着全球经济的发展，全球财富的增长与积累也成为备受关注的焦点。当前全球财富的发展呈现以下特点：

一是总量巨大且增速较快。第二次世界大战结束到 20 世纪末，全球经济由恢复到增长。世界银行的数据显示，20 世纪 70 年代开始，世界经济发展势头良好，1985 年开始呈加速发展状态。1985 年全球 GDP 总量为 12.794 万亿美元，1995 年已达 30.887 万亿美元。2001 年之后，世界经济发展继续提速。2001 年全球 GDP 总量为 33.431 万亿美元，2014 年达 79.453 万亿美元。2019 年全球 GDP 总量为 87.735 万亿美元。[①]

以瑞信研究院的《全球财富报告》为例。瑞士信贷银行（Credit Suisse）每年发布一次世界财富报告（Global Wealth Report），它是目前世界上比较权威的宏观分析全球财富分配现状并预测未来财富走势的财经报告。瑞士信贷银行发布的《2019 年全球财富报告》显示，截至 2019 年，人类财富总量已经达到了 360.6 万亿美元，人均财富达到了创纪录的 70850 美元。

---

① 按照 IMF（国际货币基金组织）的预估，2019 年全球 200 多个国家、地区的 GDP 总量约为 86.6 万亿美元，人均约为 1.146 万美元。其中，发达国家的经济总量约为 51.74 万亿美元，约为全球经济总量的 59.75%。

瑞士是 2019 年人均财富增长最大的国家。美国、中国和欧洲对全球财富增长的贡献最大，分别为 3.8 万亿美元、1.9 万亿美元和 1.1 万亿美元。相比 2000 年人类财富总量的 113 万亿美元，2019 年人类财富已经增长了 2 倍还多。瑞信报告预测，全球财富预计在未来五年内（2020—2024）将保持快速增长，增长率约 27%，2024 年达到 459 万亿美元。[①] 其中，中国的财富总额将增加 23 万亿美元，增长率为 36%。

从百万富翁（以美元计）人数上观察，瑞信报告显示，2019 年全球有 4680 万名百万富翁，并创造了"全球近 1% 的成人是百万富翁"这一耀眼结果。瑞信报告预测，百万富翁的数量将显著增长，至 2024 年达到近 6300 万人，其中，财富超过 5000 万美元的超高净值人士的数量将达到 23.4 万人。相比 2014 年的 3480 万全球百万富翁人数，增长率达 34%。瑞信报告显示，中国 2019 年百万富翁人数为 440 万，而财富超过 5000 万美元的超高净值人士数量为 1.8 万人，全球排名第二位，仅次于美国。预计到 2024 年，中国百万富翁人数将接近 690 万。从世界财富的总量变化、百万富翁人数变化情况观察，2000 年以来，全球财富表现出强劲增长、快速上升的势头。

二是全球财富分布不均衡。瑞信《2019 年全球财富报告》显示，全球最富的国家分布于北美、西欧以及亚太和中东部分国家。亚太地区（包括中国和印度）在世界财富榜排名第一，财富总额达到 141 万亿美元，北美地区处于世界财富榜的第二位，拥有 114 万亿美元。欧洲第三位，拥有 90 万亿美元。而拉美的财富总额只有 9.906 万亿美元，非洲地区的财富总额也只有 4.119 万亿美元。2019 年瑞信报告显示，其统计的全球贫富差距指标自 2000 年以来，长期处于较高位次，尽管总趋势是平缓下降的。具体

---

① 瑞信研究院《全球财富报告》通常会预告未来 5 年的财富发展趋势。2020 年初新冠肺炎病毒肆虐全球，导致全球经济出现重大变化。因此，未来 5 年的全球财富变动状态有待继续观察。

从各个地区来看，北美、欧洲地区 17% 的人口坐拥世界 57% 的财富。拉丁美洲的人口占比是财富占比的 3 倍多，印度达到 5 倍，非洲则超过 10 倍。

从个人财富高净值人群观察，瑞信《2019 年全球财富报告》显示，全球百万富翁（以美元计）人数从 2000 年以来呈直线上升，2014 年达到 3480 万人，2019 年达到 4680 万，主要分布在北美、欧洲、日本、中国及阿拉伯地区。瑞信 2014 年数据显示，美国的百万富翁在全球占比 41%，拥有 5000 万美元资产的超高净值人数为 12.8 万，其中将近一半人住在美国，另有近四分之一居住在欧洲。瑞信 2019 年数据显示，美国较前一年新增 67.5 万个百万富翁，总数达到 1860 万人，增长率最高，而且美国依旧是超高净值人群最为集中的区域，占全球超高净值人数的 48%。从增长率观察，少数国家增加较快，瑞信报告显示，2019 年全球新增百万富翁 110 万人，美国占一半以上，日本和中国则分别新增 18.7 万人和 15.8 万人。

从全球财富总量分布和百万富翁、拥有 5000 万美元资产的超高净值人数及增长率这几项重要指标观察，可以看到全球财富分布很不均衡，富裕国家与贫穷国家之间的差距仍然巨大。但是，中国、印度等新兴经济体的发展很快，正在逐步改变世界财富格局。比如，近年来中国已经取代欧洲成为全球财富增长的主要来源，瑞信报告显示，2019 年超高净值人数较前一年增长率为 4%，但是，中国的增长率达到 11%，排名第二。

三是各地区财富增长幅度及增长原因差异大，家庭资产结构的变化较大。全球不同地区的财富增长速度不均衡，甚至差异很大。北美是全球人均财富最高的地区，也是增长最快的地方。仍以瑞信报告为例。取 2014 年和 2019 年两年数据来观察。2014 年是财富增长显著的一年。2014 年的报告显示，相比 2013 年，北美和亚太地区的财富增速较快，而非洲、拉丁美洲及印度依然是增长非常缓慢的地区。美国和欧洲的财富增长主要来源于 2013 年的股票交易。自 2008 年以来，美国家庭财富一共增长了 31 万亿美元，因股票增长所带来的财富 2014 年增加了 22%。德国、加拿大、法国都从金融市场获利，财富增长超过了30%。2019年的报告显示，北美财富总量较前一年增长了4万亿美元，亚太地区（包括中国与印度）财富总量增长了3.3万亿美元，而拉美及非洲的增长率虽然相对较高，但同期财富总值的增加却分别是0.46万亿美元、0.13万亿美元。包括中国在内的新兴市场，财富总额增长较快，占自2008年以来财富增长的三分之二，是北美贡献的两倍。而欧洲自2008年以来，平均实际美元财富为负增长，部分原因是欧元紧缩。以上数据表明，各地区的财富增长并不均衡。

波士顿咨询公司（BCG）的相关数据也值得参照。2014年该公司发布的全球财富报告指出，全世界增加的财富主要是来自上涨的股市和资产的增值，2013年73%的个人资产增值来源于现有资产的增值，而并非新创的财富或者企业。该公司发布的《2019年全球财富报告》显示，2018年，全球以美元计的百万富翁人数同比增长2.1%，达到2210万。2013年至2018年，全球财富总体规模增长显著。包括股票、投资基金等可投资资产达到5.5%的复合年增长率，2018年占个人金融资产总额的59%（122万亿美元）。百万富翁群体2018年手握全球私人金融资产的50%。北美地区仍是全球百万富翁的主要集聚地。从波士顿咨询公司的相关报告可以看到，全球富裕阶层的财富结构中，金融资产的比重及获取收益的比重均较高，且呈现长期延续的趋势。波士顿咨询公司《2019年全球财富报告》预测，从2018年到2023年，亚洲（除日本外）的增速有望达到10.1%，成为百万富翁人数增长最快的地区；其次是非洲和拉美，增速分别为9.8%和9.1%。这提示了未来几年各地区的财富增速将有很大变化，新兴经济体的家庭财富增长很迅速。

家庭资产组合方面，21世纪以来，全球家庭资产组合的构成出现了广泛的、系统性的变化，最持久的一个特征便是金融资产和债务的重要性在不断增加。

瑞信《2013年全球财富报告》显示，北美家庭金融资产占比为

67.1%，欧洲家庭这一比例为 43.1%，但是印度这一比例仅为 15.9%。如果进一步观察家庭金融资产中股票占比情况，美国高达 43.4%，而德国和日本分别是 20.1% 和 6.5%。家庭债务方面，2000 年至 2007 年，家庭债务激增 80%，其后增速减缓，2012 年成年人人均债务为 8600 美元。而家庭债务占比方面，欧洲是 16%，北美是 18.1%，印度和非洲分别为 3.7% 和 8.7%。另据国际货币基金组织公布的《2018 年末全球各国家庭债务余额占 GDP 比重排名》显示，瑞士排名第一，占比为 128.70%；前 10 位国家均高于 87%；前 27 位国家占比均高于 52%。据国际金融协会（IIF）《全球债务监测》报告，全球债务 2019 年第 3 季度增加近 10 万亿美元，达到近 253 万亿美元。全球债务包括世界各地家庭、政府和企业负债。这显示全球债务数额庞大已对全球经济增长构成威胁，以及全球财富结构的不合理性正在增加。

二、全球财富的变化趋势及特点

全球财富的变化趋势及财富分配的突出特点，可从财富金字塔的两极来观察，即一方面是两极分化趋势明显，财富集中度越来越高，另一方面则是世界贫困问题难以根除，也难以迅速改善。

首先，当今世界财富的分布及发展趋势方面，最鲜明的特点就是财富的相对集中程度越来越高，两极分化现象很明显，没有显著改善。财富的不平等问题也越来越突出。下面仍以瑞信数据为证。

从图 1 中可见，2019 年，10.7% 的富裕人群（拥有 10 万美元以上财富）占有全球 82.8% 的财富，其中 0.9% 的极富人群（拥有 100 万美元以上财富）占有全球 43.9% 的财富，而全球 56.6% 贫穷人口（财富少于 1 万美元）在全球财富中只占比 1.8%。

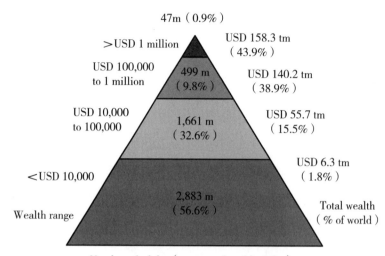

图 1 2019 年全球财富金字塔

资料来源：James Davies，Rodrigo Lluberas and Anthony Shorrocks, *Global Wealth Databook 2019*.

根据瑞信《2014 年全球财富报告》，瑞士信贷研究所分析人员称，自 2008 年金融危机以来，财富分配趋于两极分化，尤其是发展中国家经济体表现更明显。从金字塔的两端比较，全球 10% 最富有的人掌握全球 86% 的财富，其中 1% 位于财富金字塔尖端的人群占有全球 46% 财富。而处于财富金字塔底部约 50% 的人群只能分享全球 1% 的财富。①

对照 2014 年的数据（图 2），可发现金字塔两端的数据都有缩小，这说明两极分化现象有所改善。

---

① 肖斌、付小红：《全球财富分配失衡的现状与解析》，载《红旗文稿》2015 年第 5 期，第 33 页。

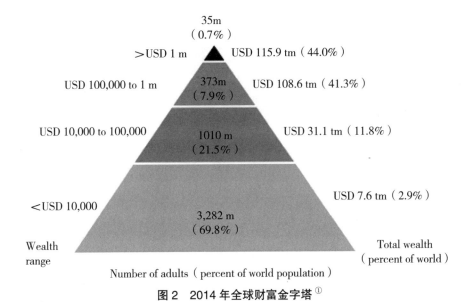

图 2　2014 年全球财富金字塔^①

从 10% 的高净值人口所占财富比例这一指标观察，全球财富的两极分化很明显。以此观察各国财富分布状况，可发现世界上多数国家中最富的 10% 人口控制的财富比重都比较大。

瑞信每年的全球财富报告侧重点不一样。2014 年度报告提供了各国高净值人口占比数据，很值得分析和研究。数据显示，俄罗斯的情况最严重，其最富的 10% 人口控制该国 84.8% 的财富。只有两个国家的最富 10% 人口控制的财富占全国财富一半不到：比利时（47.2%）和（日本 48.5%）。

---

① 资料来源：James Davies, Rodrigo Lluberas and Anthony Shorrocks, Global Wealth Databook 2014.

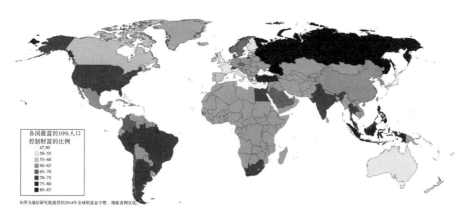

图3 2014年各国最富的10%人口控制财富比例图

资料来源：James Davies, Rodrigo Lluberas and Anthony Shorrocks, *Global Wealth Databook 2014*.

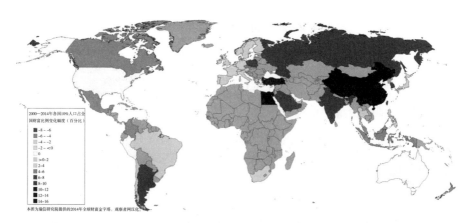

图4 2000—2014年各国最富的10%人口占全国财富的比例的变化幅度

资料来源：James Davies, Rodrigo Lluberas and Anthony Shorrocks, *Global Wealth Databook 2014*.

图3显示了全球各个国家最富的10%人口控制财富比例的密集度，颜色越深则比例越高。

图4显示了2000—2014年各国最富的10%人口占全国财富的比例的变化。蓝色越深说明上述比例降低得越多，红色越深说明上述比例上升得越多。

但需要指出的是，在过去十几年中各国财富不平等的变化情况却不一致。从图 4 中可看到，21 世纪以来，最富的 10% 人口占有的全国财富比例变化剧烈。其中，中国和埃及的上升幅度最大。中国最富的 10% 人口掌握了全国 64% 的财富，这一比例在过去 14 年间大增 15.4%。而加拿大、沙特阿拉伯和波兰有所下降。澳大利亚、美国和秘鲁在这一时期的富人财富比例几乎没有变化。

波士顿咨询公司 2014 年发布的全球财富报告也显示了集中的趋势：2014 年全球百万富翁[①]人数从 2013 年的 1500 万上升到 1700 万人，控制着世界个人财富的 41%，总计达 164 万亿美元的资产，较 2013 年上升 40%。报告同时预期至 2019 年，全球百万富翁将控制 46% 的世界个人财富。报告同时指出，富翁和超级富翁的差距正在变大，亿万富翁阶层的资产升值远远高于百万富翁阶层。该报告指出，世界财富差距正在持续放大，至 2019 年，全球百万富翁人群将掌握接近世界一半的个人财富。

2019 年瑞士达沃斯世界经济论坛期间，国际慈善机构乐施会（Oxfam）发布的《公共财富或私人财富》报告比较直观地显示了问题。该报告指出，2019 年全球亿万富翁人数已经达到 2208 位，创历史新高。亿万富翁的财富总量也达到了有史以来的最高水平。其中，全球最富有的 26 位富翁所拥有的财富达到 1.4 万亿美元，相当于全球最贫困的 50% 人口（38 亿人）的财富总和。2018 年，全球亿万富翁的财富每天增加 25 亿美元，全年增长 12%，与此同时，世界上最贫穷的一半人的财富减少了 11%。[②]

另一个较早年份的数据可作为对比。联合国下属研究机构——世界经济发展研究所在 2006 年发布了《世界家庭财富分布情况报告》，该报告被认为是对涵盖所有国家及其资产分布和构成研究的首次尝试，该研究表明世界财富在区域和人口分布上极不均衡：世界上近 90% 的财富主要集中分

---

① BCG 定义的百万富翁指的是家庭拥有可支配流动资产超过 100 万美金，例如现金、股票、证券、基金等金融资产，但不包括房地产等固定资产。

② 参见网络文章《全球贫富差距惊人：最富 26 人与最穷 38 亿人资产相等》，https：//www.sohu.com/a/291518924_99921879。

布在北美、欧洲和亚太等发达国家和地区，世界财富的 85% 被全球最富有的 10% 的群体占据着。①

不同组织与机构的数据对照，可见近 10 余年的全球财富发展趋势，财富越来越集中，两极分化现象明显这一特点难以扭转。

其次，从全球贫困问题视角，可进一步观察当代全球财富的分配状态及其影响。

目前全球广泛使用的测量贫困标准有三种：收入标准，人类发展指数，多维贫困指数。世界银行以收入标准来衡量贫困状态，虽然比较简单化，但比较直观及好操作，故受到广泛认可。世界银行把贫困定义为"福祉的被剥夺"，即个体或家庭是否拥有足够的资源以满足基本需要。什么是足够的资源？ 1991 年，世界银行收集了 33 个国家（包括发展中国家和发达国家）的贫困线后，测定了 1 美元 / 天的贫困线。作为收入型的贫困标准，国际贫困线主要根据购买力平价变化及物价指数变化的影响来调整。2005 年，世界银行在考虑购买力平价数据及各国通胀因素基础上，将国际贫困线从每人每天 1 美元上调至 1.25 美元，2015 年进一步上调至 1.90 美元，以维持贫困人群货币购买力不变。

2012 年，世界银行统计了 2008 年全球贫困数据。数据显示，2008 年，全球每天消费低于 1.25 美元的贫困人口为 12.9 亿人，占总人口的 22%。其中，南亚贫困人口高达 5.7 亿人。撒哈拉以南非洲贫困人口高达 3.9 亿人。②2018 年，世界银行将全球贫困数据更新到 2015 年。数据显示，2015 年，全球每天消费低于 1.90 美元的贫困人口已降至 7.359 亿人。这反映了全球减贫进程稳步推进并取得重大成效，但是，巨大的区域差距仍然存在。表 1 显示，撒哈拉以南非洲地区的贫困率高达 41.1%，南亚地区贫困

① 参见肖斌、付小红：《全球财富分配失衡的现状与解析》，载《红旗文稿》2015 年第 5 期，第 33 页。

② 参见王小林：《贫困标准及全球贫困状况》，载《经济研究参考》2012 年第 55 期，第 47 页。

率为 12.4%。

表 1　按照每天 1.90 美元（2011 年购买力平价）国际贫困线衡量的贫困状况

地区	贫困发生率（%）		贫困人口数量（百万）	
	2013	2015	2013	2015
东亚太平洋	3.6	2.3	73.1	47.2
欧洲中亚	1.6	1.5	7.7	7.1
拉美加勒比	4.6	4.1	28.0	25.9
中东北非	2.6	5.0	9.5	18.6
南亚	16.2	12.4	274.5	216.4
撒哈拉以南非洲	42.5	41.1	405.1	413.3
世界总计	11.2	10.0	804.2	735.9

资料来源：世界银行 2018 年发布报告《2018 贫困与共享繁荣：拼出贫困的拼图》（*Poverty and Shared Prosperity 2018: Piecing Together the Poverty Puzzle*）

从已有的贫困人口数据观察，自 20 世纪 80 年代以来，全球贫困问题有很大改善，贫困人口一直在减少。但是，其中仍然存在很多问题，比如，贫困人口的总量仍然巨大，南亚、撒哈拉以南非洲的贫困问题难以改善，尤其是，撒哈拉以南非洲贫困人口不降反升，从 1981 年的 2.05 亿人上升到 2008 年的 3.86 亿人。其中，中国取得最为显著的减贫成就，贫困人口从 1981 年的 8.4 亿人，下降到 2008 年的 1.73 亿人。[1] 根据世界银行 2018 年发布的报告，中国的极端贫困率下降至 2013 年的 1.9%。[2] 按照中国 2010 年贫困标准，农村贫困人口由 1978 年的 7.7 亿多人减少为 2018 年的 1660 万人，贫困发生率从 97.5% 下降为 1.7%。[3]

---

[1] 本段落数据来自世界银行 2012 年及 2015 年统计数据的综合运用。

[2] 参见于乐荣、李小云：《中国益贫经济增长的时期特征及减贫机制》，载《贵州社会科学》2019 年第 8 期，第 100 页。

[3] 参见于乐荣、李小云：《中国益贫经济增长的时期特征及减贫机制》，载《贵州社会科学》2019 年第 8 期，第 100 页。

由于收入标准作为唯一衡量标准，存在很多不足，阿玛蒂亚·森提出能力方法理论作为补充。他认为贫困是对人的基本可行能力的剥夺，而基本可行能力包括公平地获得教育、健康、饮用水、住房、卫生设施、市场准入等多个方面。穷人遭受的剥夺是多方面的。根据《2010 年人类发展报告》公布的多维贫困指数，在 104 个国家和地区中，约 1/3 的人口，即 17.5 亿人，正经受着多维贫困。在多维贫困人口中，51% 居住在南亚，28% 居住在撒哈拉以南非洲。

从以上贫困标准观察，可发现绝对贫困与相对贫困的差异。联合国的收入标准或多维贫困指数反映的其实是绝对贫困状况，即贫困线的真实价值不变，反映了贫困人口真实的生存状态，而这种绝对贫困主要出现在贫困国家或发展中国家。发达国家或富裕国家主要关注的是相对贫困（贫困线与收入中位数成比例）。中位数收入是指处于中间收入分配阶层的家庭所获得的税后收入，如 1979 年以来，英国对贫困的定义是"家庭收入低于收入中位数的 60%"。相对贫困需要关注的是生存状态的提升与优化问题。绝对贫困与相对贫困的存在，其本身就反映了世界财富的国家分布极不均衡。由于当前世界绝对贫困人口数额巨大，绝对贫困问题是世界格局中的重要问题。

如果从多维贫困指数观察，贫困人口的生存质量堪忧。比如，多维贫困指数包括了做饭用燃料、饮用水和卫生设施三个指标，这显示了穷人的环境剥夺状况。这意味着 17.5 亿人处于燃料缺乏、干净饮用水缺乏和卫生设施糟糕的生存状态中。多维贫困指数还纳入了耐用消费品指标，如果家庭没有汽车，并最多拥有自行车、摩托车、收音机、冰箱、电话或电视中的一种，即视为耐用消费品剥夺。耐用消费品剥夺实质上反映了家庭的资产贫困状况。资产贫困是持久性贫困的一种表现。这一指数也许部分地反映了减贫的艰难性，以及撒哈拉以南非洲为何贫困人口上升的原因。

三、全球财富分配失衡溯因

由前文可知，全球财富的分布极不均衡，地区之间、国家之间存在巨大差异，并且明显呈现出两极分化特征，少数人掌握着全球巨大的财富，而且，这种两极分化的状态与发展趋势也通常成为各国财富分配的特点与发展趋势。那么，其根源何在？

马克思关于资本主义的财富积累与财富分化方面的洞见，虽然有一定的局限性，但他的深刻剖析，却是所有研究财富分配问题的重要参照。马克思通过对资本主义体系内在逻辑与矛盾的分析，指出无限积累原则是资本主义生产方式的内在动力，也是其发展趋势。18—19世纪，资本主义总体是向前发展，资本家的积累总体上是增加了，但工人阶级的收入却没有什么改善。19世纪40年代资本主义出现繁荣发展的局面，工业利润增长了，但工人的工资依然没有增长。如此历史现实，使马克思得出结论：资本主义生产方式的发展趋势为，资本将不可逆转地不断积累，并且最终掌握在一小部分人手中。资本的不断积累与集中，是资本的本性，也是资本的宿命。因为这将导致资本收益率稳步降低，或导致资本收入在国民收入中的比重无限地增长，不论发生何种情况，社会经济危机或政治危机都难以避免。

马克思的断言并没有完全实现，这是因为19世纪后期开始，工人的工资终于开始缓慢增长，工人阶级的购买力开始显著提升。随着科学技术的巨大进步，生产力的快速增长，资本主义世界的中产阶级出现并壮大，无产阶级的总体命运有了很大改观。这一切是否说明马克思的失败？没有。虽然资本主义的经济、政治及社会都有长足的进步与发展，但正如前文所述，资本主义国家的财富分配仍然呈现两极分化、高度集中的态势，经济危机没有完全消解甚至向更深层次发展，这恰好证明，马克思关于资本主义无限积累之本性的判断是正确的。20世纪末，日本及某些欧洲发达国家的私人财富水平在国民收入中的高比例，更是直接佐证了马克思理论的正确性。

马克思之后，法国经济学家托马斯·皮凯蒂对此问题的研究尤为引人注目。其所著《21 世纪资本论》通过研究当代资本主义资本收入分配的起源、运行机制和当代表现，试图找到公平分配资本收入的解决措施和方案。20 世纪 50 年代，美国经济学家库兹涅茨描绘出一条倒 U 形的"库兹涅茨曲线"，它反映了贫富差距和收入之间的关系，即随着人均收入的提高，贫富差距将不断扩大；当人均收入提高到一定点时，贫富差距达到最大；当人均收入越过这一水平后，贫富差距则逐渐缩小。这就是劳资双赢的"良性资本主义"，库兹涅茨认为经济增长自身就能解决收入不平等问题。

皮凯蒂推进了库兹涅茨的研究，不过他强调，收入不平等并非倒 U 形，而是 U 形曲线。20 世纪至今，随着经济的增长，收入不平等状况在经历了不平等程度降低、稳定后又开始恶化。在 1914 年之前，各类经济体是非常不平等的。1910 年，占总人口 10% 的上层阶级攫取了超过总收入 45% 的份额，直到第一次世界大战爆发前，这种不平等的局面都未曾改变。1914 年到 1950 年之间的战争给资本、税收、国有化和通货膨胀带来了物理性毁灭。这期间又经历了 20 世纪 30 年代的经济大萧条，它通过资本损失和破产消灭了财富。然而，资本随时随地都能重建，资本所有者也接二连三地重新崛起。从 20 世纪 70 年代起，财富与收入之比的增长伴随着收入不平等的增加，资本集中程度又回到了一战前水平。到了 21 世纪，这一趋势进一步强化，资本主义显示出财富和收入分配越来越不平等的倾向。

如何理解 20 世纪以来的财富分配变化？如何预测未来的财富分配趋势？皮凯蒂根据已有的经济统计资料，对资本主义内在运行机制进行剖析，提出了新的财富收入的分配及其流向的理论分析框架。他的核心观点是：资本回报率总是高于经济增长率，因此资本主义制度具有一种与生俱来的趋势，即资本所有权和财富将日益集中。[1]皮凯蒂通过对历史数据的梳理，描绘了人类经济史的发展图（图 5）[2]。资本收益率（税前）总是高于全世界产出增长率，但是在 20 世纪，二者之间的差距缩小了，而在 21 世纪可能会再次扩大。图例显示，在历史长河中，资本纯收益率一般是 4%—5%，明显高于全球产出增长率。"纵观人类发展历史，一个无可撼动的事实就是，资本收益率至少是产出（及收入）增长率的 10 ～ 20 倍。"[3]在资本主义制度建立之后，资本主义国家的财富分配通常处于严重不平等状态。如果资本纯收益率为 r，经济（产出）增长率为 g，则 r ＞ g 是动态变动的，这就构成资本主义的核心矛盾，即财富的集中将导致潜在的危机。皮凯蒂认为，当前资本年均回报率为 4%—5%，随后有可能降低，但应当维持在 4.2% 左右，但是，2012 年后，全球经济年均增速很可能大大放缓，2050 年后可能降至 1.5% 左右，那么，全球财富分化在 21 世纪将再次扩大。[4]

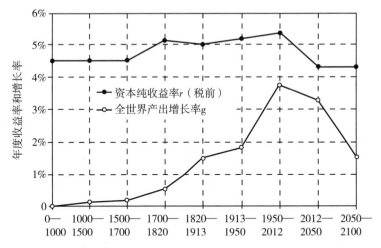

图 5　从古代到 2100 年全球资本收益率和产出增长率的比较

① 参见薛俊强、王丰：《财富分配不平等的历史起源、分配调节和未来展望》，载《国外理论动态》2014 年第 11 期，第 125 页。

② 本图中，皮凯蒂用资本收益率表示年均收益率，用全世界产出增长率表示增长率。

③ ［法］托马斯·皮凯蒂著，巴曙松等译：《21 世纪资本论》，中信出版社 2014 年版，第 363 页。

④ 参见［法］托马斯·皮凯蒂著，巴曙松等译：《21 世纪资本论》，中信出版社 2014 年版，第 364 页。

　　从资本主义国家的视角，可进一步观察西方资本主义财富分配及变化的多重原因。18—19世纪，所有资本主义国家的财富都呈现比较高的集中性。20世纪上半叶，由于两次世界大战和经济大萧条的发生，降低了资本回报，阻止了资本集中。但是，20世纪70年代以来，资本的集中状态在发达国家再次发生。"总体的变迁趋势很清楚：在把泡沫因素排除以后，我们看到的是1970年以来私人财富在发达国家强劲回归，或者说，出现了新型的承袭制资本主义。这一结构性变化用三类因素来解释。……长期来看，最重要的因素是增长率放缓（特别是人口增长率），再加上高储蓄率的影响，会自动导致长期资本／收入比的结构性提高。这个机制在很长时期内是决定性的力量。"[①]另外两大因素：一是房地产和股票价格长期保持上扬，并在20世纪80—90年代加速，而公众对此持欢迎态度；二是私有化过程。20世纪70—80年代，由英、美保守自由主义主导的渐进式私有化过程，实现了公共财富到私人手中的重新转移。"20世纪80—90年代的公共企业私有化浪潮中，这些公共企业往往是以极低的价格甩卖……所有大洲都出现了相同的趋势。"[②]其中，比较极端的是俄罗斯和东欧国家，它们从20世纪80年代后期出现了私人财富的巨大增长，寡头涌现。这些国家原本都以公有制为基础，私人财富出现快速增长的简单而直接的原因就是大量的资本所有权从政府转移到私人手中。

　　资本主义社会达到高度不平等，即最上层10%的人占有全部财富的约50%，最上层1%的人占有比达20%，通常源于两种不同的方式：一是超级世袭社会，如法国、英国，在这些国家，继承财富是成为巨富的重要原因。这可视为所有权结构的社会继承。二是超级精英社会，这是美国在过去几十年间创造的。在美国，收入层级顶端往往是非常高的劳动收入而非继承财富收入。高收入和高工资的增加导致"超级经理人"的出现，即

---

① ［法］托马斯·皮凯蒂著，巴曙松等译：《21世纪资本论》，中信出版社2014年版，第176—177页。

② ［法］托马斯·皮凯蒂著，巴曙松等译：《21世纪资本论》，中信出版社2014年版，第190页。

大公司的高管，他们可努力从自身劳动中获得极高的、空前水平的薪酬待遇。这种极高的报酬有多少合理性？皮凯蒂指出，这些报酬通常是由上级领导确定的，即最高层的收入是由高管自己或者公司薪酬委员会定的。唯一合理的解释是：那些有权决定薪酬的人天然拥有对自己慷慨的动机，或至少会对边际生产率给出过度乐观的估计。[①]皮凯蒂进一步指出："这两种逻辑在未来可能相互补充，共同发挥作用，这将导致新的不平等世界，比以前的任何社会都更极端。"[②]"未来的世界可能会糅合了过去世界的两大弊端：一方面存在巨大的由继承财富造成的不公，另一方面又存在以能力和效率为理由的因薪酬造成的巨大贫富差距（其实这种说法并无道理）。因此走向极端的精英主义就很容易产生高管和食利者之间的赛跑，最终受损者则是在旁观赛的普通大众。"[③]

考察全球财富分配不均衡的原因，还需要重视当代经济及技术发展的新特点。

首先，金融全球化使全球财富分配问题变得更加复杂。所谓金融全球化，指各个国家的资产都在较大程度上被其他国家持有。比如，货币与债券的持有量是比较直观的观察角度，目前，美元成为世界货币，被全世界持有，而欧元、日元、人民币等货币都被世界上许多国家持有；发达国家和地区的政府债券等也被他国大量持有。如果从各类基金、股票、企业及私人持有的各类金融资产考察，则发现世界各国间，往往是互为债权人及债务人。"20 世纪 70—80 年代见证了全球经济的广泛金融化，深刻地改变了财富结构，使得不同主体（家庭、企业和政府机构）持有的金融资产和

---

① 参见［法］托马斯·皮凯蒂著，巴曙松等译：《21 世纪资本论》，中信出版社 2014 年版，第 339 页。

② ［法］托马斯·皮凯蒂著，巴曙松等译：《21 世纪资本论》，中信出版社 2014 年版，第 269 页。

③ ［法］托马斯·皮凯蒂著，巴曙松等译：《21 世纪资本论》，中信出版社 2014 年版，第 430 页。

负债总量的增速超过了净财富增速。"① 我国学者对这一问题也有较多分析和研究。如有学者指出，海外左翼学者们关于经济金融化对收入分配差距影响的研究结论较为一致，即金融化会导致收入分配差距的扩大，美国经济的金融化不仅造成了财富和收入的极端两极分化，而且正在腐蚀着美国民主的社会基础，但是学者们的分析视角各不相同。由于经济金融化形成了金融资本偏倚型的收入分配模式，金融资本攫取了发展所带来的绝大部分好处，被金融化的普通大众分享的收益有限。金融化的最终结果，将是收入分配的两极分化和社会的断裂与失衡。金融化造成了社会不公平问题越来越突出，经济增长的风险也在不断累积。②

其次，知识产权制度对全球财富分配产生重要影响。知识产权是指人们就其智力劳动成果所依法享有的专有权利，通常是国家赋予创造者对其智力成果在一定时期内享有的专有权或独占权（exclusive right），也可简称为智力劳动的成果所有权。知识产权的权益包括人身权利与财产权利。科学技术的发展和社会的进步，使知识产权的外延不断拓展。通过系列国际性知识产权协议及公约，知识产权成为相对独立的全球性财富存在形式及重要的财富增长方式。知识产权所有人（包括自然人和法人）通过转让、许可、合作开发等现代专利运营模式，可从中获取巨大利润。全球性知识产权保护体系的建立，有助于在全球范围内保护相关财产权，有效地激励科技创新，以及推动知识财富共享。由于知识产权能够带来巨大利益，跨国公司通常在知识产权的开发方面投入巨资，并收获巨大利益，而世界各国也都卷入知识产权的竞争当中，这直接表现在世界各国对人才的培养与争夺上。当前世界性的人才争夺竞赛中，发达国家与地区无疑地占据优势，发展中国家尤其是落后国家和地区处于劣势地位，因此，世界范围

---

① ［法］托马斯·皮凯蒂著，巴曙松等译：《21世纪资本论》，中信出版社2014年版，第197页。

② 参见刘宾、陈波：《经济金融化与美国收入分配差距的扩大：理论与实证分析》，载《上海金融》2019年第12期，第69页。

内知识产权与人才竞争的结果，一方面极大地推动了世界经济与科技的发展，强化了资本与人才的全球化生存状态，另一方面，也提升了全球性知识收益与加剧了国民财富的两极化现象。有学者对此表示了担忧，"通过对知识产权的垄断，发达国家作为'脑国'实现了对发展中国家这类'躯国'财富的占有和控制，进而加剧了全球财富分配失衡的状态。知识产权的垄断反映了资本积累区别于以前的传统方式，发生了新的变化。它作为一种'前生产阶段'的资本积累方式，对传统生产领域的资本积累实现了越来越有效的控制，资本垄断势力从对直接的物质条件的控制，向着对生产力深层内容的垄断控制不断发展"①。这种担忧与批判，并非完全没有道理。既要加强对知识产权的保护从而激励创新，又要兼顾国家与地区间财富与人才的平衡性、合理性，是值得关注的问题。

四、全球财富分配失衡带来的挑战

资本主义革命的口号是自由、平等、博爱。资本主义制度的建立，资本主义生产方式在全球的演进，使自由原则得以在全球实行，而平等原则并没有很好地实现，甚至在某些领域或某种程度上，不平等正在扩张。这正是马克思大力批判的，资产阶级把"平等""自由"写在旗帜上，但实现的只是虚假的平等与自由，或者说，实现的只是资本的平等与自由。

观察全球，尤其是西方国家的财富分配及其发展变化，将发现许多神话都已破灭，或者，更准确的表达应当是，当前西方国家与西方社会关于财富分配平等性问题的解决方案在实践中并未达到预期。

一是权利与机会的平等将带来财富分配的平等。公允地观察，资本主义也曾努力实现其所允诺的平等。西方国家都积极地尝试通过立法、提高

---

① 肖斌、付小红：《全球财富分配失衡的现状与解析》，载《红旗文稿》2015年第5期，第36页。

劳动报酬、倡导慈善等方式，来提高财富分配的平等性。比如，继承法及继承制度对财富分配具有重要影响，传统社会中，许多国家或地区都遵循长子继承制，即年龄最大的儿子继承所有家族财产或占用绝对大的比重，这可避免财产分散化，保存和增加家族财富。长子继承制违背了家族中的财产平等原则。法国大革命后，新的民法典衍生的继承法实践了平等原则：宣布废除世袭罔替和长子继承制，代之以均分原则，即兄弟姐妹间平分财产原则。那么，法国的财富平等程度提高了吗？皮凯蒂的统计数据表明，"整个19世纪，法国的财富集中度都在不断提高，最终在美好年代达到顶峰，比民法典制度的时期还要极端。很显然，权利和机会的平等并不能确保财富的平均分配"①。这说明，一旦资本收益率显著且持久地超过经济增长率，财富积累和扩张的动态机制将自动导向财富集中甚至高度集中的状态。兄弟姐妹间的均分原则并不会产生多大作用。权利与机会的平等原则并不会有效地实现财富平等原则。

二是自由竞争与产权保障将提升财富平等程度。自由的市场经济、完整的产权保护，一方面可保障生产要素的有效配置、提高生产率，另一方面可以充分发挥人的多种才能，使之在财富分配中占据一席之地，从而提高财富分配的平等程度，但是，这一美好愿望也没有实现。虽然更多的要素，尤其是人力资源的各要素都参与到财富分配中，但平等并没有实现。皮凯蒂指出，认为现代经济增长的本质特征或者市场经济法则能够确保缓解财富不平等并实现社会和谐稳定是一种幻想。当今欧洲的财富集中度比一战之前有明显降低，主要源于两次世界大战及经济大萧条对财富的摧毁，某些特定制度设计，如征收累进税也发挥了作用。但是，"具有累积性质的 r＞g 这一不平等逻辑机制，催生出了惊人而持续的不平等。在这样一个社会，更自由和更有竞争性的市场以及更有保障性的产权，并没有

①［法］托马斯·皮凯蒂著，巴曙松等译：《21世纪资本论》，中信出版社2014年版，第373页。

多少机会来降低不平等程度"①。

三是精英主义模式可提升财富分配平等性。相对于出身、血缘导致的财富分配不平等，个体才能、工作成效的差异导致的分配不平等通常被认为是合理的，并被认为是有助于推动社会进步的，然而，这一原则走向极端，就出现了美国的"超级经理人"，这重新导致新的巨大的分配不公。相对于劳动导致的不平等，资本导致的不平等总是更严重，资本所有权及资本收入的分配总比劳动收入的分配更为集中。在西方国家，劳动收入分配中收入最高的10%的人一般拿到总劳动收入的25%—30%，而资本收入分配前10%的人总是占有所有财富的50%还多，在某些地区或社会中甚至高达90%。资本方面的不平等经常表现得很极端，因而，劳动方面的不平等就显得比较适度，甚至是合情合理。但是，这种精英主义模式主导的分配制度，由于缺乏有效的评估与约束，其内在的不合理性及其导致的分配不平等性，也不可忽视。

两次世界大战以毁灭性的方式迫使人们关注自由、平等与秩序的内在关联。欧洲各国试图通过福利社会形式来缓解贫富两极分化、实现社会稳定秩序，但是福利社会在实践中也遭遇许多难题。美国、英国等发达国家也曾通过实行累进税等方式来缓解财富分配的矛盾，但为了在全球经济竞争中获胜，又重新修改税收制度并通过再私有化等方式来推进本国的竞争力。这一切不得不让人担忧，欧洲是否会重新变成旧欧洲；在美国，先驱们的平等思想也逐渐被淡忘，新大陆同样可能变成21世纪全球经济中的旧欧洲；其他发展中国家与地区，在解决财富分配不公、重建平等有序秩序方面，似乎更缺乏决心与有效方法。

全球经济的平稳发展，尤其是20世纪80年代以来全球经济的良好发展态势，以及源于对贫困问题的重视，国际社会经过长期努力，极端贫困问题已经大大改善。世界银行最新全球贫困数据显示，2015年全球极端

---

① [法]托马斯·皮凯蒂著，巴曙松等译：《21世纪资本论》，中信出版社2014年版，第380页。

贫困人口已降至 7.359 亿人，相对于 1981 年的 19.4 亿极端贫困人口数据，减少了约 12 亿人。毫无疑问，这反映了全球减贫事业的巨大进步，以及人类人道主义的重大进展。而且，在世界性国际组织及各国的努力之下，财富的两极分化现象也发生了有益的变化。瑞信的 2019 年《全球财富报告》就提示了这一变化。如图 6 所示，从 2010 年至 2019 年这 10 年之中，财富金字塔顶端至少拥有 100 万美元财富的人群占比从 0.5% 提高至 0.9%，这提示全球财富进一步向顶端人群聚集，但是，财富少于 1 万美元的人群从 68.4% 减少至 56.6%，财富值为 1 万—100 万美元这两个层次的人群占比从 31% 上升至 42.4%，虽然相关数值在 10 年之间也有反复，但还是反映了全球财富总体趋势变化的另一面，即低收入群体的总数在减少，中产阶层在增加。这是一个可喜的变化。与此同时，必须看到，全球财富分配的两极分化状态没有根本性改变，这对全球经济、政治秩序的稳定与发展仍然构成了极大的挑战。

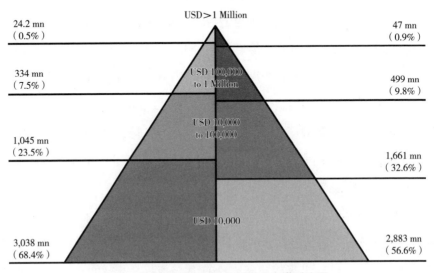

图 6　2010 年与 2019 年财富金字塔对比图

资料来源：网络文章《全球财富报告系列（二）——瑞信 <2019 年全球财富报告 >》。

|第二节| 　当代中国财富分配的特点及发展趋势

随着中国经济的高速增长，中国财富分配的结构、增长速度等发生剧烈变化。一方面，中国财富总量在惊人地增加，另一方面，财富分配中的问题愈加引起关注。财富分配状态是社会秩序、经济秩序建构与变动的重要变量，也是观察或调整社会关系、社会秩序的重要入口。通过对中国财富分配的现状、特点及发展趋势的考察，有助于我们研究当代中国正义秩序、正义伦理建构的前提与方向。

一、当代中国财富分配的现状与特点

当代中国财富分配的现状及特点与全球富裕国家财富分配的现状及特征有某些相似的地方，但也有自身的特点。

一是总量增速迅猛。瑞士信贷银行发布的《2019年全球财富报告》显示，至2019年，全球财富达到360.6万亿美元，中国内地占比17.6%，达63.8万亿美元，是2010年的3.68倍。预计到2024年，中国的财富存量将增加23万亿美元，贡献36%的增长率。[①] 根据瑞信2015年报告，中国已经于2015年取代日本成为全球财富排行榜第二的国家，并保持至今。[②] 而中国GDP早在2009年就已经超越日本，稳居世界第二。人均财富数据也反映了同步变化。自2000年以来，中国成年人人均财富翻倍递增，从5700

---

① 参见瑞士信贷银行发布的《2019年全球财富报告》。

② 参见瑞士信贷银行发布的《2015年全球财富报告》。

美元升至 2010 年的 18018 美元, 2019 年升至 58544 美元。[①] 可见, 2000 年以来, 中国财富的增速极快。据世界银行的统计, 2013 年中国新增财富净额为 2.7 万亿美元, 与 2000 年相比, 2013 年中国新增财富净额增加了 8.8 倍, 快于国内生产总值 6.7 倍的增幅。[②]2019 年招商银行和管理咨询机构贝恩公司(Bain Capital) 联合发布的《2019 中国私人财富报告》显示, 2018 年, 中国个人可投资资产总规模达 190 万亿人民币, 可投资资产在 1000 万人民币以上的中国高净值人群数量达到 197 万人。[③] 全球知名财经媒体《福布斯》的统计数据也可佐证。《福布斯》发布的《2015 中国大众富裕阶层财富白皮书》显示,2014 年底, 中国个人可投资资产[④] 总额约 106.2 万亿元(人民币, 下如无特别表明均为人民币), 年增长 12.8%, 主要由股票、基金、债券等金融性资产增长所带动。2014 年末中国大众富裕阶层[⑤] 的人数达到 1388 万人, 同比增长 15.9%。可与前两年相比较: 中国个人可投资资产总额, 2012 年末为 83.1 万亿元, 年增长率 13.7%; 2013 年末为 94.1 万亿元, 年增长率 13.2%。中国大众富裕阶层的人数, 2012 年末为 1026 万人, 2013 年末为 1197 万人。通过比较, 可直观地看到 2012—2014 年的增速惊人。

二是人均财富不高。中国的财富总量位居全球第二位, 但人均财富与发达国家相差悬殊, 这与巨大存量的总财富极不协调。瑞信的《2014 年全球财富报告》显示, 中国的人均财富并不高。2013 年中国内地人均净资产约 2.13 万美元, 但是, 排名第一位的瑞士人均净资产为 58.1 万美元, 排名第二位的澳大利亚人均净资产为 40.3 万美元, 排名第三位的挪威、第四

---

① 中国成年人人均财富数值来源于 2010 年及 2019 年瑞信全球财富报告。

② 参见余芳东:《世界银行关于国民财富和自然资源核算》,《中国统计》2015 年 5 期, 第 5 页。

③ 资料来源: 招商银行与贝恩公司联合发布的《2019 中国私人财富报告》。

④ 个人可投资资产包括个人持有的流动性资产, 如现金、存款、股票、基金、债券、保险及其他金融性理财产品, 以及个人持有的投资性房产等。

⑤ 福布斯中文版定义的大众富裕阶层是指, 个人可投资资产在 60 万—600 万元人民币之间(约 10 万—100 万美元) 的中国中产阶级群体。

位的美国、第五位的瑞典等国家，人均净资产都远远高于中国。

世界银行的国民财富报告也值得重视。过去 10 余年来，世界银行重视对国民财富进行统计、测算和研究。2006 年发布题为《国民财富在哪里？》的报告，2011 年发布报告更新版。2018 年 1 月发布题名《国民财富的变化：2018》的报告。2018 年的报告采用将自然资本（如森林和矿产）、人力资本（个人终生收益）、生产资本（建筑物、基础设施等）和国外净资产相加的方法，对 141 个国家在 1995—2014 年的财富变化情况进行跟踪和评估。报告指出，人力资本在国民财富中的作用突出，自然资本在国民财富中的作用下降，全球财富不平等问题仍然严重。从表 2 可以看到，根据将自然资本、人力资本、生产资本和国外净资产相加的方法统计，2014年全球人均总财富为 168580 美元，而同年中国人均总财富为 108172 美元，低于全球平均水平，也略低于中等偏上收入国家平均水平。[①]

表 2　2014 年人均总财富及人均生产资本、自然资本、人力资本和国外净资产（美元）

国家组别	总财富	生产资本	自然资本	人力资本	国外净资本
全球	168,580	44,760	15,841	108,654	−675
低收入国家	13,629	1,967	6,421	5,564	−323
中等偏下收入国家	25,948	6,531	6,949	13,117	−649
中等偏上收入国家	112,798	28,527	18,960	65,742	−431
高收入国家（非 OECD 成员）	364,998	59,096	80,104	111,793	14,005
高收入国家（OECD 成员）	708,389	195,929	19,525	498,399	−5,464
中国	108,172	28,566	15,133	63,369	1,104

资料来源：郭文松等：《世界银行发布〈国民财富的变化：2018〉报告》。

三是财富结构不合理。中国的财富总量巨大而人均偏低，除了人

[①] 郭文松等：《世界银行发布〈国民财富的变化：2018〉报告》，载《中国财政》2018 年第 13 期，第 67 页。

口基数大之外，还有一个重要原因是中国社会的财富结构不合理。政府、公司财富所占比例高，居民家庭财富所占比例低。中国居民、公司、政府三方财富分配百分比为 35.1：41.6：23.2，而全球平均分配比为 57.7：29.6：12.7，美国为 76.2：17.0：6.8，西欧为 59.0：35.0：6.0，日本为 51.6：44.0：4.4。中国居民财富所占比例比全球平均低 22.6 个百分点，比美国低 41.1 个百分点，比西欧低 23.9 个百分点，比日本低 16.5 个百分点；中国公司资产所占比例比全球平均高 12 个百分点，比美国高 24.6 个百分点，比西欧高 6.6 个百分点；中国政府资产所占比例比全球平均高 10.5 个百分点，比美国高 16.4 个百分点，比西欧高 17.2 个百分点，比日本高 18.8 个百分点。①

　　空间收入差距也是观察财富结构合理性的重要指标。空间收入差距包括城乡收入差距和地区收入差距。中国在城乡收入差距及地区收入差距方面都表现出失衡现象。有学者指出，改革开放以来城乡居民收入差距经历了由迅速缩小到逐渐扩大，再到缓慢缩小的发展过程。1978 年城乡居民收入比为 2.57：1（以农村居民收入为 1），1983 年达到历史最低点 1.82：1，之后一路攀升，2002 年至 2013 年一直在 3：1 以上，其中 2007 年达到历史最高点 3.33：1，2009 年以来城乡居民收入差距逐年缩小，但仍处于较高水平。2017 年中国城乡居民收入比降低为 2.7：1。2018 年全国城镇居民人均可支配收入 39251 元，实际增长 5.6%；农村居民人均可支配收入 14617 元，实际增长 6.6%。2018 年中国城乡居民收入比为 2.68：1，可以看出城乡收入相对差距在逐步缩小，但是绝对差距仍然很大。地区收入差距大也是中国收入差距明显的表现形式之一，中国 31 个省区市间收入差距在不断扩大，东部省区市居民人均可支配收入明显高于中西部省区市，而中部省区市与西部省区市之间的差距则较小。2017 年全体居民人均可支

---

① 参见王殿茹、邓思远：《新常态下中国财富分配格局及分配政策取向》，载《河北学刊》2015 年第 3 期，第 146 页。

配收入最高的是上海，为 58988 元；最低的是西藏，为 15457 元；前者是后者的 3.82 倍。地区收入差距呈现明显的不断扩大趋势。①

四是财富集中现象日趋严重。百万富翁和超级富豪的人数及在全国财富中的占比，是考察财富集中度的重要指标。2006 年世界经济发展研究所发布的《世界家庭财富分配报告》显示，中国 10% 的富人拥有社会财富的40%。世界经济发展研究所所长安东尼·歇洛克称："中国的平均财富处于中等水平。按照国际标准衡量，财富分配较为均匀。然而，中国现在的富人已经比我们报告中列出的更多。而且在未来 10 年，超级富豪的人数会增长得更快。"2011 年 6 月，波士顿咨询公司的报告指出，中国富豪增加，贫富差距凸显，理由是，截止到 2010 年，中国已经有了 110 万个"百万美元"家庭，而德国的数量不过是 40 万。在这些富裕家庭中，资产超过 1亿美元的"超级富豪"家庭有 393 个。

瑞信的全球财富报告更直观地说明了中国财富集中度远高于发达国家和地区。财富不平等的情况在过去十几年里如何变化也令人深思。图 4 展示了 2000 年至 2014 年间各国最富的 10% 人口占全国财富的比例的变化。蓝色越深说明上述比例降低得越多，红色越深说明上述比例上升得越多。

21 世纪以来，最富的 10% 人口占有的全国财富比例变化剧烈，埃及和中国上升幅度最大。中国最富的 10% 人口掌握了全国 64% 的财富，这一比例在过去 14 年间增加了 15.4%。

国内研究也显示了同样的结果。西南财经大学 2014 年 1 月发布的《中国家庭财富的分布及高净值家庭财富报告》指出，中国最富有的 10% 家庭拥有社会总财富的 60.6%。

值得注意的是，瑞信《2019 年全球财富报告》显示了中国国民财富变动中某些可喜的表现，即中国国民财富的两极化水平低于全球水平。2018

①　参见郭玉燕：《民生共享背景下的收入分配制度改革》，载《现代经济探讨》2019 年第 12 期，第 11—12 页。

年中国的百万（按美元计）富翁人数为440万，全球排名第二位，财富超过5000万美元的超高净值人士数目为18132人，全球排名第二位。预计到2024年，中国百万富翁人数将接近690万。而且，在全球最富裕的10%人口中，中国占1亿人，首次超过美国的9900万。该报告称，中国和其他新兴市场百万富翁人数增长速度较快的贡献来源主要是平均财富增长，约78%的财富增长来源于此，此外是占比16%的人口增加和6%归因于财富不均的增加。

图7比较直观地说明中国的财富分布。在中国，财富少于1万美元的人口占比为25%，而全球同类人群占比55%。中国拥有1万—10万美元财富的人口占比65%，而全球同类人群占比约33%。中国拥有10万～100万美元的最富裕人口占比为10%，与全球水平相当。[①] 这说明中国国民财富的两极化水平低于全球水平，中产阶层人数大幅度提升。虽然图7数据没有考虑汇率变动等具体因素的变化而存在争议，但是，也在一定程度上反映了近年中国国民财富的变化状态。

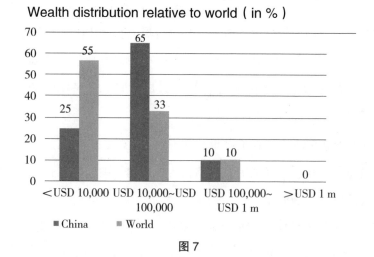

Wealth distribution relative to world（in %）

图7

资料来源：James Davies, Rodrigo Lluberas and Anthony Shorrocks, *Global Wealth Databook 2019.*

① 参见瑞士信贷银行发布的《2019年全球财富报告》。

总体而言，伴随着中国经济的高速增长，中国的财富分配也出现巨大变化，不但总量激增，而且财富分配的内在结构也出现剧烈变动，其中，最令人关注的就是财富分配的合理性及较高程度的财富集中问题。这实际上就是社会公平问题，就是中国社会发展过程中的正义秩序、正义伦理建构问题。

二、当代中国财富分配失衡的原因分析

基尼系数是观察贫富差距的重要指标。据世界银行统计，中国基尼系数在 2009 年达到了 0.474。根据中国国家统计局的数据，2003—2017 年，中国的基尼系数处于 0.4—0.5。但是，统计局公布的数据与学术机构研究结果之间存在着相当大的距离。如，中国社会科学院统计显示，2010 年中国基尼系数为 0.51。西南财经大学中国家庭金融调查与研究中心 2012 年公布的《中国家庭收入不平等报告》显示，2010 年中国家庭收入基尼系数为 0.61，城镇居民的基尼系数为 0.56，农村居民的基尼系数为 0.60。无论哪个数据，都已经远远超过了国际公认的 0.40 警戒线，其变动幅度和速度在世界经济史上十分罕见。

中国财富分配失衡，既有全球经济发展中财富趋于集中的共同根源，也有着自身的独特原因。

从以市场经济为基础的现代生产方式的共同性来观察，中国财富失衡的原因是：

首先，中国财富分配呈现日益明显的集中趋势，是 r > g 规律的反映。皮凯蒂认为，人类经济史表明，r（资本收益率）> g（经济增长率）是基本的规律。由于资本收益的增速高于经济增长率，并且通常情况下高于劳动报酬增速，那么，随着资本规模的扩大，贫富差距就会不断扩大。这一

规律在当代中国同样适用。1978 年至今，中国的财富增长与资本增长都呈现出快速增长态势。一方面，中国的总资本（国家资本与私人资本之和）带来的总收益增长速度高于经济增长率。据世界银行测算，与 2000 年相比，2013 年中国新增财富净额增加了 8.8 倍，这高于国内生产总值 6.7 倍的增幅。[1][2] 另一方面，当前中国私人资本总规模已经大大超过国有资本，随着私人资本规模的不断膨胀，r > g 的作用愈加明显，财富的集中度也更明显。

其次，"超级经理人"扩大了收入差距。随着市场经济的深化，企业薪酬改革的推进，企业管理层的薪酬开始快速上涨。2005 年之后，企业管理层的高薪现象开始引起公众的注意，人力资源和社会保障部等六部门颁布了针对中央企业高管的"限薪令"。福布斯曾于 2014 年发布中国上市公司 CEO 薪酬榜，中集集团总裁麦伯良以薪酬 870 万元位居 A 股薪酬榜榜首，联想集团 CEO 杨元庆以 1.3 亿薪酬位居中资港股 CEO 榜首。A 股上市公司中，2013 财年薪酬过百万元人民币的 CEO 人数达 363 位，其所得薪酬总额高达 6.9 亿元，人均薪酬达 189 万元，较 2012 年均有所增长。[3]

聚焦央企，数据显示，2013 年上市央企总经理税前薪酬排名前三名均超过 800 万元，最高薪酬为 869.7 万元。2012 年年报显示，192 家央企里，董事长、总经理年薪超过 200 万元的就有 13 个。非上市央企的高管薪酬通常比上市央企还高。民营企业的薪酬差距更大，数据显示，2013 年排前

---

① 参见余芳东：《世界银行关于国民财富和自然资源核算》，载《中国统计》2015 年第 5 期，第 5 页。

② 世界银行的相关测算每年的侧重点不一样，且时间相对滞后。比如世界银行 2018 年发布的《国民财富的变化：2018》报告，针对 141 个国家 1995—2014 年的财富变化情况进行跟踪和评估。作者注。

③ 参见网络报道《福布斯中国上市公司 CEO 薪酬榜 中集麦伯良夺冠》，https://finance.huanqiu.com/article/9CaKrnJFcj2。

三名的薪酬分别为 3174.85 万元、1667.9 万元、1590 万元。如以 2013 年房地产高管薪酬为例，25 位民企 CEO 的总薪酬达到 2.07 亿元，人均约为 829 万元。国企 CEO 的总薪酬约为 6981 万元，人均约为 291 万元。[①]

人力资源和社会保障部 2011 年发布的《中国薪酬发展报告》显示，"十一五"期间，公司高管人员年薪水平继续保持较快的增长速度，上市公司高管年薪平均值由 2005 年的 29.1 万元增加到 2010 年的 66.8 万元，平均每年递增 18.1%。部分行业企业高管年薪已经上千万元，2007 年平安公司总经理年薪即为 6616 万元，是当年全国企业在岗职工平均工资的 2751 倍，相当于农民工平均工资的 4553 倍。2011 年高管平均薪酬为 79 万元，而该年人均 GDP 为 3.5 万元，中国高管平均薪酬是人均 GDP 的 22.6 倍；是最低工资的 79.3 倍；是全国从业人员平均工资的 38.7 倍。西方几个发达国家企业高管平均薪酬均未超过人均 GDP 的 5 倍，未超过法定最低工资的 10 倍，未超过全国从业人员平均工资的 8 倍。[②] 可见，中国高管薪酬年均 18.1% 的增速，不仅远高于 GDP 及居民收入年均增长速度，而且远高于发达国家的高管薪酬增速及占比。

诸多数据显示，2010—2014 年，企业高管的高薪酬达到令人难以置信的高度。一份针对国企高管薪酬的研究显示："CEO 薪酬最大值于 2012 年达到峰值约 1200 万元，非 CEO 高管平均薪酬的最大值于 2011 年达到峰值约 512 万元，二者均于 2013 年起迅速下降但相较往年仍有上浮。…… 显示高管薪酬最大值迅速增高背后可能存在权力操纵问题。"[③] 高管薪酬现象引发各界的强烈关注与质疑，为回应社会关切，中央政府多次颁布相关意见、方案等对国企高管薪酬及内部薪酬差距予以规范。跟踪 2007—2016 年

---

① 参见网络报道《揭秘央企高管薪酬》，http://finance.ifeng.com/news/special/yangqixc/。

② 参见刘植荣：《中国企业高管薪酬高不高？》，载《新金融观察》2012 年 10 月 29 日第 6 版。

③ 林琳、潘琰：《国有上市公司内部薪酬差距的十年演变及激励效应跟踪》，载《经济体制改革》2019 年第 1 期，第 113 页。

薪酬管制背景下国有上市公司内部薪酬差距的变迁历程，研究显示："在政府陆续出台薪酬管制政策的约束下，2012 年以后，国有上市公司 CEO 和非 CEO 高管薪酬最大值、高管团队薪酬差距和高管员工薪酬差距的最大值受到大幅抑制，高管团队薪酬差距及高管员工薪酬差距的均值呈逐步缩小之势，表明国家系列限薪意见对维护社会公平发挥了作用。"[①]在政府的政策约束之下，"超级经理人"的薪酬峰值受到抑制，但是总体上，企业高管高薪的状态仍然保持在相当高的总体水平。如界面联合亿安保险经纪共同发布的"2019 中国 A 股上市公司 CEO 薪酬榜"显示，2018 年度前三名 CEO 的年薪分别为：3296 万元、1933 万元、1765 万元。[②]

中国财富分配失衡的特殊性原因需要从历史背景、政治、经济特性等方面去寻找：

第一，在经济转型过程中，由于经济管理体制、政治管理体制的失误及漏洞导致的财富分配问题。学者李迅雷指出，经济体制的转型，即从计划经济向市场经济转型过程中，"各种管制一直存在，这就导致生产要素价格被过多管制从而衍生财富分配不公。如 20 世纪 90 年代初是普通商品价格从单一的计划价，到实行价格双轨制。这一过程收入分配不公平主要体现在商品流通领域，即产生了一批掌握特权的倒爷。之后，是汇率多轨制到并轨。如今，对土地价格和流通的管制依然，同样存在土地多重价格现象；利率市场化尽管在推进，但进展并不顺畅，金融行业的垄断很难消除，这就避免不了对价格的干预。垄断及价格干预，必然导致财富分配不公"[③]。

中国政治管理体制仍然存在许多不完善、不健全的地方，如行政审批

① 林琳、潘琰：《国有上市公司内部薪酬差距的十年演变及激励效应跟踪》，载《经济体制改革》2019 年第 1 期，第 117 页。

② 参见网络报道《界面 2019 中国 A 股上市公司 CEO 薪酬榜》，http://finance.sina.com.cn/roll/2019-05-30/doc-ihvhiqay2392781.shtml。

③ 李迅雷：《寻找中国公平分配财富有效路径》，载《民主与科学》2015 年第 1 期，第 48 页。

项目过多、权责关系不清晰、多头管理等问题没有很好地解决，最令人诟病的是，行政权力的扩张导致的权力滥用和权力寻租，从而加大了收入和财富分配不公。"例如，公共财政转移支付原本是缩小贫富差距的再分配工具，一般占中央公共财政支出 60% 以上，但其中专项转移支付规模过大。财政部数据显示，2013 年中央对地方一般性转移支付 2.4 万亿元，而专项转移支付高达 1.9 万亿元。如此高的专项转移支付，其透明度和公平性存在疑问。笔者曾根据已经公布的 2011 年城乡居民人均可支配收入抽样调查结果，推算出 2011 年中国居民可支配收入总额约为 19.65 万亿元。由于 2008—2011 年居民可支配收入（抽样调查结果）累计涨幅为 51%，再根据 2008 年的'资金流量表（实物交易）'，推算出 2011 年实际居民可支配总收入可能达到 27.54 万亿元，即低估了 7.89 万亿元，这部分或可定义为灰色收入，假如灰色收入中的 1/3 为权力寻租所得，那也有 2.37 万亿元。"①

第二，中国经济体制改革选择倾斜性的发展道路，强化了财富分配的集中。学者石冰竹指出，改革开放后，中国选择了非均衡发展的战略，即工业优先于农业发展，东部优先于中西部发展，特殊行业优先发展等政策，让一部分地区和一部分人先富起来。这种非均衡发展的战略一方面促进了经济的快速发展，但同时也积累了收入分配问题，造成了收入差距不断地扩大，形成了收入分配中的城乡差距和行业差距；同时，这种行业性的倾斜发展战略也造成了不同行业间收入差距的不断扩大。②

第三，中国经济发展的历史性问题还未解决。新中国成立后，中国经济就形成了城乡二元结构及偏向城市忽略农村的二元经济。农产品价格长

---

① 李迅雷：《寻找中国公平分配财富有效路径》，载《民主与科学》2015 年第 1 期，第 48 页。引文中的 2.37 万亿元应为计算失误，7.89 万亿元的 1/3 为 2.63 万亿元。（作者注）

② 参见石冰竹：《中国居民收入分配问题研究》，载《中国市场》2014 年第 42 期，第 121—122 页。

期走低，通过工农产品价格的"剪刀差"从农村积累资产为城市经济发展服务。改革开放之后，这一格局并未及时改变。"所谓城乡二元结构，就是指以社会化生产为主要特点的城市经济和以小生产为主要特点的农村经济并存的经济结构。我国尚处在这样的二元经济结构之中。大部分东部沿海城市以现代化的大工业生产为主，而欠发达地区则以典型的小农经济为主。城市的现代化水平较高，基础设施较为发达，而农村的基础设施落后；城市的人口相对较少，而消费水平却远远高于农村。长期存在的二元结构不利于农村地区的发展和农村居民生活状况的改善，同时，长期割裂的城市与农村经济进一步阻碍了收入分配状况的改善。"[①]

收入分配制度的偏向性加大了财富分配不公。分配制度、分配格局对财富分配合理性的影响极大。中国的分配制度，无论是国民收入初次分配、二次分配还是再分配，从政策导向到实践操作，均有明显的偏向性。国民收入分配的初次分配由政府财政收入、居民收入及企业收入构成。当前我国初次分配的显著特点是，国民收入呈现向政府和企业倾斜的趋势。从图 8 可直观地看到，1978—1995 年，我国的财政收入占 GDP 的比例呈快速下降状态，但从 1997 年开始，该比例又呈快速上升状态，2013 年达到一个局部顶峰 22.7%。之后，该比例逐渐下降，2018 年为 19.9%。财政收入占比的上升就意味着居民收入及企业收入的减少。财政收入由税收收入及非税收收入构成，财政收入占比的上升还意味着税赋制度需要重新审视。

企业收入中，大型企业收入比重总体上升，小型企业收入比重有所下降。居民可支配收入占比呈下降趋势。[②]居民收入不能实现与经济增速同步，与劳动要素在中国经济结构中的地位也有关系。有学者指出，由于二

---

① 石冰竹：《中国居民收入分配问题研究》，载《中国市场》2014 年第 42 期，第 122 页。

② 参见孙秋鹏：《财富与收入分配的理论与政策——中国经济社会发展智库第 7 届高层论坛综述》，载《马克思主义研究》2014 年第 3 期，第 154 页。

元经济结构的长期存在，导致劳动力在较长时间内供给大于需求，而资本要素在一定时期内的稀缺性，使资本要素在收入分配过程中具有天然的强势，这不但体现为资本自身的积累特性，还体现为有组织的讨价还价能力和对宏观经济的乘数效应，[①] 因而，较长时间以来，相对于劳动要素的报酬，资本要素报酬占比相对较高。初次分配奠定国民收入分配的基本格局，对国民收入分配的合理性和公平性起着至关重要的作用。但是，中国当今的分配制度在这一环节没有完全调整到位。

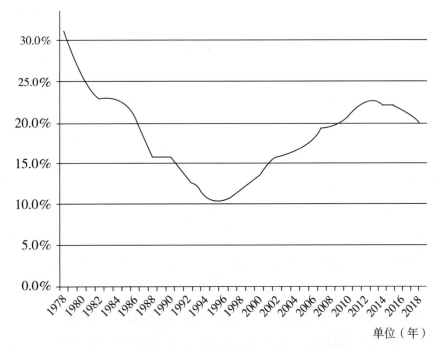

图 8　1978—2018 年中国财政收入占 GDP 比例走势图

资料来源：网络文章《财政收入占 GDP 的比例趋势，以及 2018 年 GDP 的实际增幅》，https://baijiahao.baidu.com/s？id=1651269878824532309&wfr=spider&for=pc。

第四，分析政府财政收入的增幅与财政支出结构，可看到我国分配制

_____

① 参见刘海波、张兆阳：《中国收入分配制度变迁下的居民收入差距形成研究》，载《税务与经济》2014 年第 1 期，第 25 页。

度的结构性问题比较突出。近年来，国内财政收入增速高于 GDP 和居民可支配收入增速的问题，常常引发争议。虽然这里面存在统计口径等专业问题，但是，国内财政收入增速高于 GDP 和居民可支配收入增速已成为一种常态，这已是不争的事实。有经济学者指出，1996—2015 年国内财政收入增速长期高于名义 GDP 增速，其中 1996—2012 年财政收入增速亦长期高于居民可支配收入增速；20 年间，国内财政收入增长了 19.6 倍，名义 GDP 和居民可支配收入仅分别增长 8.6 倍和 7.7 倍。观察财政收入增速与 GDP 和居民可支配收入增速的关系，可以得知，国内收入分配长期向政府部门倾斜，将不利于扩大内需和实现经济结构转型。[①]

从财政支出结构，可进一步看到分配制度有待完善。有学者对此做了较为详细的研究：卫生方面，1985 年财政卫生投入占卫生总费用的比重是 38.5%，到 2000 年该比重下滑到 15.5%，2005 年增加到 17.9% 的水平，2010 年又增加到 22.9%。2013 年，中国 80% 以上的医疗卫生费用由个人和企业承担，尤其是医疗卫生费用不断上涨，给低收入群体带来"看病贵"的问题，使得居民收入差距扩大。教育方面，财政对教育投入占财政支出的比重，1996 年是 17.8%，2005 年下降到 11.7%，2010 年也只恢复到 14% 的水平。在高等教育经费来源中，预算教育拨款所占比重在 1992 年是 60.8%，2005 年下降到 40.6%，而同期的学杂费收入从 5.7% 提高到 31.5%，大多数低收入家庭承担了高昂的学杂费用，增加了贫困的程度。再有，财政的转移性支出不仅没有对缩小收入差距产生积极效果，反而扩大了居民间的收入差距。2010 年中国城镇居民人均转移性收入是 9535 元，而农民仅得到 548.74 元，前者是后者的 17.38 倍，财政的转移性支出使得

---

① 参见胡文艳网络财经报告：《宏观深度报告：财政收入增速为何高于 GDP 和居民收入增速》，http://vip.stock.finance.sina.com.cn/q/go.php/vReport_Show/kind/lastest/rptid/4389400/index.phtml。

城乡收入差距扩大了。①

对政府财政收入的增幅与财政支出结构略加比较，很容易发现财税制度在制度设计及实践操作中，存在着深层次的结构性问题，不利于公平公正社会秩序的构建。

第五，社会保障制度不完善，也强化了分配不公。中国的社会保障制度尚不够健全，养老保险、医疗保险、社会救济等方面都存在着缺陷，如覆盖面不足、资金不充裕、管理分散等。最严重的问题还是实施范围有限，城市人口得到的保障较多，广大的农村贫困人口、进城农民工、私企人员等能够享受的社会保障相对较少。同时，某些群体占有的医疗资源较多。2000年世界卫生组织的调查显示，中国的医疗保障不公平系数居世界第四位，这从侧面反映了我国医疗保障制度方面的重大结构性缺陷，经过近些年的改革，有了很大进步，但结构性问题没有完全解决。

完善社会保障机制逐渐成为各界的共识，我国的相关政策也逐步跟进。这些年来，国家财政支出中，教育、医疗卫生等民生保障性支出比例有相应提升。比如，2012年教育经费占国内生产总值比例经费首次超过4%，且迄今保持在4%以上。2018年全国国内生产总值为900309.5亿元，国家财政性教育经费占国内生产总值比例为4.11%。2019年，全国一般公共预算支出238874亿元，同比增长8.1%，而教育预算支出34913亿元，同比增长8.5%，卫生健康预算支出16797亿元，同比增长10%，社会保障和就业预算支出29580亿元，同比增长9.3%。可见，近年来在社会保障方面，有了很大进步，但是，在国别比较中，仍然差距较大。据国家统计局2019年家庭人均月收入统计数据，无收入来源的人口数为546万人，占比0.39%；月收入500元以下人口为22135万人，占比15.81%；月收入

① 参见王曙光、董方圆：《缩小中国居民收入分配差距的财税政策分析》，载《学术交流》2013年第11期，第86—87页。

1090 元以下人口为 59992 万人，占比 42.85%；月收入 2000 元以下人口为 96393 万人，占比 68.85%。这说明，我国居民人均月收入与 GDP 规模之间存在严重的不匹配现象，低收入人群仍然占多数。

总体而言，在社会保障及转移支付方面，都存在某些制度设计缺陷，导致没有很好地实现国民财富的再分配目标，没有大幅度地提升社会秩序的公平、公正指数，而这一目标，恰是中国特色社会主义建设的美好追求。

三、财富分配两极化的危害

财富分配两极化将带来一系列严重的后果，不仅对现存伦理道德、社会心理造成严重冲击，也会对经济秩序、社会秩序产生巨大影响。学者康晓光关于严重的财富分配不均及其持续扩大带来的危害，有比较全面的概括与总结，本文引用在此，以资佐证。[①]

首先，财富分配两极化将降低社会的整体福利水平。边际效用递减规律指出：随着收入水平的提高，新增加的一单位收入带来的效用不断减少。例如，货币收入越多则货币的边际效用越小，同样的一元钱，对于穷人的效用要比富人大得多。故此，货币对于收入不同的人具有不同的作用。这样，当非贫困人口将一部分收入转移给贫困人口时，非贫困人口减少的效用或福利要远远小于贫困人口增加的效用或福利。因此，当收入水平较高、收入差距较大时，非贫困人口就可以用很小的损失换来贫困人口很大的幸福或减少他们很大的痛苦。马斯洛的需求层次理论甚至断言，富人能从这种损失中获得某种心理满足。[②]

---

① 笔者在借鉴康晓光教授的相关内容时，对每个段落的小标题做了改动。

② 本段内容参见康晓光：《中国财富分配三大差距的演变及其控制》（下篇），载《云南民族学院学报》（哲学社会科学版）2000 年第 3 期，第 5 页。

其次，财富分配两极化将损害经济效益。严重的财富分配不均将导致有效需求不足，破坏经济循环，易诱发传统型的资本主义经济危机，即生产过剩危机。目前国内市场疲软，引来一片扩大内需的呼声。但很少有人直截了当地指出，内需不足的根本原因是分配不均。不平等将使许多人丧失健康和受教育机会，损害一国的人力资源质量。而现代经济发展理论认为，人力资源、资本和技术进步是现代经济增长的源泉，所以不平等将不可避免地损害国家的经济增长。此外，地区差距过大的后果就是落后地区开发滞后，导致资源浪费，不利于综合国力的提高。①

再次，财富分配两极化将威胁社会稳定。按现代的标准衡量，任何一个社会都经历过一个整体性贫困的时期，在那个时期里，绝大多数社会成员的生活都处于贫困状态。经历了一段时间的现代经济增长之后，某些社会的整体性贫困演变成局部性贫困，这时穷人和非穷人的对立突出，收入分配问题成为引人注目的社会问题。对于一个存在局部性贫困的社会来说，贫困是它的一个重要的不稳定因素。②

最后，财富分配两极化将侵蚀政府的合法性基础。康晓光教授认为，在当今世界，如果一个政府既不能把自己的合法性建立在历史唯物主义的基础之上，又不能把自己的合法性建立在民主选举的基础上，那么它往往要把经济发展业绩当作合法性的主要来源之一。③虽然中国政府的合法性基础不缺乏历史唯物主义的历史基础，也不缺乏民主选举的现实基础，但是，改革开放以来对经济发展的高度追求，以及唯GDP论的负面影响，导致人们在当前中国政治合法性的理解与判断上步入过度追求亮丽经济数据

---

① 本部分内容参考康晓光：《中国财富分配三大差距的演变及其控制》（下篇），载《云南民族学院学报》（哲学社会科学版）2000年第3期，第5页。

② 本部分内容参考康晓光：《中国财富分配三大差距的演变及其控制》（下篇），载《云南民族学院学报》（哲学社会科学版）2000年第3期，第5页。

③ 本部分内容参考康晓光：《中国财富分配三大差距的演变及其控制》（下篇），载《云南民族学院学报》（哲学社会科学版）2000年第3期，第7页。

之迷雾。亨廷顿提出"政绩困局"概念，"在民主国家，统治者的合法性通常依赖于他们满足一些关键选民对他们政绩的期望。但是这一制度的合法性却建立在程序之上，建立在其选民通过选择其统治者的能力之上。那些在职的统治者不可避免会作不出政绩，这样，他们就失去了合法性，也就会在选举中被击败；一群新的统治者会接替他们。因此，统治者失去统治的合法性导致了这个体制重新肯定其程度的合法性。不过，在除一党制之外的威权体制下，在统治者的合法性和政权的合法性之间都不可能作出明确的区分。政绩平平既瓦解了统治者的合法性，也瓦解了这一制度的合法性"①。

既然改革开放以来，中国政治合法性的来源中，高速发展的经济，被赋予了过高的期望，占据了过大的比重，那么，不可避免的影响是，如果经济能够保持高速发展，则许多问题都被掩盖或不被重视，但是，一旦经济发展的速度降低（这是必然的经济发展规律），被隐藏的问题都将浮出水面。伴随着中国经济逐步进入低速发展轨道，分配不公、财富两极分化、地区差距、城乡差距等问题将成为考验政治合法性的重要指标。重建正义秩序及正义伦理将成为又一历史使命。

---

① ［美］萨缪尔·P. 亨廷顿著，刘军宁译：《第三波——20 世纪后期民主化浪潮》，上海三联书店 1999 年版，第 59 页。

┃第三节┃　马克思正义伦理思想对解决中国财富分配问题的启示

马克思关于建构正义秩序的思想，对当代中国的经济、政治、社会、文化等领域的建设都有着重要指导作用，尤其是在分配问题上，严重的分配不公与财富集中趋势，都提醒我们需要重新思考与回顾马克思正义伦理思想的时代价值。

一、马克思的正义伦理原则应当成为解决财富分配难题的基本原则

有必要回顾一下马克思正义伦理的三个基本原则：一是历史唯物主义原则。马克思认为生产力决定生产关系，生产关系反映着生产力的发展阶段。社会关系、社会伦理当然为生产力的发展状况所影响和约束，正义问题也是如此。只有符合生产力发展水平的生产关系（包括社会关系、社会秩序），才是正义的。而且，正义标准也非凝固不变，它是发展的、变动的，即必须坚持历史的、发展的思维与眼光，正确认识与把握既定的历史条件，并对社会发展进行准确预测与判断，在此基础上，才能不断修正不合理的社会关系与社会秩序，健全完善新的合乎正义的社会关系与社会秩序。二是人本原则，即人是人的最高本质原则。对人的关怀，对人的自由与解放的追求，这是马克思一生活动的宗旨。认识到资本主义生产方式及资本对人的控制、统治甚至奴役的程度日益深重，马克思才强烈地批判旧制度，呼吁新制度。他认为，人不应该受资本奴役，也不应该受假象、虚

假的意识蒙蔽。人的价值才是最值得珍视的价值。这才是社会正义的要义所在。三是无产阶级的权益优先原则。无产阶级作为大工业的承担者之一，作为现代社会的主体力量之一，应当享有合理的权益，应当同步地分享社会进步与繁荣的成果，但现实却是无产阶级不得不承受着异化、贫穷与无知的多重恶果。尤其是作为个体的无产阶级的个人，在强大的资本面前，没有任何反抗的力量。马克思因此提出，只有无产阶级的解放，才能实现全人类的解放。

根据马克思的三大正义原则，可就当代中国的分配问题展开讨论。

首先是关于分配与所有制的关系问题。生产决定分配，生产资料所有制决定分配关系，这是传统的、也是许多理论工作者坚决捍卫的观点。比如，卫兴华教授认为，我国贫富分化的根本原因，应归结为私有制经济所占比重远远高于公有制经济的结果。卫兴华教授根据历年的统计数据得到这一结论。其理由如下，有关资料表明，我国城镇职工在私企和外企就业的比重已达 80% 以上。[①] 再则，有统计资料表明，国有企业职工的平均工资多年来接近于私企的两倍。如国家统计局 2010 年发布的调查报告显示，2009 年，全国国企在岗职工年均工资为 35053 元，而城镇私营单位就业人员的年均工资仅 18199 元，只相当于国企的 52%。[②] 非国企就业的人数占

---

① 就此问题，卫兴华教授有详细数据，他说，根据《人民日报》2011 年 8 月 10 日的报道，国家工商总局提供的统计资料显示，私营企业达 903.49 万户，外商投资企业 44.59 万户，个体工商户 3601.13 万户。2009 年，规模以上的国有工业企业只剩 9105 家。中央国企 2003 年有 196 户，2011 年减少为 117 户。参见本刊记者：《按照社会主义本质要求处理财富分配关系——访中国社会科学院马克思主义研究院特聘研究员卫兴华教授》，载《马克思主义研究》2012 年第 6 期，第 17 页。正文引用内容源自该文第 19 页。

② 本刊记者：《按照社会主义本质要求处理财富分配关系——访中国社会科学院马克思主义研究院特聘研究员卫兴华教授》，载《马克思主义研究》2012 年第 6 期，第 19 页。

比 80%，而工资收入比国有企业少 1/2，这似乎能够说明问题。卫兴华教授进一步指出，国有资产的流失极大地加剧了贫富分化问题：有关资料表明，1982—1992 年，国有资产年均流失 500 亿元，而在 20 世纪 90 年代，年均流失 5000 亿元，全部流入私人腰包，造就了多少个千万、亿万富翁。根据宗寒的《两只眼看中国资产层》一书提供的统计资料，1998—2002 年的私营企业中，有 25.7% 的企业是由国有企业和集体企业改制而来。根据 2005 年的调查，私营企业中的 35.2% 原是国有企业。2007 年的资料表明，私营企业的 7 万亿元的资本中，有至少 1/3 或 2/5 是由国企和集体经济转移来的。这种转移，除大量国有资产流失化公为私外，更多的是由大量国有中小型企业和集体企业改制为私营企业而来。而原公有制经济中的职工则成为由私人资本支配的低收入的雇佣劳动者，还有大量下岗的国企工人，成为生活困难群体。可见，"私有制是不可能实现共同富裕的。……共同富裕要有制度安排作为其必要基础，在私有制的基础上必然产生两极分化。实现共同富裕意味着消灭剥削和两极分化，这就要求应有的制度安排即所有制基础只能是生产资料公有制。发展和完善社会主义公有制，是不会产生两极分化的"[①]。

2014 年在中国经济某高层论坛上，卫兴华教授继续指出，中国近年来低收入或贫困群体形成的两大原因之一就是，私营、外资企业的发展占有了全国经济 70% 左右的比重，80% 的城镇职工在非公经济中就业。余斌教授也认为，收入分配不公和收入差距扩大的根本原因在于市场经济中的私有制经济成分。进入 21 世纪之后，私企和外企在国民经济中的比重之和超过了国企。[②]

[①] 本刊记者：《按照社会主义本质要求处理财富分配关系——访中国社会科学院马克思主义研究院特聘研究员卫兴华教授》，《马克思主义研究》2012 年第 6 期，第 13 页。

[②] 参见孙秋鹏：《财富与收入分配的理论与政策——中国经济社会发展智库第 7 届高层论坛综述》，《马克思主义研究》2014 年第 3 期，第 154 页。

2015 年，周新城教授撰文，坚决强调，生产资料所有制决定财富的分配。他说，必须以马克思《哥达纲领批判》中有关分配问题的思想作为指导，把分配放在恰当的位置上。分配是由生产决定的，分配关系是由生产资料所有制决定的，分配始终是从属的、第二位的，不能把分配放在中心位置上，不能抛开生产方式、生产资料所有制，就分配谈论分配。如果离开所有制，围绕分配问题兜圈子，把分配问题当作中心，当作决定性的问题，经济学研究就走上了"庸俗社会主义"的邪路。[①]

卫兴华教授及余斌教授通过统计数据证明"我国贫富分化的根本原因应归结为私有制经济所占比重远远高于公有制经济的结果"的观点，其实是难以说明问题的。他们只是列举了非公有制经济在国民经济中占 70%—80%，而职工平均收入却比国有企业职工的平均工资少了 1/2 这一事实，但是，却忽视企业利润这一必需的比较指标，即国有企业与私营、外资企业的利润比。由于这类统计数据比较缺乏，故"我国贫富分化的根本原因应归结为私有制经济所占比重远远高于公有制经济的结果"的观点并不可靠。至于"国有资产的流失极大地加剧了贫富分化"这一观点，也需要仔细分析：如果是国有资产因经营不善、严重亏损而出售，只要符合法律及市场经济原则，都不应当受到指责；如果存在低价贱卖国有资产的现象，这属于违法犯罪活动，应当追究相关的刑事责任及行政责任，并采取相应补救措施，但是，在论证这种现象对贫富分化加剧的影响时，必须说明低价贱卖国有资产的现象严重程度及所占比例，否则，就此指责私有制经济也是不公平的。

周新城教授所坚持的"生产资料所有制决定财富的分配"这一观点，理论界认同度较高，有必要重新考察分配关系与所有制关系，这就必须回

---

① 参见周新城：《生产资料所有制决定财富的分配——兼评皮凯蒂〈21 世纪资本论〉》，载《思想理论教育导刊》2015 年第 2 期，第 22 页。

到马克思主义的基本原理。周新城教授如何从原理上论证呢？他认为，生产资料所有制问题是经济学的中心问题①。首先，《共产党宣言》（下简称《宣言》）强调了生产资料所有制的决定性意义。马克思、恩格斯在《宣言》中指出，所有制问题是共产主义运动的"基本问题"。②"共产主义革命就是同传统的所有制关系实行最彻底的决裂。"③马克思、恩格斯在考察、研究无产阶级和其他劳动人民获得解放的途径时，始终把所有制问题放到首位。他们强调："共产党人可以把自己的理论概括为一句话：消灭私有制。"④可以说，马克思、恩格斯是把生产资料所有制看作是经济学中决定其他问题的中心问题。这是很好理解的：在经济生活中，谁占有生产资料，谁就处于优势，就可以统治和剥削丧失生产资料的人，他在分配中的地位就同丧失生产资料的人完全不一样。所有制决定分配关系，而不是分配决定一切。其次，根据《哥达纲领批判》中关于分配问题的方法论有关的原理。马克思强调，"在所谓分配问题上大做文章并把重点放在它上面"，那"是根本错误的"。⑤他说："消费资料的任何一种分配，都不过是生产条件本身分配的结果；而生产条件的分配，则表现生产方式本身的性质。例如，资本主义生产方式的基础是：生产的物质条件以资本和地产的形式掌握在非劳动者手中，而人民大众所有的只是生产的人身条件，即劳动力。既然生产的要素是这样分配的，那么自然就产生现在这样的消费资料的分配。如果生产的物质条件是劳动者自己的集体财产，那么同样要产生一种和现在不同的消费资料的分配。庸俗的社会主义仿效资产阶级经济学家（一部分民主派又仿效庸俗社会主义）把分配看成并解释成一种不依赖于生产方

---

① 参见周新城：《生产资料所有制决定财富的分配——兼评皮凯蒂〈21世纪资本论〉》，载《思想理论教育导刊》2015年第2期，第21页。

② 参见《马克思恩格斯选集》（第1卷），人民出版社1995年版，第307页。

③《马克思恩格斯选集》（第1卷），人民出版社1995年版，第293页。

④《马克思恩格斯选集》（第1卷），人民出版社1995年版，第286页。

⑤《马克思恩格斯选集》（第3卷），人民出版社1995年版，第306页。

式的东西，从而把社会主义描写为主要是围绕着分配兜圈子。既然真实的关系早已弄清楚了，为什么又要开倒车呢？"①

如果说所有制问题是共产主义运动的基本问题，这大概没有疑问，但把所有制问题提升为无产阶级获得解放的首位问题，把生产资料所有制问题视为经济学的中心问题，就值得商榷。仍然以《宣言》为证。马克思、恩格斯在"无产者和共产党人"这部分内容中，明确地提出：共产主义的特征并不是要废除一般的所有制，而是要废除资产阶级的所有制；由于现代资产阶级私有制是建立在一些人对另一些人的剥削上面的产品生产及占有的最后且最完备的表现，可就此把共产党人的理论概括为"消灭私有制"。②这个论断是马克思、恩格斯关于废除私有制的最明确、最直白的表达，也是人们经常用于佐证公有制的经典论述。但是，这里有许多问题需要分析：

其一，马克思、恩格斯最关心的是所有制问题还是剥削问题？马克思、恩格斯的宗旨是希望消灭私有制还是消灭剥削？马克思毕生努力的，就是证明资本主义制度的剥削性质，以及无产阶级革命的合理性。《资本论》论证了资本家通过攫取剩余价值而剥削劳动者，资本的不断积累本性导致劳动者的世代贫穷，马克思因而希望废除资产阶级的私有制以达到阻断资本的剥削性质。恩格斯的相关著作及革命活动，同样证明了他的根本目的也是消灭剥削和压迫。因此，可以认为，马克思所关心的终极问题是如何实现无产阶级的自由与解放，是如何消灭剥削，而不仅仅是所有制问题。所有制问题只是实现终极目标过程中需要解决的基本问题，而非根本问题。《宣言》也明确地指出，共产党人到处都支持一切反对现存的社会制度和政治制度的革命运动；在所有这些运动中，他们都强调所有制问题是运动的基本问题。那么，为什么马克思、恩格斯在《宣言》中明

---

① 《马克思恩格斯选集》（第3卷），人民出版社1995年版，第306页。
② 参见《马克思恩格斯选集》（第1卷），人民出版社1995年版，第286页。

确地提出"消灭私有制",而非反复地、明确地要求"消灭剥削"呢?这是因为,《宣言》是建立政党的纲领,是面向全世界无产阶级的行动纲领,它必须要有明确的、可以实现的目标,"消灭剥削"是抽象的目标,"消灭私有制"才是比较具体的、可实践的目标。

其二,消灭私有制之后,要建立什么样的所有制?是公有制吗?马克思没有明确地提出由公有制替代私有制。在《宣言》中,马克思、恩格斯关于革命的设想:第一步,使无产阶级变成统治阶级;第二步,夺取资产阶级的全部资本,把一切生产工具集中在无产阶级手中。如何实现第二步?这就需要对所有权和资产阶级生产关系进行强制性干涉。在最先进的国家,可以通过剥夺地产、废除继承权、没收流亡分子和叛乱分子的财产及国家垄断信贷业、运输业、征收高额累进税等措施,改变所有权及生产关系。在社会主义国家革命成功后,这些措施都如何实践呢?以中国为例,废除继承权从来没有实施过;没收流亡分子和叛乱分子的财产,这一措施对于所有权变更的意义不大,因为数量很小(除非把国内一部人或多数人宣布为流亡分子或叛乱分子);新中国成立后进行社会主义改造时,对工商业实行的是赎买政策,也没有征收高额累进税;剥夺地产、对信贷业和运输业进行国家垄断,中国实行了,但改革开放后又对此进行了改革。可据此反思:马克思所提出的这些措施,就是"公有制"吗?马克思只是提出,对地产、信贷、运输进行国家所有,至于如何实现国家所有,是以国有企业的形式还是全民持股的形式,马克思并没有明确提及。而新中国成立后中国所采取的对所有权及生产关系的改造,是从苏联照搬过来的做法,并冠之以"公有制"。

其三,采用革命手段可以消灭私有制吗?无产阶级可以用革命的方式夺取政权,但是,也能够用革命的方式推进生产力吗?这恐怕难以实现。可以用革命的方式改造生产关系吗?是生产力决定生产关系,而非革命活动决定生产关系。马克思只是提出对所有权和资产阶级生产关系实行强制性的干涉，而且，马克思明确提出，实施这些措施的前提是，在最先进的国家才能实行，那么，什么样的国家、什么样的生产力及生产关系状态才能称之为最先进国家？当时的中国显然不是。改革开放之后，为了解放和发展生产力，生产资料的私有权重新得到认可。要解决革命与生产关系之间的难题，还是应当回到根本问题上，即消灭剥削是终极目标，而发展生产力、限制剥削、改变资本的剥削属性是达成目标的有效手段。

其四，分配关系是由生产资料所有制决定的？生产力决定分配关系、生产方式决定分配关系，这两种说法没有疑问，但是，生产资料所有制决定分配关系，这一观点值得商榷。生产关系有狭义和广义之分。狭义的生产关系指生产过程中生产资料与劳动者的对应关系，而广义的生产关系除了生产过程中的劳动者与生产资料的对应关系，还包括交换关系、分配关系和消费关系。分配关系与生产资料所有制密切相关，但后者并非决定性因素。比如，国有企业的门卫与私营企业的门卫，二者的工资待遇通常由市场价格决定，而不是由国有企业或私营企业来决定。再比如，企业中各类管理人员、技术工人、后勤人员的工资收入主要由市场需求决定，近几年沿海地区企业的"招工难"现象导致工人的工资收入有所上升，这可为佐证。

认为生产资料所有制决定分配关系，这实际上是"唯所有制论"的延伸。早有学者指出这种观点的错误。"我们可以发现斯大林在其著名的关于生产关系定义中的一个错误。在这个定义中，斯大林断言：生产资料所有制形式能产生人们'互相交换其活动'的分工、协作的劳动方式和劳动交换关系。换句话说，是生产资料所有制形式产生和决定直接生产过程中生产关系的内容方面或生产方式。这种论断是不符合马克思主义的有关科学原理的。斯大林如此突出了生产资料所有制形式的地位和作用，说它能产生和决定生产关系的其余一切方面是形而上学与唯心主义的。斯大林的这个错误可以称之为'唯所有制论'。然而，迄今我国的许多经济学家还在不断地引用和阐述斯大林的这一错误观点。"①

马克思政治经济学体系的基本范畴及基本结构主要由生产力、生产关系、生产方式、所有制、交换、流通、分配与消费等要素构成，其中，生产力或生产方式的决定作用是理解马克思政治经济学理论体系的基本脉络。我们在研究或发展马克思主义的政治经济学理论问题时，不应当离开生产力或生产方式的决定作用这一主干道，尤其是，应当对"唯所有制论"这类迷惑人的理论保持警惕和批判。在梳理或发展马克思主义正义理论时，更应该坚持这一历史唯物主义原则。

关于发展生产力与提升民众福利及群体性平等的关系。共产主义运动的目标是实现人类解放，但是，衡量全人类实现解放的标准又是什么？是全球消灭了私有制，从而彻底消灭了剥削与压迫，还是绝大多数人都获得体面的物质生活及相应的政治权利？应当说，前者具有诱惑力与鼓动性，但缺乏操作性，实践中容易误入歧途，后者才是朴实且切实可行的。回顾世界及中国的共产主义运动史，之所以走了一个大弯路，就在于忽视了民众的根本需求，忽视了广大人民群众对提升福利、保障政治权利的根本需求。1949年后，对民生问题、正义问题缺乏足够的重视，导致一系列不良后果，比如，改革开放前主要症结是忽视经济建设，改革开放后则容易陷入唯GDP论思维，这些惯性思维造成中国的经济与社会发展长期呈现不均衡状态。前文已经论述过，中国的财富构成失衡，居民家庭财富占比较低于政府、企业财富占比问题，在此不再赘述。但是，需要对城乡收入差距这一典型问题展开分析，进一步思考马克思正义伦理的缺失导致的群体性财富结构失衡、结构性经济秩序失衡问题。

国内学者研究表示，中国的城乡收入差距之大，必须加以关注和反

---

① 陈瑞铭：《试论生产力、生产方式、生产关系诸范畴的内涵及其相互关系》，载《经济研究》1984年第12期，第56页。

思。这需要分两个阶段观察：改革开放前为第一阶段。这是中国经济现代化的积累与起步时期，为了快速地实现原始积累，中国实行城乡二元化政策，让农业、农村为工业输血。经过约 30 年的发展，中国城乡差别达到世界高位。1979 年的数据可观察从新中国成立至改革开放前的城乡收入差距积累结果。表 3 表明，世界银行测算了 1979 年世界多国的城乡居民收入差距，其中，中国城乡居民人均收入的比率是 2.5，明显高于亚洲的其他低收入国家的平均水平（1.5），也高于中等收入国家的平均值（2.2）。这让学者们不由地感叹："那些以财富分配不平等著称的国家，如南美的巴西和哥伦比亚、东亚的菲律宾和泰国、南亚的印度和孟加拉国，其城乡之间财富分配的不平等程度竟然低于中国！实际上，世界上几乎没有哪个国家城乡之间财富分配的不平等程度能够超过中国内地。"[1]

表 3　农村居民与城市居民收入不平等的国际比较

国别	年份	城乡收入比率
中国	1979	2.5
印度	1973—1974	1.4
孟加拉国	1966—1967	1.5
菲律宾	—	2.1
泰国	1975—1976	2.2
巴西	1976	2.3
哥伦比亚	1970	2.3

（注释：城乡收入比率 = 城市人均收入 / 农村人均收入。）

资料来源：康晓光：《中国财富分配三大差距的演变及其控制》（上篇），载《云南民族学院学报》（哲学社会科学版）2000 年第 3 期。

---

[1] 康晓光：《中国财富分配三大差距的演变及其控制》（上篇），载《云南民族学院学报》（哲学社会科学版）2000 年第 3 期，第 6 页。

表4 1978—2013 年中国城乡居民人均收入比

年份	城乡差距	年份	城乡差距	年份	城乡差距
1978	2.57	1990	2.20	2002	3.11
1979	2.53	1991	2.40	2003	3.23
1980	2.50	1992	2.58	2004	3.21
1981	2.24	1993	2.80	2005	3.22
1982	1.98	1994	2.86	2006	3.28
1983	1.82	1995	2.71	2007	3.10
1984	1.84	1996	2.51	2008	3.13
1985	1.86	1997	2.47	2009	3.23
1986	2.13	1998	2.51	2010	3.33
1987	2.17	1999	2.65	2011	3.31
1988	2.17	2000	2.79	2012	3.33
1989	2.28	2001	2.90	2013	3.03

资料来源：周红利：《中国居民收入分配的历史演变：1978—2013》，载《中国流通经济》2014 年第 7 期。

改革开放后为第二阶段。本阶段开始实现计划经济向市场经济转型。城乡差距不但没有缩小，反而在总体上扩大了。1978—2013 年，城乡居民人均收入差距呈现波浪式扩大的趋势。20 世纪 70 年代末期到 80 年代中期，农村经济改革后农民收入迅速增加，城乡差距出现缩小的趋势，城乡居民人均收入之比从 1978 年的 2.57∶1 缩小到了 1985 年的 1.86∶1。随后城乡差距出现持续扩大的趋势，1994 年城乡居民人均收入之比为 2.86∶1。20 世纪 90 年代后期，由于受粮食价格上涨、农民收入快速增加的影响，城乡差距有所缩小，1998 年城乡居民人均收入之比缩小为 2.51∶1，但是从 20 世纪 90 年代末期城乡差距又出现持续扩大的趋势，2012 年城乡居民民人均收入之比达到了 3.33∶1，城乡差距达到了新的历史高点。此后城乡收入差距有缩小的趋势，2013 年城乡居民人均收入比为 3.03∶1。2002—2013 年，城乡居民人均收入之比一直维持在 3∶1 以上（参见表 4）。[①]

学者石冰竹指出，据国家统计局的数据，2013 年我国城镇居民人均可支配收入 26955 元，农村居民纯收入 8896 元，城乡居民人均收入比为 3.03∶1。而据估计，中西部的城乡收入差距更在 4∶1 以上。城镇和农村居民的收入水平 3 倍以上的差距，这在世界范围内都是罕见的。然而，这已经是 10 年来的最低值。国际劳工组织的数据显示，绝大多数国家的城乡居民人均收入比率都小于 1.6，只有 3 个国家超过了 2，中国名列其中。而美、英等西方发达国家的城乡收入比率一般是在 1.5 左右。不仅如此，在城镇内部和农村内部，最高收入人群与最低收入人群之间，也呈现出两极分化的倾向。[②]

查看国家统计局近几年的统计结果，可发现近几年我国城乡居民人均收入差距有所缩小。如 2018 年城镇居民人均可支配收入实际增长 5.6%，农村居民人均可支配收入实际增长 6.6%。城乡居民人均收入倍差 2.69，比上年缩小 0.02。[③] 但是，中国城乡收入差距问题仍然较严重，而且，差距水平一直较大，尤其是市场经济改革加剧了城乡差距，这些现象都需要我们努力反思：经济价值与人的价值，该如何厘定二者的关系？长久以来，我们是否把经济价值置于人的价值之上，长期忽视个体利益与个体价值，忽视民众福利的需求与提升，才导致中国经济秩序与社会秩序的建构偏离

[①] 参见周红利：《中国居民收入分配的历史演变：1978—2013》，载《中国流通经济》2014 年第 7 期，第 61—62 页。（说明：（1）表 4 及本段话中的城乡居民收入比为城镇居民人均可支配收入与农村居民人均纯收入之比。参见本文第 61 页。（2）文中使用的城乡居民收入比、城镇居民人均可支配收入、农村居民人均纯收入等概念，现均统一表达为城乡居民人均收入比。

[②] 参见石冰竹：《中国居民收入分配问题研究》，载《中国市场》2014 年第 42 期，第 121 页。

[③] 参见网络报道《统计局：2018 年全国居民人均可支配收入实际增长 6.5%》，http：//finance.sina.com.cn/roll/2019-01-21/doc-ihrfqziz9564948.shtml。

了正义原则? 应当看到, 长期存在两方面的问题: 一是颠倒了人的正义与物的正义之关系, 即物的力量、经济力量的增强或较量, 最终都应以人的需求为归宿; 二是偏离了群体平等这一原则, 城市居民与农村居民应当得到国家政策的同等对待与尊重, 而不应被区别对待。

二、应立足全球化视野建构中国的分配正义秩序

中国重建正义秩序, 必须以全球化历史背景为基底。有些问题是地方性的, 可在国内解决; 有些问题是全球性的, 必得全球统一行动; 有些问题既有地方性特征, 也有全球性特征, 必须得国家之间、地区之间、民族之间共同努力才能解决。

《共产党宣言》中, 马克思与恩格斯对全球化有精辟论述: "资产阶级, 由于开拓了世界市场, 使一切国家的生产和消费都成为世界性的了。使反动派大为惋惜的是, 资产阶级挖掉了工业脚下的民族基础。古老的民族工业被消灭了, 并且每天都还在被消灭。它们被新的工业排挤掉了, 新的工业的建立已经成为一切文明民族的生命攸关的问题; 这些工业所加工的, 已经不是本地的原料, 而是来自极其遥远的地区的原料; 它们的产品不仅供本国消费, 而且同时供世界各地消费。旧的、靠本国产品来满足的需要, 被新的、要靠极其遥远的国家和地带的产品来满足的需要所代替了。过去那种地方的和民族的自给自足和闭关自守状态, 被各民族的各方面的互相往来和各方面的互相依赖所代替了。物质的生产是如此, 精神的生产也是如此。各民族的精神产品成了公共的财产。"① 资本主义生产方式导致世界市场建立, 使各国的生产和消费都具有世界性, 使生产与消费的孤立、分离状态变成相互联系的状态, 使各民族各个国家必须相互交流沟

---

① 《马克思恩格斯选集》(第 1 卷), 人民出版社 1995 年版, 第 276 页。

通及相互依赖。否则，将有可能被世界抛弃。"它迫使一切民族——如果它们不想灭亡的话——采用资产阶级的生产方式。"①

资本主义生产方式所创造的新世界、新文明，具有以下特征：第一，资源的集中与生产的集中。资本主义生产方式改变了生产资料、财产和人口的分散状态，使人口密集化、使生产资料集中化，这就是城镇化、工业化过程；而工业化的高度发展，即生产与流通的高速发展，必将导致财产集中在少数人手里。这个特点前文已有论述，就不再赘述。第二，统一性、标准性占据主导地位。生产与流通的全球性拓展，各地区各民族要保持良性交往，必将达成统一的法律法规、统一的税率、统一的或标准化的行政流程等（这里的三个统一，是总的趋势，而非具体现实）。第三，自由竞争导致新的从属关系。"封建的所有制关系……它已经被炸毁了。取而代之的是自由竞争以及与自由竞争相适应的社会制度和政治制度、资产阶级的经济统治和政治统治。"②自由竞争在世界范围内展开，胜利者获得王位，而失败者成为附庸。"正像它使农村从属于城市一样，它使未开化和半开化的国家从属于文明的国家，使农民的民族从属于资产阶级的民族，使东方从属于西方。"③第四，资本成为新的支配性力量。资本的集中导致资本成为独立的，具有强大控制性、支配性的力量。资本与技术的"联姻"，创造了现代化的生活世界（本文在日常用语层面上使用这一概念，与哈贝马斯概念无关），而且改变了人的心灵世界。

资本主义生产方式按照它的本性与特点，塑造了全球秩序，尤其是全球经济秩序。一方面，资本与技术的结合，使资本主义生产方式具有自主加速的功能，这使我们的生活世界日新月异，惊喜与变化成为流行色。另一方面，全球经济秩序并不完全是健全而合理的。财富的高度集中、贫富

---

① 《马克思恩格斯选集》（第 1 卷），人民出版社 1995 年版，第 276 页。
② 《马克思恩格斯选集》（第 1 卷），人民出版社 1995 年版，第 277 页。
③ 《马克思恩格斯选集》（第 1 卷），人民出版社 1995 年版，第 277 页。

分化问题，没有缓解迹象，甚至在某些时候或某些领域，有愈演愈烈的趋势。富裕国家或地区与贫穷国家或地区的巨大差距没有缓解，导致后者在国际竞争中处于劣势且缺乏乐观的改善的机会。这些现象都使马克思所批判的从属现象深度化，而这一切并不符合全球正义秩序的要求。

当代政治哲学家博格指出，全球经济秩序的失衡，主要缘于当代世界经济制度秩序的不合理。首先是当今的世界贸易规则向发达国家或富裕国家倾斜。在国际协商里，各国讨价还价的力量非常不平等，富裕而强大的国家，可以运用压倒性的势力，从而按照自身利益的需要去塑造规则。博格以1986年举行的乌拉圭回合谈判为例，"富国降低关税的幅度比穷国小。从乌拉圭回合以来，他们还找到新的办法来固守他们的市场，最显著的是对他们认为'便宜得不公平'的进口货征反倾销税。在发展中国家最有竞争力的几个部门，像农产品、纺织品和衣服，富国特别厉行保护主义。结果，根据普渡大学贺特尔和世界银行马丁的一项新研究，富国对于从穷国进口的制造品所征的关税，平均比对从其他富国来的进口货所征关税高四倍。对于穷国来说，这是沉重的负担。联合国贸易与发展会议（UNCTAD）估计，富国如果肯把市场再开放一点，到2005年穷国每年就能多出口七千亿美元。此外，穷国由于不熟悉谈判技术，也难有作为。许多穷国家在乌拉圭回合签了约，却并不了解其含意。如今，他们正为这无知付出惨重的代价。世界银行的芬格和马里兰大学的舒勒估计，最贫穷的国家，为了落实改善贸易程序和确立技术与知识财产权准则的承诺，可能要花掉一年以上的发展预算。此外，在某些领域，贫穷国家本来可以受惠于世界贸易的规则，却往往没有能力受惠……世贸组织的一百三十四个会员国里，有二十九国没有派代表驻在日内瓦总部。更多国家几乎没有能力把案子提到世贸组织去"①。为了谋取自身利益，在全球不平等增加的背景下，各强国政府的谈判力量将变得愈来愈势不可当。而与此同时，各富裕国家非但没有承担更多国家责任，反而变得越来越自私，"在美国带头之下，发达国家将发展援助预算削减到可笑的水平。目前，所有发达国家合起来，每年只提交四十七亿美金支应其他国家人民的基本需求。这个数字不到他们国民总产值总和的 0.02%"②。

不合理的经济秩序往往催生了不合理的政治秩序。出于对经济利益的维护，各国都对政治秩序或人权采取忽视态度。"目前的国际政治经济制度秩序不仅有利于发达国家对贫困国家的利益盘剥，有利于全球利益向富国输送，同时，也有利于贫困国家的政治与军队精英的利益。当代世界政治制度秩序对于所有主权国家的掌权者都采取承认的政治态度，而不论他是如何得到其权力的，也不论该政权对待贫困问题是怎样的政治倾向，即使存在着大面积的严重饥饿也任其发展，只要其对外不发动战争，对内不严重地侵犯人权，国际社会一般承认其权力的合法性。"③

如何建构一个合理的全球秩序，实现全球正义？谁来领导新秩序的建构？联合国前秘书长潘基文指出，面对全球金融危机、全球能源危机、全球食品危机、贸易谈判再度失败等全球性重大问题或危机，需要全球化的解决方案，并应当遵循正义原则。"是的，国际法和正义从未被如此广泛地接受。……必须将正义视为和平、安全和发展的支柱。"④在全球正义呼吁中，发达国家、富裕国家的强势作风及不公平规则制度，使美国、日本

① 托马斯·博格著，彭淮栋译：《一国经济正义与全球经济正义》，载《读书》2002 年第 1 期，第 7 页。

② 托马斯·博格著，彭淮栋译：《一国经济正义与全球经济正义》，载《读书》2002 年第 1 期，第 8—9 页。

③ 龚群：《全球正义与全球贫困——兼评罗尔斯的〈万民法〉》，载《哲学动态》2013 年第 6 期，第 65 页。

④ [韩]潘基文：《必须思考新的全球经济秩序》，载《东方早报》2008 年 9 月 25 日，第 A23 版。

及富裕欧洲国家成为备受批判对象，而中国却被寄予厚望。其中原因大约有三：其一，富裕国家不愿意承担相应责任。如博格指出"严重的贫穷在世界上为祸广远，其消除却所费低廉"。以美国为首的富裕国家都以国内利益为上，变得更加保守与被动。其二，随着全球经济格局的变更，政治格局与全球权力也变化了。"新的权力和领导中心正在出现——在亚洲、拉美和整个新兴世界。"① 可以预见，全球地缘政治和地缘经济中心很可能由大西洋向亚太地区转移，同时，全球权力也将由发达国家向新兴国家转移。其三，对中国经济秩序建构及经济发展的解读有偏差。这是需要认真对待的话题。

　　比如，博格提出："中国在世贸组织里的新声音，可以对人类福祉做出重大贡献。由中国来推动世界主义的要求，优势不仅在于它具有经济和军事方面的力量，更是因为它塑造其国内经济秩序的时候着眼在消除贫穷，成果斐然，因此具备了道德发言权，足以堂堂要求全球经济秩序也重塑，以便反映所有参与者的需求和利益，而不是只反映最富裕国家与企业的压倒性谈判力量。中国为了确保沿海省份与内地较为贫穷的地区公平分享经济发展的好处，采取了一系列的制度改革和政策；全球范围也需要同类的制度改革和政策，以资确保（特别是）非洲与南亚的赤贫区域，也能公平地分享全球经济成长所带来的利益。"② 博格教授对中国如此肯定并寄予厚望，中国学者自然备受鼓舞，但是，面对国内外客观现实，我们还需要更加冷静地观察与分析，需要更全面而客观地研究中国的经济发展状态及趋势。

　　前文提到，在世界银行的全球贫困数据中，2008 年的数据表明中国取得耀眼的减贫成就，贫困人口从 1981 年的 8.4 亿人，下降到 2008 年

① ［韩］潘基文：《必须思考新的全球经济秩序》，载《东方早报》2008 年 9 月 25 日，第 A23 版。
② 托马斯·博格著，彭淮栋译：《一国经济正义与全球经济正义》，载《读书》2002 年第 1 期，第 9 页。

的 1.73 亿人，减少了 6.67 亿贫困人口。① 根据世界银行 2018 年发布的报告，中国的极端贫困率下降至 2013 年的 1.9%。这意味着中国经济腾飞使超过 8.5 亿人摆脱了贫困。② 按照中国 2010 年贫困标准，农村贫困人口由 1978 年的 7.7 亿多人减少为 2018 年的 1660 万人，贫困发生率从 97.5% 下降为 1.7%。③ 但是，这些耀眼的数据还需要更细致的分析。2008 年世界银行修订的贫困标准是每天生活标准不足 1.25 美元。按照购买力平价（PPP）换算，即在 2008 年，1.25 美元的购买力相当于 5.11 元人民币。一人一天 5.11 元的消费水平，实为生存水平线，即世界银行的极端贫困标准，仅仅宣告了生存的极低水平要求。中国在 1981 年依此标准存在 8.4 亿的贫困人口，反证了 1981 年之前中国经济政策的不合理性及经济秩序偏离绝对正义尺度。

对于当前的财富分布及减贫工作也需要进一步分析。在 2011 年之前，我国农村收入贫困线长期低于世界银行的极端贫困线，不到世界银行极端贫困线的 80%。按国家统计局测算，现行标准按购买力平价指数计算约为每人每天 2.3 美元，是世界银行每人每天 1.9 美元标准的 1.21 倍。④ 我国现行的农村贫困标准为 2010 年标准，按 2010 年物价水平为每人每年 2300 元。我国现行农村收入贫困线已高于世界银行极端贫困线标准，但是，"我国现行标准仅为世界银行新制定的中等偏下收入国家贫困线（每人每天 3.2 美元）的 72%，中等偏上收入国家贫困线（每人每天 5.5 美元）的 42%。与其他国家相比，我国的贫困标准同样不高，特别是与发达国家的贫困标

---

① 本段落数据来自世界银行 2012 年及 2015 年统计数据的综合运用。

② 参见于乐荣、李小云：《中国益贫经济增长的时期特征及减贫机制》，载《贵州社会科学》2019 年第 8 期，第 100 页。

③ 参见于乐荣、李小云：《中国益贫经济增长的时期特征及减贫机制》，载《贵州社会科学》2019 年第 8 期，第 100 页。

④ 参见鲜祖德、王萍萍、吴伟：《中国农村贫困标准与贫困监测》，载《统计研究》2016 年第 9 期，第 8 页。

准相差还较远。……我国现行贫困标准处于中等偏下水平，且与发达国家的贫困标准差距较大，即使相比中等收入国家水平也不高"①。不可否认，中国的减贫工作已取得历史性巨大成就，但是，通过横向比较，我们会发现，不能仅满足于目前的工作成就，社会主义制度的优越性还没有完全体现出来。

有学者指出，2020年后，我国贫困的属性和贫困群体的特征将发生重大变化。相对贫困将取代绝对贫困成为贫困的表现形态，集中连片的区域性贫困分布将转变为散点分布，以农村贫困为主转变为农村和城镇贫困并存，老少病残等特殊群体将成为主要的贫困群体。②2020年中国将实现现行标准下农村贫困人口脱贫，在此基础上，关注教育、健康、饮用水、住房、卫生设施、市场准入等多方面的多维贫困指数，以及关注健康长寿、知识的获取和生活水平的人类发展指数，应进入今后中国经济发展、社会发展的视野中并占重要地位。人民群众对美好生活的向往，是中国共产党和中国政府的奋斗目标，也是人民群众可期的美好未来。

对比令世人瞩目的中国财富光环，马克思正义伦理、正义秩序的建构应当提上日程。当前，中国GDP总量居世界第二，根据瑞信《2019年全球财富报告》百万（按美元计）富翁人数为全球排名第二位，在全球最富裕的10%人口中，中国占1亿人，首次超过美国的9900万。在如此耀眼的财富榜单下，陶醉于绝对贫困的减贫工作成就，忽视广大人民群众对健康、教育、医疗卫生、生活水平提升方面的需要，忽视中国还存在较严重的城乡差别、财富两极分化等重大现实问题，是不合适的。而且，财富构成失衡所反映的经济结构的潜在问题等，都关乎正义伦理与正义秩序的调

---

① 叶兴庆、殷浩栋：《从消除绝对贫困到缓解相对贫困：中国减贫历程与2020年后的减贫战略》，载《改革》2019年第12期，第9页。

② 参见叶兴庆、殷浩栋：《从消除绝对贫困到缓解相对贫困：中国减贫历程与2020年后的减贫战略》，载《改革》2019年第12期，第11页。

整与建构。唯有更加公正，才能为世之表率。

关于政治体制与经济正义之间的关系，也值得注意。台湾学者朱云汉热烈地肯定和赞扬了中国的政治体制。他说，中国的快速兴起首要归功于特殊政治体制的优势，"从 1949 年新中国成立到 1979 年改革开放，中国前 30 年都浪费了，走了很长的冤枉路。这个认知并不正确，至少是以偏概全。恰恰是这个时候，中国以高昂的社会代价建设了动员能力特别强的现代国家，完成了彻底的社会主义革命，将土地和工业资本公有化，这成为中国近 30 年快速发展的基础。这个基础让其他发展中国家根本没有办法模仿，只能理解而难以复制。中国建设了动员能力特别强的现代国家体制，这个体制在中国历史上还从来没出现过，其动员、渗透的能力进入到社会最基层。在此期间，中国还建立了非常时期的国家意识，可以将社会上多数人的意志力凝聚在最需要优先发展目标上；在民族复兴的大旗下，中央政府享有调动全国资源集中使用的正当性"[1]。朱云汉先生在描述中国政治体制的成功之际，否认了 1949—1978 年中国政治与经济体制经历的曲折及人民遭受的磨难。虽然使用了"高昂的社会代价"一词，但是，朱云汉先生总体上持肯定态度。如果 1979 年之前人民付出的高昂的社会代价不需要反思与修正，那就没必要夸耀中国在减贫事业方面取得巨大的历史性成就。

以经济成功遮蔽人民群众付出的历史性的沉重代价，这样的态度，展示了经济至上、国家至上及忽视人文的价值取向。为了发展经济，人的基本生存权利及人的价值与尊严被放到极低的位置，这样的观点并不符合马克思主义的基本要求。人民遭遇的磨难，曲折的发展道路，应当经常地被人们当作教训来反思反省，避免重演历史。但是，国内或国外，都出现了这样的声音，以 GDP 为最高宗旨，以国家主义取代人民利益，这种思想需

---

① 朱云汉：《中国兴起与全球秩序重组》，载《经济导刊》2015 年第 9 期，第 24 页。

要警惕。追求自由与解放，实现社会正义，满足人民群众对美好生活的向往，才是执政党与政府的历史性重任。

因此，当中国政府在倡导"一带一路"建设，组建和运行亚投行，雄心勃勃地重塑全球秩序时，当多数人都在为中国政府的行动欢呼时，必须要回答如下问题：第一，中国是否已经建立健全国内的正义秩序？是否已经较好地消除贫困和两极分化？第二，中国有足够的现实准备、理论准备来领导全球经济与政治秩序向着更美好生活行进吗？第三，中国按照什么样的原则来修改全球经济规则与政治规则？是正义原则吗？第四，中国的正义原则具体内涵是什么？中国是否提供足够充分的正义理论指导？

当务之急，是完成国内正义秩序的建立及完善的重任。这需要坚持马克思的正义原则，同时，也应当借鉴国外先进思想观念及有益的实践。如罗尔斯的观点就值得关注。罗尔斯认为，贫困问题的根本原因不在于自然资源，也不在于国际社会，而在于国内社会的政治与经济制度。出现严重贫困问题的社会，是负担不利条件的社会。所谓"负担不利条件的社会"或"承受负担的社会"，是指这类社会虽然不事侵略扩张，却缺乏政治文化传统，缺乏人力资源和技能，而且往往缺乏秩序良好社会所必需的物质与技术资源。他说："问题常常不在于缺乏自然资源，许多有着不利条件的社会不缺乏资源。组织良好的社会能够因很少的资源而发展得很好；它们的财富在于别处，在于它们的政治和文化传统，在于它们的人力资本和知识，在于它们的政治和经济组织的能力。而问题一般在于公共政治文化方面以及在它们的制度之下的宗教与哲学传统。在贫困社会中的巨大的社会罪恶很可能是压迫性的政府和腐败的精英。"[①] 因此，解决贫困问题的关键在于从"负担不利条件的社会"转变为自由及正义的社会，即通过构建

---

① 龚群：《全球正义与全球贫困——兼评罗尔斯的〈万民法〉》，载《哲学动态》2013 年第 6 期，第 64 页。

良好的经济、政治与社会秩序来实现发展。

博格也认为，政府的第一要务，是促进其本国人民的利益。"因此，就全球经济秩序进行协商的时候，各国政府想来都必须满足两项规范性的要求。一方面，是民族主义的要求：每个政府，应该依照防止自己国内贫穷和追求经济成长这两项国家利益，来设法塑造全球经济秩序。另一方面，则是世界主义的要求：每个政府在塑造全球经济秩序的时候，着眼点应该放在全球性的防止贫穷和全球性的经济成长之上。"[①] 这两项规范性的要求不容易同时实现，而且，二者发生矛盾时，应当以本国人民的利益优先。这也是多数国家的做法。

三、建构中国分配正义秩序必须注意的问题

要改变当下中国社会出现的某种程度的资源集中、权力集中、财富集中趋势，必须以正义为原则，全面改革或重建经济、政治与社会秩序。由于篇幅所限，本文只就贫富分化、财富过度集中问题提出对策。

首先，重新确立建构中国经济秩序的指导原则。一是人本原则，二是正义原则。中国经济的贫富分化、资源集中、城乡差距等重大问题，产生的原因主要在于两个方面：一是资本主义生产方式或市场经济自身规律导致。市场经济的功能是，通过"看不见的手"的自动调节，实现资本、资源、人力、技术的最优组合，通过自由竞争而抢占市场。残酷的竞争通常带来的是垄断与集中。二是中国历史发展的独特路径及政策选择的结果。新中国成立后，为快速实现现代化，中国进行了社会主义改造，把土地、矿产资源等国有化，把所有人力、物力集中在政府手中，由政府来分配和

调节，虽然这一路径使中国在短时期内实现工业生产的跨越式发展，但其后遗症也很严重，即导致物对人的遮蔽，导致唯生产力论，反映在实践中则表现为唯 GDP 论，导致中国社会各领域、各层面都出现严重不均衡、不平等现象，尤其是政策的制定与实施并不是遵循均衡原则，而是体现为集中力量、集中资源的原则。这导致政府各级组织机构及运行机制出现权力过度集中、权力运行不当、无法监督等诸多严重问题，而权力领域的问题又大大加重了经济、社会领域的失衡与失序。比如，税收制度及政策，西方国家形象地把税收制度原则比喻为"劫富济贫"，强调通过税收及转移支付实现二次分配从而达到均衡福利目的，但是中国的税收制度及政策，并没有很好地实现这一目的。

要应对由于资本主义生产方式或市场经济自身规律导致的分配问题，就应当倡导人本原则，发挥政府宏观调控在经济领域的调节作用。学者刘国光指出，资源配置有宏观、微观不同层次，还有许多不同领域。在资源配置的微观层次，即多种资源在各个市场主体之间的配置，主要由市场自动调节，即价值规律通过供求变动和竞争机制促进效率提升，发挥非常重要的作用。但是在资源配置的宏观层次，如供需总量的综合平衡、部门分配的比例结构、自然资源和环境的保护、社会分配公平等方面，以及涉及国家安全、民生福利（住房、教育、医疗）等领域的资源配置方面，市场机制存在很多缺陷和不足，需要国家干预、政府管理、计划调节来矫正、约束和补充市场的行为，用"看得见的手"来弥补"看不见的手"的缺陷。①在保障人民群众的生存权与发展权方面，尤其是保障民生福利方面，政府可通过介入、调节收入分配领域发挥重大作用。这主要着力于两个方面，一方面是提高公共服务水平、社会福利，另一方面是减少个人支出，如在

---

① 孙秋鹏：《财富与收入分配的理论与政策 ——中国经济社会发展智库第7届高层论坛综述》，载《马克思主义研究》2014 年第 3 期，第 157 页。

教育、医疗、住房、保障和就业等方面，政府应当发挥积极作用。

要校正新中国成立以来国家政策选择导致的分配不公问题，就应当倡导及坚持正义原则。仍以中国的城乡差距为例，其成因主要归结为政策选择的结果。有学者指出："中国的城乡之间财富分配的巨大差距，与中国实行的独特的人口管理体制、劳动就业制度、社会保障制度、公共服务供给制度密不可分。从20世纪50年代开始，中国建立了世界上最完备的二元社会结构。城市居民垄断了工资率较高的非农就业机会，而且他们可以享受虽然水平不高但比较完善的社会保障。国家利用财政支出提供的公共服务也向城市大幅度倾斜。农村居民当然知道自己的不利处境，但是严厉的人口管理制度有力地限制了他们向城市的流动。尽管城乡之间存在一定程度的不平等是正常的也是合理的，但是这些配套完整的制度无疑进一步扩大了城乡之间原已存在的不平等，并且在城乡之间挖掘了一条难以逾越的鸿沟，使两者的巨大差别得以稳定地延续至今。中国异乎寻常的地区差距也得益于人口流动的户籍管理制度和就业制度。通常人口是一个社会控制地区差距的'自动机制'，而且这一机制能够同时满足效率原则和公平原则的要求，因为生产要素从低收益率地区转移到高收益率地区将提高整个国家的经济效率，在这一过程中流动人口的收入水平也会得到提高。令人遗憾的是，在中国，这一机制被解除了。"[1] 正是由于曾经较长时间内中国社会的政策取向潜在地强化了农村人口的不平等地位，压缩农村人口的福利，才导致中国出现最令人惊心的城乡差距。在教育、医疗卫生、税收等需要政府发挥调节作用的领域，也存在着同样严重的问题，即常常存在"劫贫济富"的现象，这不但没有缓和矛盾、增加公平，反而加剧了矛盾。解决问题的唯一途径，就是重新竖起平等、正义之旗。

---

① 康晓光：《中国财富分配三大差距的演变及其控制》（上篇），载《云南民族学院学报》（哲学社会科学版）2000年第3期，第12页。

其次，要创建公平、合理的经济环境及政治环境。市场经济的本质是自由竞争，只有保证公平的外部竞争环境，才能获得公平的市场秩序与竞争结果。中国当前的迫切任务是建立全国统一的劳动力市场。由于各种法规、政策的不合理或不完善，中国的东西部地区差别、沿海与内陆差别等都集中地反映在劳动就业方面，尤其城市与农村的就业门槛或条件的差别，更是严重地阻碍了人的自由竞争及市场自由。在劳动力短缺时，这种现象不突出，但是，在就业压力较大时期，为了保护地区就业状况，各大城市往往设立有形或无形的就业门槛，千方百计地把外来劳动力特别是来自农村的劳动力挡在门外。这可缓解一时的就业压力，但却从长远上阻碍了公平秩序的建立。通过促进城乡之间和地区的人口流动，可遏制城乡差距和地区差距的进一步扩大。

应全面实行国民待遇。以民企为例，民营企业目前是中国重要的经济支柱。无论在数量上，还是在对 GDP、就业以及技术创新（以有效发明专利数量衡量）的贡献上，它都超出了国有经济。《2019 中国民营经济报告》显示，来自民营企业的税收占比超过 50%，民营企业对我国 GDP 贡献率高达 60% 以上，吸纳了 70% 以上的农村转移劳动力，提供了 80% 的城镇就业岗位，新增就业 90% 在民营企业。民营企业数量占比超 95%，民营企业是中国经济微观基础的最大主体。2019 年 1—7 月，民间固定资产投资占比 60.3%，在制造业投资中占比更达到 85% 以上。2017 年，民营企业专利申请数占比 77.8%，发明专利申请数占比 77.4%，有效发明专利数占比 75.8%。《2019 中国民营经济报告》同时指出，虽然部分民营企业的经营发展也存在诸如环保不达标、税收社保缴纳不规范、盲目扩张、产品同质化、创新不足等问题，需要规范和引导，但是民营企业的处境仍然需要改善，即当前民营企业在一定程度上依然遭遇显性或隐性的所有制歧视：一是舆论上仍不时有某些偏激言论引发恐慌。改革开放已经 40 年，"民营经济离场""新公私合营"等荒谬言论却依然能够引发社会广泛争论和民营企业家恐慌，表明计划经济落后观念尚未完全清除。二是政策上民营企业尚未获得完全公平公正的对待。国有企业与政府关系紧密，享受各种政策倾斜，例如政府采购和市场准入等，尤其是部分行业的行政性垄断。而像去产能、环保限产等政策，初衷都是好的，大方向也是对的，但在执行力和度的把握上存在一定偏差，民企受到的冲击更大。三是融资方面，民营企业受到一定程度的所有制歧视。国有企业享受政府隐性担保，预算软约束使其具有大幅举债的投资冲动，金融机构也愿意为其提供充足且廉价的资金支持，对民营企业造成挤出。[①]

随着我国市场经济体制的逐渐建立与完善，为保障与促进自由竞争，总体上应当逐步取消各种特殊化对待，实现公平竞争。但是，本着公平原则，为保障起点公平，对弱势地区或弱势对象应当给予足够的倾斜政策。比如通过财政转移支付，加大中西部地区经济开发力度，促进中西部地区区域经济的发展就很必要。尤其是西部地区的交通运输设施、供电供水设施等现代经济增长的基本条件比较欠缺，这是应当大力扶持与支持的。

最后，提升分配过程的公平是实现分配正义的关键。从整个社会的分配过程看，市场经济条件下的收入分配包括三次分配：初次分配、再分配、第三次分配。初次分配是按照各生产要素对国民收入贡献的大小进行的分配，主要由市场机制形成。再分配是指在初次分配的基础上，把国民收入中的一部分拿出来通过税收和社会保险系统进行重新分配，主要由政府调控机制起作用。第三次分配是指动员社会力量，建立社会救助、民间捐赠、慈善事业、志愿者行动等多种形式的制度和机制，是社会互助对于政府调控的补充。第三次分配借助道德的力量来影响分配，目前在中国的影响力比较弱，本文略去不谈。理论界普遍认为，初次分配要强调效率原则；再次分配需要强调兼顾公平和效率的原则。但是，实践中，初次分配

① 参见恒大研究院：《2019 中国民营经济报告》，载《泽平宏观》2019 年 10 月 14 日。

与再分配并没有按照学术界提供的原则及方案来进行。

先观察初次分配中的数据。据目前可查到的权威数据——2010年全国总工会的调查数据显示，中国居民劳动报酬占GDP的比重，曾一度上升，1983年达到56.5%的峰值，之后持续下降，2005年下降为36.7%，22年间下降了近20个百分点。而从1978年到2005年，与劳动报酬比重的持续下降形成鲜明对比的，是资本报酬占GDP的比重上升了20个百分点。有学者根据国民经济和社会发展统计公报的数据，发现2008年中国人均收入与人均GDP的比率为41.2%，而美国2008年人均年收入为3.76万美元，与人均GDP的比率为79%，日本2007年人均收入与人均GDP的比率为69.4%。[1]从人均收入与人均GDP的比率上可见，中国与发达国家之间还存在着较大差距。另有研究将我国劳动者在初次分配中占比数据推进到2012年，经采用不同口径及多维方法测算后，得到结论：1978—2012年，我国真实的包含混合收入劳动报酬的劳动报酬份额数据，并没有明显的下降态势，而是长期维持在低水平；我国与其他国家的劳动报酬份额的比较结果显示，我国的劳动报酬份额始终处于较低水平。[2]

再次分配的相关研究。宋晓梧教授指出，在初次分配差距仍然过大的背景下，我国再次分配平抑一次分配差距的作用发挥得还远远不够。发达市场经济国家通过再次分配大多可使基尼系数缩小30%—40%，而我国再次分配后的居民收入差距与一次分配没有多大改变。[3]关于再次分配的宏观数据，目前可查的是2010年的统计数据。有学者指出，2010年中国财政收入达到8万亿元，如果计入政府基金收入和其他经营性收入，政府收入占GDP的比重可能与美国持平。多数国家用于医疗、社会保障、教育和

---

① 参见陈东海：《初次分配也要注重公平》，载《第一财经日报》2010年9月1日。

② 参见徐杰：《我国劳动报酬份额变化趋势研究》，南京财经大学2016年硕士学位论文，第39—40页。

③ 参见宋晓梧：《构建共享型社会的三个重大问题》，载《财经论丛》2018年第7期，第5页。

就业服务的开支要占到财政支出的一半以上，但中国这方面的开支仅占财政开支的 28.8%。因此，从初次分配来看，中国的收入分配不公平，劳动者收入在 GDP 中所占份额比较低。而从再次分配来看，中国用于社会保障的份额也偏低。而就是在这个已经偏低的再次分配中，能够真正用到普通人身上的比例可能更低。[①] 近有学者研究表明，当前我国福利不均等存在局部扩大的现象，主要表现在：一是地区福利不均等的局部扩大。就社会保障的财政支出而言，东、中、西三地支出呈明显的阶梯状，即东部支出最高，中部其次，西部最低。而且三地支出差距呈扩大趋势，2001 年东、西部差距是 52 亿元，2015 年扩大到 540 亿元。二是城乡福利不均等的局部扩大。如 2016 年，全国参加城镇职工基本养老保险及城乡居民基本养老保险的人数合计 8.9 亿人，即城镇职工和普通居民基本都加入了养老保险体系，而未覆盖到的接近 20% 基本是农村群体。三是群体福利不均等的局部扩大。较为突出的是农民工群体的福利被忽视。[②] 根据学者的统计，2008—2014 年全国外出务工的农民工的社会保障状况并不乐观。比如，单位或雇主为其缴纳养老保险、失业保险、医疗保险、工伤保险和生育保险的年平均比例分别为 12.5%、6.9%、15.5%、24.6% 和 4.8%，除了工伤保险外，其余各类参保比例都处于较低水平。[③]

　　以上数据说明，中国社会的初次分配与再次分配，更多的是政策选择的结果，即政策惯性倾向于：初次分配注重高积累；再次分配倾向于保障特殊群体权益。这就导致我国在初次分配、再次分配中出现严重的不公平现象。政治权力、资本、身份等要素成为收入分配的主要决定力量，尤其

---

　　① 参见陈东海：《初次分配也要注重公平》，载《第一财经日报》2010 年 9 月 1 日。

　　② 参见冉昊：《我国福利不均等局部扩大的表现、原因与应对》，载《天津行政学院学报》2019 年第 4 期，第 46—47 页。

　　③ 参见向仁康：《内生动力、机制与途径：中国二元经济转换的研究》，社会科学文献出版社 2019 年版，第 156 页。

是权力在某些经济运行机制中起着举足轻重的作用，而作为最大群体和对于经济做出最大贡献的普通劳动者、作为收入分配中本应处于决定性作用的劳动要素，则处于弱势地位，在收入分配中没有平等博弈的力量，因此导致劳动收入特别是中低收入者的收入在 GDP、产值和利润中所占的份额呈现逐级下滑的状态。"由于第一次分配在全社会的分配中占据举足轻重的、决定性的作用，因此如果第一次分配严重偏离公平的轨道以后，全社会最终收入分配不公平的格局就固定下来了。但是，由于权力本身就是第二次分配的决定性力量，因此在分配机制不透明等情境的制约下，普通人群和劳动者可以从第二次分配中得到的福利和救助要么是杯水车薪，要么是根本没有，'二次分配注重公平'的目标也成了空话。"① 因此，必须反思和重新确立公平与效率的关系，在当前尖锐的经济与社会矛盾前提下，应当把公平放到分配制度中的优先地位。

　　改革开放以来，中国致力于解决国家、社会及人民富起来的问题，获得巨大成功。迄今已实现 GDP 世界第二的非凡成就，经济与社会繁荣，人民生活水平不断提升。这一历史性成就最终将由人民、由历史来共同记录。但是，不可否认的是，伴随着市场经济的发展，财富分配的不均衡问题开始出现并加剧。市场经济的发展，必然导致财富分化现象，尤其是在市场经济高速发展过程中，财富两极分化现象更为突出。这并非中国独有的难题，而是一个世界性难题，是一个普遍性问题。财富分配问题逐渐引起各方关注。随着党的十八大的召开，解决财富分配中的公平性问题成为党和政府新的历史使命。"让广大劳动人民共同分享改革开放的成果""满足广大人民群众对美好生活的向往"，这些表达成为耳熟能详的日常话语，说明新的社会共识已经达成。与此同时，相关行动也是有力的、有效的。2020 年成为扶贫攻坚关键年份，将全面完成消除绝对贫困的历史任务。绝

① 陈东海：《初次分配也要注重公平》，载《第一财经日报》2010 年 9 月 1 日。

对贫困的消除，不但确证了改革开放之成功，而且展示了中国解决财富分配公平问题的巨大成就。这不但是中国人民千百年来梦想的实现，也是人类经济解放历史上非凡的成就。但是，这一成就并非意味着贫困现象的根除，而是意味着开启了消除相对贫困的新征程，并提示着我国财富分配问题的研究进入了新的历史视阈，即减少或消除相对贫困问题将成为研究热点。

总之，近年来，消除绝对贫困方面的重大进展，证明了我们党能够承担与时俱进、倾听民意体察民情，带领全国人民实现小康并最终实现共同富裕的历史使命，同时，证明了理论界、学术界对重大现实问题的关注与研究，确实能够为推进中国社会的正义秩序略尽薄力。正视现实，不惧批判，不畏难题，才能成就未来。批判的力度与成功指数恰成正比。无论是论证成功还是批判现实，都是理论探索与学术进步的有效路径。当然，也是学术共同体形成与发展的必然路径。

马克思正义伦理的三个基本原则：历史唯物主义原则、人本原则、无产阶级的权益优先原则，据此可对近年来中国社会的发展进行观察。

第一，坚定不移推进改革开放，坚持发展与完善市场经济，这是应对国内外风险与挑战的根本路径，也是马克思正义伦理的历史唯物主义原则的根本体现。

伴随着中国成为世界第二大经济体，中国的影响力与日俱增，但是，新的问题、挑战与风险也无可避免，况适逢国际经济秩序调整及中美贸易摩擦这一重大国际政治与经济背景，未来的路如何走？我们看到，中国并没有选择再度回到闭关锁国的老路，而是坚定不移地推进改革开放，推进全球化进程。一方面，固然是因为，中国经济发展到今天，已经与全球经济密不可分，即使与欧美等国家与地区不停地发生争执与摩擦（这其实是经济全球化不可避免的现象），也没有引发拒绝市场经济或全球化的后果。另一方面，则是因为，现实证明了，只有不断发展生产力，不断提高经济发展水平与经济健康程度，才是应对全球化挑战及应对国内外风险与危机的根本解决之道。而这，恰恰是马克思正义伦理历史唯物主义原则的根本要求。虽然关于私营企业地位等诸多问题争议不断，但是，坚持公有制为主体及坚持多种经济形式共同发展的基本原则并没有改变，而且，在发展及完善市场经济方面稳步推进。比如，在市场准入与开放方面，建立了市场准入负面清单制度，推动了金融、通信、医疗卫生、教育等领域有序地加大开放程度。在知识产权保护方面，从立法到执法都有很大进步。在市场国际化方面，"一带一路"倡议的提出与推进，不但推动了国内企业积极参与国际竞争、提升企业国际化程度，而且有利于推进国内市场的良序发展。唯有发展生产力，推进全球化背景下的生产方式的变革，实现经济繁荣与有序发展，才能为更好地解决财富分配问题奠定基础。

第二，关于我国社会主要矛盾的新认识，正是马克思正义伦理人本原则的体现。

党的十九大报告指出，中国特色社会主义进入新时代，我国社会主要矛盾已经转化为人民日益增长的美好生活需要和不平衡不充分的发展之间的矛盾。当人民的温饱问题已经解决，全面建成小康社会的目标即将达成，发展不平衡不充分的问题自然成为更加突出的问题。而人民对美好生活的需要日益广泛，不仅表现在希望获得体面的物质文化生活，而且表现在对民主、法治、公平、正义、安全、环境等方面的要求也日益增长。这说明，正义伦理的历史唯物主义原则中，天然地蕴含了人本原则。因为，经济活动本来就是属人的，尤其市场经济，虽然有其发展规律与独立的运行轨迹，但它终究是人的经济活动。当经济繁荣到一定程度，人民的需要与梦想就会汇聚成主旋律。而正视人民的需要，倾听人民的呼声，解决发展中的不均衡问题，建构一个更加合理的正义秩序，也就成为执政党的历史使命。

正是基于这一认识，党的十八大以来，我国开始了政治、经济、社会、文化等方方面面的秩序调整。政治上，强调以人民为中心的新时代发展观。国家经济发展的根本目的不应当是追求 GDP 的数字变化而应当是努力满足人的需求。认识的变化必定导致政治生活的转向，这集中体现在政府施政的重点开始扩展到科技与教育发展、民生与社会保障、生态环境建设等方面。当教育正义、生态正义等概念开始进入大众的视野，即意味着国家与社会的发展已经立足于现代文明基石上，并开启了向现代文明高阶发展的序幕。在经济与社会方面，我国一方面努力完善市场经济的各项制度，另一方面，更加重视化解经济高速发展带来的诸多矛盾与难题，尤其是经济发展的不均衡、财富两极分化、营商环境的改善等重大问题，更加重视社会发展的公平正义维度与和谐维度。

第三，大规模专项扶贫行动的开展，证明了马克思正义伦理之无产阶级权益优先原则的时代价值。

马克思的时代，呈现出资产阶级与无产阶级分化趋势，在资本力量与无产阶级力量的共生与对抗过程中，无产阶级处于不利地位，因而无产阶级的权益需要得到优先关注与保护。然而，现代生产方式的快速发展，使世界的面貌发生了重大变化，无产阶级权益优先原则也就需要修正。一个社会的良序发展，保障基本的自由与平等是前提条件。在良好的法治社会与市场经济中，所有的合法资本或资产都应受到同等保护，有产者与无产者、不同社会阶层理应享有同等的法律权利。因而，无产阶级权益优先原则似乎失去了某些时代合理性，但是，只要存在社会分层与贫困现象，对社会基层及弱势群体的关注与保护就仍然是现代文明的应有之义，那么，对无产阶级的关注与保护必将以新的方式、新的要求呈现出来。21 世纪以来，我国对减贫扶贫问题的持续关注，不妨视为无产阶级权益优先原则的延续。

党的十八以来，消除绝对贫困成为我国经济与社会发展的重要任务。我国采取政府主导方式，将减贫、脱贫工作纳入国家总体发展战略，并进行了大规模专项扶贫行动，尤其是针对残疾人等特定人群组织实施帮扶工作。面对贫困人口主要集中在农村的特点，颁布并推行了《中国农村扶贫开发纲要（2011—2020 年）》等针对性政策与措施，一方面，加大对农村、农业、农民普惠政策的支持以缩小城乡差距，另一方面，通过对贫困人口实施特惠政策，有效地扶助了贫困人群。2013 年，进一步提出精准扶贫方略。贫困人口较集中的贫困村、贫困县等，存在交通不便、基础设施和公共服务条件较差等共性，只有通过政策引导及推动，动员全社会的力量，才能较好较快地完成大规模的减贫脱贫任务。2015 年 10 月 16 日，国家主席习近平在 2015 减贫与发展高层论坛的主旨演讲中指出："中国在扶贫攻坚工作中采取的重要举措，就是实施精准扶贫方略，找到'贫根'，对症下药，靶向治疗。……我们注重抓六个精准，即扶持对象精准、项目安排精准、资金使用精准、措施到户精准、因村派人精准、脱贫成效精准，确保各项政策好处落到扶贫对象身上。我们坚持分类施策，因人因地施策，因贫困原因施策，因贫困类型施策，通过扶持生产和就业发展一批，通过易地搬迁安置一批，通过生态保护脱贫一批，通过教育扶贫脱贫一批，通过低保政策兜底一批。我们广泛动员全社会力量，支持和鼓励全社会采取灵活多样的形式参与扶贫。"[1] 在新时代背景下，通过大规模的、有效的减贫扶贫行动，提升财富分配的公平程度，推进社会秩序的合理化发展，这有力地证明了，马克思的正义伦理可以为社会发展提供借鉴。

---

[1]《携手消除贫困　促进共同发展》，《人民日报》2015 年 10 月 17 日第 1 版。

结　语

　　马克思是否存在正义思想，是否以正义的伦理维度批判资本主义社会，这大约是一个将被反复争议的问题。但这是一个值得反复思考与研究的问题，因为马克思明确地提出建构新社会的目标，这个新社会最终以何种秩序呈现？在资本主义社会向共产主义社会的过渡中，这个长期的过渡阶段又应当以何种秩序为参照？这都是具有根本性意义的现实问题。那么，公平、正义就成为最具现实意义的尺度。马克思赞成这个尺度。没有人能够裁定马克思的共产主义社会将是一个不正义的社会。

　　马克思的学说以解构资本主义及建构新社会为双重目的，以对资本的批判及自由（解放）的追求为双重线索。现在的问题是，马克思对自由与解放的追求将着落在何处？启蒙运动把平等、自由变成现代社会最基本的价值理念，马克思继承了这个传统并且推进了这个传统，因为他批判了资本主义生产方式下平等与自由的局限性与虚伪性，要求实现真正的、实质上的平等与自由。马克思由此提出"自由人的联合体"的设想。"自由人的联合体"的根本特征是什么？如果回答是平等、自由与解放，则陷入了循环论证。应当如此回答，"自由人的联合体"的根本特征是实现了真正平等、自由秩序的社会。而这个真正的平等与自由秩序，就着落在劳动与正义的范畴。在社会主义阶段，要确保劳动的价值，使劳动者得其所应得，在共产主义阶段，要通过按需分配，确保人的全面发展，真正实现每个社会成员都得其所应得，获得充分的自由发展的条件。可见，从确保劳动者的权益到实现全体社会成员的权益，这恰是马克思关于平等与自由秩序的根本要求。这个要求实际上就是正义的秩序要求，换而言之，马克思的"自由人的联合体"以正义秩序为实践标准，方能从价值领域进入实践领域。

马克思正义主题在中国的兴起，旨在为解决现实问题提供理论指导。社会主义初级阶段大约可理解为资本主义生产方式与社会主义生产方式相交叉、交错的阶段或并存发展的阶段，其交叉性或并存性集中体现在市场经济的运行机制。在市场竞争机制面前，无论公有制还是私有制的产权存在形式，都面临着共同的问题：如何获取更多的利润？如何进行资本的积累与扩大再生产？如何应对经济危机？在社会主义初级阶段，最基本的问题就是：以公有制为主体的各类经济实体如何分配剩余价值？多种所有制形式并存的状态下，如何才能实现资本所有权、劳动所有权、土地所有权的合理秩序？经济关系与社会关系如何达到正义的状态？所有这些问题还需要在全球化的视野下思考与研究，即在资本主义生产方式的全球性扩张背景下来研究，而且还必须回答时代的诘难，如金融统治与剥削问题、生态危机问题等全新的经济与社会难题。这些问题既有微观的问题，也有宏观的问题；既有道德价值方面的难题，但更多的是经济秩序与社会秩序方面的难题。

就国家的经济建设与社会建设而言，最根本的问题仍然是劳动正义与分配正义的实现。不同所有制前提下的劳动所有权、资本所有权应当如何实现其所应得，资本的积累与劳动的福利如何协调，国家、企业与个体之间的权益如何调整等重大问题都需要重新思考。而土地为国家所有，则使上述问题更加复杂化。沿袭苏联的经济体制采取高积累的方式，导致剩余价值都集中到政府组织手中，即任由政治权力对剩余价值进行分配。日益加剧的贫富分化与社会阶层的固化趋势表明，当前最需要警惕的就是防止出现类似国家资本主义的危险，即权力与资本的结合，它将构成少数人对全民的剥削。在既定生产关系中，如何通过民主建设、制度建设与法律体系建设，强化社会治理的工具理性水平，是建构正义秩序的关键。

　　马克思的政治经济学原本内蕴着正义的维度。它主要表现为伦理与秩序方面的正义要求，然而，理论与实践中正义的双重失落，导致经济秩序与社会秩序的偏离。过度关注所有制问题而忽视分配的正义问题，尤其是忽视了再分配的正义问题，才导致实践中严重的贫富分化与机会不均问题的出现。要从根源上解决这些重大的现实问题，唯有回到马克思的政治经济学领域，用正义的尺度重新检思社会主义的生产关系与社会关系。

主要参考文献

一、中文著作类

1.《资本论》(第1–3卷),人民出版社2004年版。

2.《马克思恩格斯选集》(第1–4卷),人民出版社1995年版。

3.《马克思恩格斯全集》(第1卷),人民出版社1995年版。

4.《马克思恩格斯全集》(第3卷),人民出版社2002年版。

5.《马克思恩格斯全集》(第3卷),人民出版社1960年版。

6.《马克思恩格斯全集》(第30卷),人民出版社1995年版。

7.《马克思恩格斯全集》(第31卷),人民出版社1998年版。

8.《马克思恩格斯全集》(第34卷),人民出版社2008年版。

9.《1844年经济学哲学手稿》,人民出版社2004年版。

10. 亚当·斯密著,郭大力、王亚南译:《国民财富的性质和原因的研究》(上卷),商务印书馆2010年版。

11. 亚当·斯密著,郭大力、王亚南译:《国民财富的性质和原因的研究》(下卷),商务印书馆2011年版。

12. 大卫·李嘉图著,郭大力、王亚南译:《政治经济学及赋税原理》,译林出版社2011年版。

13. 约瑟夫·熊彼特著,杨敬年译:《经济分析史》(第2卷),商务印书馆2010年版。

14. 亚里士多德著,廖申白译注:《尼各马可伦理学》,商务印书馆2009年版。

15. 琼·罗宾逊、约翰·伊特韦尔著，陈彪如译：《现代经济学导论》，商务印书馆 2002 年版。

16. 约翰·穆勒著，胡企林等译：《政治经济学原理》（上下卷），商务印书馆 1991 年版。

17. 王亚南主编：《资产阶级古典政治经济学选辑》，商务印书馆 1979 年版。

18. 斐迪南·滕尼斯著，林荣远译：《共同体与社会——纯粹社会学的基本概念》，商务印书馆 1999 年版。

19. 卡尔·波普尔著，郑一明等译：《开放社会及其敌人》（第 1 卷、第 2 卷），中国社会科学出版社 1999 年版。

20. 卡尔·波普尔著，何林等译：《历史主义贫困论》，中国社会科学出版社 1998 年版。

21. 路易·阿尔都塞著，顾良译：《保卫马克思》，商务印书馆 1984 年版。

22. 托马斯·皮凯蒂著，巴曙松等译：《21 世纪资本论》，中信出版社 2014 年版。

23. 阿拉斯代尔·麦金太尔著，万俊人等译：《谁之正义？何种合理性？》，当代中国出版社 1996 年版。

24. 阿拉斯代尔·麦金太尔著，龚群译：《伦理学简史》，商务印书馆 2010 年版。

25. 约翰·罗尔斯著，何怀宏等译：《正义论》，中国社会科学出版社 2009 年版。

26. 约翰·罗尔斯著，姚大志译：《作为公平的正义——正义新论》，上海三联书店 2002 年版。

27. 黑格尔著，范扬、张企泰译：《法哲学原理》，商务印书馆 2009 年版。

28. 黑格尔著，贺麟、王玖兴译：《精神现象学》（上下卷），商务印书馆 1997 年版。

29. 古斯塔夫·勒庞著，冯克利译：《乌合之众：大众心理研究》，中央编译出版社 2000 年版。

30. 汉娜·阿伦特著，王寅丽译：《人的境况》，上海人民出版社 2009 年版。

31. 基佐著，程洪逵、沅芷译：《欧洲文明史》，商务印书馆 1998 年版。

32. 亨利·西季威克著，熊敏译：《伦理学史纲》，江苏人民出版社 2008 年版。

33. 马克斯·韦伯著，林荣远译：《经济与社会》（上下卷），商务印书馆 2006 年版。

34. 马克斯·韦伯著，彭强、黄晓京译：《新教伦理与资本主义精神》，陕西师范大学出版社 2002 年版。

35. 埃米尔·涂尔干著，渠东译：《社会分工论》，生活·读书·新知三联书店 2000 年版。

36. 卡尔·洛维特著，李秋零、田薇译：《世界历史与救赎历史：历史哲学的神学前提》，上海人民出版社 2005 年版。

37. 边泌著，时殷弘译：《道德与立法原理导论》，商务印书馆 2000 年版。

38. 卡尔·雅斯贝斯著，王德峰译：《时代的精神状况》，上海译文出版社 2003 年版。

39. 安东尼·吉登斯著，郭忠华、潘华凌译：《资本主义与现代社会理论——对马克思、涂尔干和韦伯著作的分析》，上海译文出版社 2007 年版。

40. 托克维尔著，冯棠译：《旧制度与大革命》，商务印书馆 1997 年版。

41. 鲍曼著，杨渝东等译：《现代性与大屠杀》，译林出版社 2002 年版。

42. E·卡西尔著，顾伟铭等译：《启蒙哲学》，山东人民出版社 2007 年版。

43．迈克尔·J.桑德尔著，万俊人等译：《自由主义与正义的局限》，译林出版社 2011 年版。

44．雷蒙·阿隆著，姜志辉译：《论自由》，上海译林出版社 2009 年版。

45．顾准：《顾准文集》，中国市场出版社 2007 年版。

46．黄仁宇：《资本主义与二十一世纪》，生活·读书·新知三联书店 2006 年版。

47．俞吾金：《从康德到马克思——千年之交的哲学沉思》，广西师范大学出版社 2004 年版。

48．赵敦华：《西方哲学简史》，北京大学出版社 2001 年版。

49．何怀宏：《伦理学是什么》，北京大学出版社 2011 年版。

50．林进平：《马克思的"正义"解读》，社会科学文献出版社 2009 年版。

51．陈嘉明：《现代性与后现代性十五讲》，北京大学出版社 2006 年版。

52．陈钦庄：《基督教简史》，人民出版社 2004 年版。

53．刘小枫：《现代性社会理论绪论——现代性与现代中国》，上海三联书店 1998 年版。

54．徐长福：《走向实践智慧——探寻实践哲学的新进路》，社会科学文献出版社 2008 年版。

55．李泽厚：《历史本体论》，生活·读书·新知三联书店 2002 年版。

56．赵敦华：《赵敦华讲波普尔》，北京大学出版社 2006 年版。

57．启良：《西方自由主义传统——西方反自由至新自由主义学说追索》，广东人民出版社 2003 年版。

58．李惠斌、李义天主编：《马克思与正义理论》，中国人民大学出版社 2010 年版。

59．许纪霖主编：《二十世纪中国思想史论》（上下卷），东方出版中心 2006 年版。

60．汪晖、陈燕谷主编：《文化与公共性》，生活·读书·新知三联书店 2005 年版。

二、论文类

1. 李光远：《马克思恩格斯著作中的"公有'、"社会所有"、"个人所有"及其他》，载《中国社会科学》1994 年第 6 期。

2. 高清海：《马克思对"本体思维方式"的历史性变革》，载《现代哲学》2002 年第 2 期。

3. 万俊人：《论正义之为社会制度的第一美德》，载《哲学研究》2009 年第 2 期。

4. 康晓光：《中国财富分配三大差距的演变及其控制》（上、下篇），载《云南民族学院学报》（哲学社会科学版）2000 年第 3 期。

5. 王晓朝、陈越骅：《柏拉图对功利主义正义观的批判及其现代理论回响》，《河北学刊》2011 年第 7 期。

6. 朱清华：《再论柏拉图的正义与幸福》，载《江苏社会科学》2012 年第 1 期。

7. 李省龙：《论马克思主义政治经济学在我国的演变及其发展取向》，《当代经济研究》2006 年第 9 期。

8. 何怀宏：《正义在中国：历史的与现实的 ——一个初步的思路》，《公共行政评论》2011 年第 1 期 。

9. 何建华：《论穆勒的经济正义思想》，载《上海师范大学学报》2005 年第 9 期。

10. 景朝阳：《所有权与所有制概念探析》，载《晋阳学刊》2008 年第 2 期。

11. 孙尚诚：《基于最大幸福的最优公正 ——功利主义的一个边际分析》，载《道德与文明》2011 年第 4 期。

12. 托马斯·博格，彭淮栋译：《一国经济正义与全球经济正义》，载《读书》2002 年第 1 期。

三、外文文献类

1．Allen Wood，Karl Marx，London：Routledge and Kegan Paul，1981．

2．Z．I．Husami，"Marx on Distributive Justice"，from Karl Marx's Social and political Thought：Critical Assessment，Jessop，Bob［eds］，London；New York：Routledge，vol.1，1993．

3．Allen E．Buchanan，Marx and Justice：The Radical Critique of Liberalism，London：Methuen，1982．

后 记

小书即将付梓，感慨良多。略记一二。

2003 年重回中山大学读硕士，有幸归之钟明华教授门下。硕士论文做了哈贝马斯的相关研究，承蒙吾师垂青，得以继续攻读博士。因"伍德命题"及中国社会正义话题的兴起，对马克思是否存在正义思想产生兴趣。遂选择以此为博士论文主题。

在阅读马克思著作的过程中，重温当年资本主义早期发展过程中的种种苦难与不幸，可感受到马克思强烈的人文关怀与伦理旨趣。无疑，完全否认马克思的正义取向是不合适的。马克思确实强烈地批判资本主义的虚伪正义，那么，马克思的正义取向着落于何处才能根深叶茂，不断生长呢？对照阅读《资本论》与古典政治经济学的著作，并观察当代中国政治经济学的失语状态，豁然开朗，取重建正义秩序的角度，也许可以找到答案。重建秩序正是社会伦理学的重任，据此提出马克思正义伦理的概念，立足于马克思政治经济学典籍，尝试构建马克思正义伦理体系。

然而，对于马克思正义伦理这一概念及其体系，是否具备足够的科学性与合理性，我一直缺乏足够的信心。故 2012 年博士论文完成后，有一段时间尝试加强现代经济学方面的学习与研究，力求充实及拓展原有的研究工作，但遗憾的是，种种原因使得这一理论求索的过程中断了。及至2020 年初，下决心完成原有工作。但是，重读已完成的文稿，发现研究工作实际上已经完成，文本可以立住脚了。恰逢《马克思主义研究文库》征集并荣幸入选，博士论文终得面世。

回顾往昔，心生感激。感谢吾师钟明华教授，不嫌吾之愚钝，纳入门下，多方调教。无论是读书期间，还是毕业至今，均无比宽容，常常关心与提携。感谢众多同门给予的关心与帮助。感谢中山大学所有的人、所有的物及美好经历。中山大学的图书馆便是天堂的模样。每当念及母校，心中便有浓浓的爱与温暖。因为爱，所以更加努力和坚守。

感谢家人的支持、陪伴与温暖，感谢朋友们的关心和帮助。所有的爱，滋润了心田，芬芳了人间。

罗贵榕

2020 年 5 月 30 日于湛江